STRESS
LASS NACH

Wie Sie Anspannung in positive Energie verwandeln

STRESS
LASS NACH

Wie Sie Anspannung in positive Energie verwandeln

DIANE McINTOSH, M. D. UND
JONATHAN HOROWITZ, Ph. D.
MIT MEGAN KAYE

DK London
Lektorat Mary-Clare Jerram, Alice Horne,
Camilla Hallinan, Dawn Henderson
Gestaltung und Bildredaktion Maxine Pedliham,
Marianne Markham, Emma Forge,
Karen Constanti, Tom Forge
Herstellung Rebecca Fallowfield, Poppy Werder-Harris
Illustrationen Keith Hagan

Für die deutsche Ausgabe:
Programmleitung Monika Schlitzer
Redaktionsleitung Caren Hummel
Projektbetreuung Carola Wiese
Herstellungsleitung Dorothee Whittaker
Herstellungskoordination Josefine Algieri
Herstellung und Covergestaltung Bettina Bähnsch

Titel der englischen Originalausgabe:
Stress. The Psychology of Managing Pressure

Übersetzung Dörte Fuchs, Jutta Orth
Lektorat Cornelia Rüping
Satz Dörte Fuchs, Jutta Orth

ISBN 978-3-8310-3541-0

Druck und Bindung Leo Paper Products, China

www.dorlingkindersley.de

Hinweis
Die Informationen und Ratschläge in diesem Buch sind von den
Autoren und vom Verlag sorgfältig erwogen und geprüft, dennoch
kann eine Garantie nicht übernommen werden.
Eine Haftung der Autoren bzw. des Verlags und seiner Beauftragten
für Personen-, Sach- und Vermögensschäden ist ausgeschlossen.

BERATENDE PSYCHIATERIN

Dr. Diane McIntosh

Diane McIntosh ist Assistenzprofessorin am Institut für Psychiatrie der University of British Columbia in Kanada. Sie betreibt eine florierende Privatpraxis und entwickelt für Kollegen weltweit medizinische Fortbildungsprogramme mit dem Schwerpunkt rationale Pharmakologie. Ihr besonderes Interesse gilt der Neurobiologie von affektiven Störungen und Angststörungen. Sie ist Mitglied im Vorstand des Canadian Network for Mood and Anxiety Treatments (CANMAT) und bloggt zu Fragen der psychischen Gesundheit für die Online-Zeitung *Huffington Post*.

BERATENDER PSYCHOLOGE

Dr. Jonathan Horowitz

Jonathan Horowitz, klinischer Psychologe und zertifizierter Therapeut für Kognitive Verhaltenstherapie, hat sich auf die klinische Behandlung von Stress und Angststörungen spezialisiert. Zudem hat er an Forschungsprojekten zu den Themen Stress und Angst, Substanzmissbrauch sowie Organizational Behavior mitgearbeitet. Seit mehr als zehn Jahren behandelt er Patientinnen und Patienten mit Angststörungen. Er ist Gründer und Direktor des San Francisco Stress and Anxiety Center, das Einzelpersonen, Paaren und Organisationen therapeutische Hilfe bei Stress- und Angststörungen anbietet.

DANK

Der Verlag dankt

Toby Mann für die Lektoratsassistenz, Corinne Masciocchi für die Fahnenkorrektur, Margaret McCormack für das Register und der amerikanischen Lektorin Kayla Dugger.

INHALT

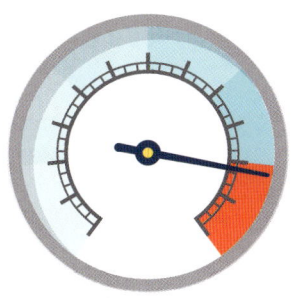

Kapitel 3
STRESS IM MOMENT
STRATEGIEN BEI AKUTER BELASTUNG

VORWORT

Alter, Nationalität, Geschlecht, Geld – nichts schützt uns vor aufreibendem Stress, der manchmal schier unüberwindlich scheint. Doch das wäre sowieso nicht sinnvoll, denn Stress ist ein grundlegender Bestandteil des Lebens. Jede Erfahrung oder Situation, die dazu führt, dass wir uns bedroht oder überfordert fühlen, ist ein »Stressor«. Positiver Stress hilft dabei, sich auf die eigenen Ziele zu konzentrieren und wichtige Aufgaben zu erledigen. Besondere Leistungen, die unseren ganzen Einsatz erfordern, lassen sich ohne Stress kaum erbringen. Negativer Stress ist hingegen unproduktiv, kann uns lähmen und unsere Vitalität schwächen. Dieses Buch möchte Ihnen helfen, positiven wie negativen Stress mit mehr Leichtigkeit zu meistern, indem es Sie ermutigt, auf Ihre Stärken zu bauen und neue Copingstrategien zu entwickeln. Unsere Ausführungen basieren auf den neuesten Forschungsergebnissen.

Kapitel 1 beschäftigt sich mit den Fragen, was Stress eigentlich ist und wie wir körperlich und emotional auf außergewöhnliche Belastungen reagieren. Sie erfahren, warum Sie sich in manchen Situationen gestresst fühlen und wie Sie Stressreaktionen beeinflussen können, sodass Sie die Kontrolle über Ihr Leben zurückerlangen. Jeder Mensch geht auf seine Weise mit Stress um. Dennoch haben sich ein paar einfache Bewältigungsstrategien, deren Wirksamkeit wissenschaftlich belegt ist, als besonders hilfreich erwiesen. Wenn Sie die Vor- und Nachteile der einzelnen Strategien kennen, können Sie die für Sie passenden auswählen. Das ist wichtig, damit Sie einen realistischen, praxistauglichen Plan aufstellen können, der Ihren individuellen Bedürfnissen gerecht wird.

Kapitel 2 widmet sich den vielfältigen Auslösern und Begleiterscheinungen von Stress im Alltag. Jeder hat manchmal das Gefühl, mit vielen Bällen jonglieren zu müssen, und verspürt Druck – ob im Arbeits- oder im Privatleben. Zum Glück gibt es viele nützliche Konzepte, die den Umgang mit Stress erleichtern und uns helfen können, selbst in Zeiten von Hektik und Anspannung mehr Frieden und Ruhe in unser Leben zu lassen.

Auch biografische Einschnitte, die alles auf den Kopf stellen, etwa die plötzliche Pflegebedürftigkeit eines geliebten Menschen, ein schmerzhafter Verlust oder eine schwierige Trennung, verursachen Stress. In Kapitel 3 erfahren Sie, dass es vollkommen normal ist, auf starken Stress mit einem Gefühl der Überwältigung, Trauer oder Furcht zu reagieren. Mög-

lich ist es jedoch, Strategien zu entwickeln, die uns widerstandsfähiger machen, sodass wir dem Sturm, der uns ins Gesicht bläst, besser trotzen können.

In Kapitel 4 geht es um die Frage, wie wir den Stress in unserem Leben auf lange Sicht reduzieren bzw. bewältigen können. Das Pflegen von Freundschaften und Hobbys oder das Versorgen eines Haustiers wirken nachgewiesenermaßen stressmindernd.

Kapitel 5 macht darauf aufmerksam, wie wichtig es ist, Alarmzeichen zu erkennen, die auf eine ernsthafte Krise hinweisen. Manchmal wird der Stress so stark, dass er ohne medizinische und/oder psychologische Hilfe nicht in den Griff zu bekommen ist. In dieser Situation ist es gut zu wissen, dass man mit seinen Problemen nicht alleine dasteht und auf professionelle Unterstützung bauen kann.

Das wichtigste Ziel dieses Buches ist es, Ihnen als Leserinnen und Lesern zu vermitteln, wie Sie Resilienz aufbauen können – also die Fähigkeit, nach einem sehr belastenden Ereignis wieder zum ursprünglichen Lebensgefühl zurückzufinden. Metaphorisch könnte man Resilienz auch als »emotionalen Muskel« beschreiben. Ihn gilt es zu kräftigen, indem Sie Ihre Stärken nutzen und weiterentwickeln. Diese werden damit zu einer mächtigen Ressource, die Sie künftig in Stresssituationen nutzen können, um sich schnell und ohne bleibende Schäden zu erholen. Manche Menschen sind von Natur aus widerstandsfähiger als andere, doch die eigene Resilienz lässt sich stärken. Als Kliniker und Pädagogen verfügen wir über jahrelange praktische Erfahrung, bemühen uns aber stets darum dazuzulernen, vor allem von unseren Klienten. In diesem Buch geben wir unser Wissen über den Umgang mit Stress an Sie weiter. Dabei geht es nicht darum, Stress gänzlich aus dem Leben zu verbannen. Wichtig ist vielmehr, sich Strategien und Methoden anzueignen, mit denen er sich bewältigen lässt. Das macht uns zu glücklicheren Menschen.

Dr. Diane McIntosh

Dr. Jonathan Horowitz

KAPITEL 1

STRESS IM VISIER

WIE SICH STRESS AUF KÖRPER UND SEELE AUSWIRKT

WAS IST STRESS?

WIE STRESS DEFINIERT WIRD

Stress fühlt sich unangenehm an, doch nicht jedes unangenehme Gefühl löst Stress aus. Nicht zu wissen, was man selbst fühlt, ist per se belastend. Daher gilt es, Klarheit über die eigenen Gefühle zu gewinnen.

Wir verwenden das Wort »Stress« oft synonym zu den Begriffen »Sorge«, »Furcht« und »Angst«. Doch im Grunde entsteht Stress aus der Überzeugung, mit einer Herausforderung nicht fertig zu werden.

Wenn wir unsere eigenen Gefühle besser verstehen, fällt es uns leichter, mit ihnen umzugehen. Stress kann Angst, Furcht und Sorge auslösen. Wir sollten uns klarmachen, wodurch sich diese drei Emotionen unterscheiden, um Probleme besser einordnen zu können.

Sind Sorgen und Stress das Gleiche?

Wer sich Sorgen macht, möchte unangenehme Gefühle infolge einer Handlung oder eines Ereignisses vermeiden. Dennoch verfallen wir oft ins Grübeln, etwa durch Gedankenschleifen in Form von »Was-wäre-wenn«-Fragen: »Was wäre, wenn ich meine Arbeit verlöre?« Zwar möchten wir nicht, dass dieselben Gedanken immer wieder auftauchen, können diesen Vorgang aber kaum stoppen.

Man könnte meinen, dieses Brüten sei hilfreich. Aber es ist etwas anderes, als Probleme zu durchdenken, sprich: sich einer Situation zu stellen und mit ihr auseinanderzusetzen. Wenn wir Probleme aktiv lösen, vermittelt uns das ein stärkeres Gefühl von Kontrolle.

Furcht und Angst

Während Sorgen auf wiederkehrenden Denkmustern beruhen, handelt es sich bei Furcht um die instinktive Reaktion auf eine wahrgenommene Bedrohung – eine Überlebensstrategie, die uns im Lauf der Evolution gute Dienste geleistet hat. Furcht löst normalerweise eine der drei im Folgenden beschriebenen Reaktionen aus:

- **Flucht/Vermeidung.** Wir laufen vor dem davon, was uns bedroht.
- **Angriff.** Wenn wir nicht fliehen können oder ein Sieg unwahrscheinlich erscheint, gehen wir zum Angriff über.
- **Erstarren.** Dies ist eine nützliche Reaktion, wenn wir uns verstecken oder den Kampf mit einem unberechenbaren Gegner vermeiden möchten.

> { **Nicht der Stress bringt uns um,** sondern **unsere Reaktion** darauf. }
>
> **Hans Selye**
> Ungarischer Mediziner und Begründer der Stressforschung
> (1907–1982)

■ **Unterwerfung/Beschwichtigung.** Wenn die Bedrohung aus dem eigenen »Rudel« kommt, ist es manchmal am besten, seinen Ärger zu unterdrücken, um Zurückweisung zu vermeiden.

Wenn Furcht eine normale Reaktion auf eine Bedrohung darstellt, worin unterscheidet sie sich dann von Angst? Am besten lässt sich Angst als übertriebene oder ungerechtfertigte Furcht beschreiben, die uns daran hindert, das zu tun, was wir tun möchten. Die in diesem Buch beschriebenen Stressmanagementtechniken verleihen mehr Selbstvertrauen und Sicherheit. Das hilft dabei, Ängste abzubauen.

Aus Gefühlen lernen

Die Erkenntnis, dass Stress unter Umständen Sorgen auslöst und Ängste verstärkt (siehe unten), kann Kraft verleihen. Denn stellt man sich seinen Ängsten, sind sie weniger bedrohlich. Diese Erfahrung wiederum stärkt die Widerstandskraft.

? GEFÜHLE AUSEINANDERHALTEN

Erleben wir automatisch Stress, wenn wir nervös oder angespannt sind? Um diese Frage zu klären, hilft es, vier Gefühlsaspekte zu unterscheiden. Sie zeigen, was wir tun können, um uns besser zu fühlen.

FURCHT
Unwillkürliche, instinktive Reaktion auf eine erkannte Bedrohung

SORGE
Wiederkehrende und kreisende Gedanken – manchmal ein Versuch, noch unangenehmere Gefühle zu vermeiden

ANGST
Ungerechtfertigte oder übertriebene Furcht, vor allem vor Vagem und Unbekanntem.

STRESS
Wahrgenommene Unfähigkeit, die Anforderungen des Lebens zu meistern

Q SICH MIT DER FURCHT ANFREUNDEN

Wir sollten die Furcht nicht fürchten, denn sie kann uns motivieren, etwas zum Positiven zu verändern. Ängste und Sorgen hingegen verstärken den Stress. Wer also lernt, klüger mit ihnen umzugehen, nimmt sich selbst Stress.

ANGST
»Ich kann mich nicht konzentrieren, weil ich zu viel Angst habe.«

STRESS
»Meine Arbeit überfordert mich.«

Stress und Sorge befeuern sich gegenseitig.

SORGE
»Was ist, wenn ich es nicht schaffe und meinen Job verliere?«

Angst verschlimmert die Sorge.

Furcht kann eine konstruktive Verhaltensänderung auslösen; damit verringert sich die Sorge.

FURCHT
»Weil ich befürchte, in Verzug zu kommen, nehme ich Arbeit mit nach Hause.«

NATÜRLICHE REAKTION

STRESS ALS BESTANDTEIL DES LEBENS

Viele Menschen sind der Ansicht, dass Stress um jeden Preis vermieden werden sollte. Tatsächlich gehört er zum Leben – und je weniger wir ihn fürchten, umso glücklicher und gesünder können wir sein.

Zweifellos wünschen sich viele Menschen mehr Seelenfrieden, doch Stress gehört zum Leben nun einmal dazu. Er motiviert uns, regt zu Veränderungen an und ermutigt zum Lernen. Manchmal ist er sogar zu begrüßen.

Wie gefährlich ist Stress?

Zahlreiche Studien zeigen, dass Stress dem Körper schadet. Hohe Stresslevel verstärken das Risiko für Bluthochdruck, Herz-Kreislauf-Erkrankungen, Diabetes und Krebs. Die Psychologin Kelly McGonigal behauptet, das Problem sei nicht der Stress an sich, sondern eine »toxische Beziehung zum Stress«. Wenn wir den Stress als Feind betrachten, dem wir hilflos ausgeliefert sind, macht uns das krank.

Eine amerikanische Studie aus dem Jahr 2006 zeigte, dass wir für Panikattacken und Angststörungen dann anfälliger sind, wenn wir auf eigene Emotionen mit Stress reagieren, wir also das Gefühl haben, dass sie uns schaden oder wir nicht mit ihnen fertigwerden. Der Stress, der durch Stress ausgelöst wird, ist am gefährlichsten.

Gesunder Umgang mit Stress

Sicherlich lassen sich einige Aspekte des Lebens entspannter gestalten. Doch wir können Stress,

> Schmerz ist unvermeidlich, **Leiden ist optional.**
>
> **Haruki Murakami**
> Japanischer Schriftsteller

VERBUNDENHEIT HERSTELLEN

Das Grübeln über belastende Situationen verstärkt das Gefühl der Isolation – die betroffene Person meint, dass niemand versteht, was sie gerade durchmacht. Die amerikanische Psychologin Kelly McGonigal rät dazu, sich zu fragen, inwieweit der Stress mit einem Ereignis zusammenhängt, das für einen persönlich von Bedeutung ist (siehe S. 44–45), und sich selbst als Teil eines größeren Ganzen zu betrachten. Das hilft uns, die Dinge ins richtige Verhältnis zu rücken und unseren privaten Stress als Bestandteil eines sinnvollen Lebens zu begreifen.

Situation	Stellen Sie sich folgende Frage	Inwieweit ist das Ereignis für mich von Bedeutung?	Inwiefern geht es anderen genauso?
Das Examen naht und ich weiß nicht, ob ich es schaffe.	Will ich aufgeben oder lohnt es sich zu kämpfen?	Das Thema interessiert mich brennend und ist relevant für meine Karriere.	Jeder Mensch ist vor einem Examen angespannt.
Mein Baby hat die ganze Nacht geschrien.	Möchte ich schlafen oder mein Baby trösten, damit es weiß, dass es auf mich zählen kann?	Die so wichtige Unterstützung beim Start ins Leben will ich meinem Kind geben.	Babys sind anstrengend. Ich bin sicher, dass es allen Eltern manchmal geht wie mir jetzt.
Die jährliche Mitarbeiterbewertung steht bevor.	Hängt mein Selbstwertgefühl von meinem Chef ab oder kann ich mich selbst wertschätzen?	Vielleicht kann ich aus dem Feedback etwas Nützliches lernen.	Jeder Angestellte muss mit Kritik am Arbeitsplatz zurechtkommen.
Meine Schwiegermutter möchte bei uns einziehen.	Wäre es mir lieber, sie ginge ins Altenheim, oder ist mir ihr Wohlbefinden wichtiger?	Sie war immer gut zu mir und ich möchte meine Angehörigen unterstützen.	Es wird sicher nicht einfach, doch viele Menschen nehmen ihre alten Eltern bei sich auf.

wie McGonigal vorschlägt, auch als Hinweis darauf verstehen, dass das, was uns widerfährt, eine Bedeutung für uns hat. Dinge, die uns unwichtig sind, belasten uns nicht.

Befinden wir uns in einer Situation, aus der sich gravierende Konsequenzen für uns ergeben können, löst der Gedanke, etwas könnte schiefgehen, natürlich Furcht aus. Doch die Furcht führt dazu, dass wir reagieren – womöglich mit einer Verhaltensänderung oder einer neuen Copingstrategie. Sich den unangenehmen Gefühlen zuzuwenden ist gesund und hilft dabei, mit Veränderungen klarzukommen.

Anstatt Stress zu vermeiden, können wir ihn produktiv nutzen.

Stress ist im Grunde eine Anpassungsreaktion, die einsetzt, wenn wir stark unter Druck stehen. Sie erfolgt schneller und leichter, wenn wir lernen, uns von Belastungen nicht überwältigen zu lassen, und passende Strategien entwickeln. Das erleichtert den Umgang mit Stress und gibt uns ein Gefühl von Kontrolle zurück. Werkzeuge und Techniken, die Sie nutzen können, um dem Stress den Wind aus den Segeln zu nehmen, statt in einer belastenden Situation unterzugehen, finden Sie in diesem Buch.

BIN NUR ICH BETROFFEN?

Laut der jährlichen Stressstudie der American Psychological Association

20 % … leidet etwa ein Fünftel der Amerikaner unter **chronischem Stress.**

36 % … findet etwa ein Drittel der Amerikaner **Stressreduktion** sehr wichtig.

POSITIVER STRESS

EIN KICK FÜR DEN KÖRPER

Wer Stress generell für etwas Negatives hält, wird ihn auch so erleben. Wie können wir uns selbst vom Gegenteil überzeugen? Zahlreiche wissenschaftliche Studien belegen, dass Stress durchaus gesund sein kann.

Laut der amerikanischen Psychologin Kelly McGonigal wirken sich unsere Überzeugungen zum Thema Stress genauso stark auf die Gesundheit aus wie der Stress selbst. Körper und Seele profitieren, wenn wir verstehen, dass moderater Stress tatsächlich gesund sein kann.

Immer auf Zack

Das Schlüsselwort heißt »Neuroplastizität«. Das menschliche Gehirn ist formbar und reagiert auf neue Erfahrungen, indem es neue neuronale Verbindungen ausbildet. Moderater Stress zwingt es dazu, kontinuierlich dazuzulernen, wie die beiden Stressforscherinnen Daniela Kaufer und Elizabeth Kirby in Versuchen nachgewiesen haben.

2013 setzten sie Laborratten wiederholt mehrere Stunden lang mittelschwerem Stress aus – zunächst ohne nennenswertes Ergebnis, wie es schien. Doch nach zwei Wochen waren in den Rattenhirnen neue

> **Zeitweiliger Stress hält das Gehirn auf Trab.** Und wenn man geistig wach ist, bringt man eine bessere Leistung.
>
> **Elizabeth Kirby**
> Neurowissenschaftlerin,
> University of California,
> Berkeley

neuronale Verbindungen entstanden, die bewirkten, dass die Ratten bei Erinnerungstests besser abschnitten. Laut Kaufer und Kirby ist dies auf den Menschen übertragbar: Moderater Stress in unregelmäßigen Abständen unterstützt die Neubildung von Nervenzellen. Kurz gesagt: Stress fordert das Gehirn heraus und das Gehirn reagiert, indem es sich anpasst und wächst.

Ein Kick für das Immunsystem

Eine amerikanische Studie aus dem Jahr 2012 stellte fest, dass Ratten, die unterschiedlichen Arten von Stress ausgesetzt wurden, vermehrt weiße Blutkörperchen bildeten. Diese stärken die Immunabwehr. In bedrohlichen Situationen – ob wir Zeuge eines Autounfalls werden oder ein schwieriges Projekt vor uns haben – können wir es uns einfach nicht leisten, krank zu werden, deshalb produziert der Körper vermehrt Immunzellen. Während chronischer Stress der Gesundheit schaden kann (siehe S. 196–197), trägt moderater Stress also möglicherweise dazu bei, uns vor Erkrankungen zu schützen.

Die Kraft des Glaubens

Ist es sinnvoll, über die positiven Seiten von Stress nachzudenken? 2013 machte ein Team um die Forscherin Alia Crum dazu einen Versuch. 400 Angestellte eines internationalen Finanzinstituts wurden in zwei Gruppen eingeteilt. Eine schaute Videos, in denen Stress als zermürbend dargestellt wurde, die andere sah Videos, die Stress als anregend schilderten. Die Teilnehmer der zweiten Gruppe berichteten anschließend, dass sich ihre Produk-

❓ ASSOZIATIONSKETTEN DURCHBRECHEN

Herausforderungen können uns Angst einjagen oder aufregend und inspirierend sein. Laut einer amerikanischen Studie von 2012 hängt dies davon ab, wie wir die jeweilige Situation einschätzen und bewerten.

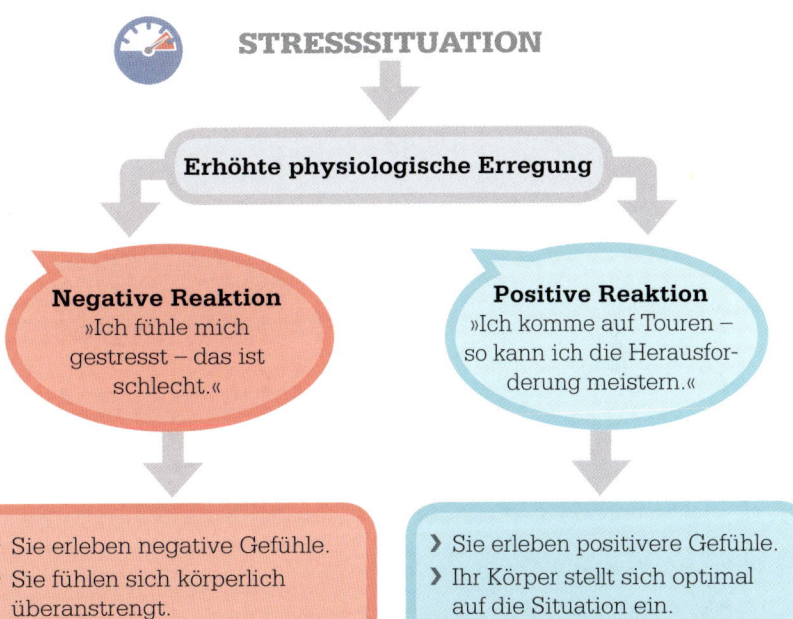

STRESSSITUATION

Erhöhte physiologische Erregung

Negative Reaktion
»Ich fühle mich gestresst – das ist schlecht.«

Positive Reaktion
»Ich komme auf Touren – so kann ich die Herausforderung meistern.«

> Sie erleben negative Gefühle.
> Sie fühlen sich körperlich überanstrengt.
> Sie achten aufmerksamer auf potenzielle Bedrohungen.
> Ihre Leistung fällt ab.

> Sie erleben positivere Gefühle.
> Ihr Körper stellt sich optimal auf die Situation ein.
> Sie beurteilen die Situation realistischer.
> Ihre Leistung verbessert sich.

tivität und ihr Wohlbefinden verbessert hätten. Stress kann uns also die Stimulation geben, die wir brauchen, um uns weiterzuentwickeln, solange wir die Situation als eine lohnende Herausforderung betrachten.

Starker chronischer Stress schadet uns, doch moderater kurzfristiger Stress kann uns wacher, aufmerksamer und gesünder machen. Je mehr uns das bewusst ist, umso wahrscheinlicher werden wir davon profitieren.

3,8/10

In einer Studie zum Thema Stress aus dem Jahr 2015 ordneten die Befragten »gesunden Stress« auf einer Skala von 1 bis 10 bei 3,8 ein. Ihren eigenen Stresslevel bewerteten sie aber mit 5,1.

RESILIENZ STÄRKEN

SICH BIEGEN, OHNE ZU BRECHEN

Niemand hat gerne Stress, doch manche Menschen werden mit Belastungen besser fertig als andere. Worin liegt das Geheimnis der Resilienz und wie können wir sie entwickeln?

Was ist Resilienz? Dieser Begriff leitet sich vom lateinischen Verb »resilire« (»abprallen«, »zurückspringen«) ab. Resiliente Menschen sind nicht gegen Leid gefeit, doch sie werden davon nicht aus der Bahn geworfen. Diese Eigenschaft hilft ihnen, temporäre Belastungen zu ertragen. Studien haben bestätigt, dass resiliente Menschen in Stresssituationen eine geringere Menge des Stresshormons Cortisol (siehe S. 20–21) ausschütten.

Ist Resilienz Glückssache?

Sind Menschen, die besonders gut mit Stress zurechtkommen, vom Schicksal begünstigte Glückskinder? Mitnichten! Resilienz ist kein Persönlichkeitsmerkmal und niemand ist immun gegen die Herausforderungen, die das Leben stellt. Vielmehr ist Resilienz »ein dynamischer und adaptiver Prozess« (Rutten et al., 2013), eine Fähigkeit also, die erlernt werden kann. Ob jemand resilient ist oder nicht, hängt davon ab, mit welcher Haltung er bzw. sie auf Unglück reagiert und damit umgeht.

> Resilienz heißt nicht, gegen Stress immun, sondern fähig zu sein, sich von negativen Ereignissen **zu erholen.**
>
> **Rachel Dias**
> Brasilianische Psychologin

DIE KRAFT DER SELBSTWIRKSAMKEIT

Basis der Resilienz ist die sogenannte Selbstwirksamkeit: die Überzeugung, dass unsere Handlungen die Umstände beeinflussen. Es gibt vier Strategien, um Selbstwirksamkeit aufzubauen. Nutzen Sie jede Gelegenheit, Ihr Selbstvertrauen und Ihre Kontrollüberzeugungen zu stärken.

Durchhalten trotz Fehlschlägen
»Ich habe schon Schlimmeres durchgestanden und werde damit fertig.«

Gute Rollenmodelle finden
»Meine Mutter hat mich allein großgezogen. Menschen können sehr stark sein.«

Die eigenen Gefühle positiv deuten
»Ich bin so nervös. Sagen wir, das Ganze ist eine aufregende Herausforderung.«

Auf andere hören
»Meine beste Freundin hält mich für clever. Vielleicht hat sie recht.«

Überraschende Taktiken

In einer Studienreihe untersuchte der Psychologe George Bonanno in den 1990er-Jahren die Copingstrategien von Menschen, die unter starker Belastung gestanden und schwere Verluste erlitten hatten, psychisch aber bei guter Gesundheit geblieben waren. Ihre Resilienz war bewundernswert, ihr »Wohlfühlpotenzial« erstaunlich. Bonanno beschrieb ihre Strategien als »ausgefallen«, darunter zum Beispiel:

- Übertreiben der eigenen Stressresistenz. Das wirkte vielleicht eitel oder narzisstisch, half aber, Selbstvorwürfe zu vermeiden.

- Ablehnen negativer Gedanken. Manche erklärten einfach, sie kämen zurecht. Offenbar kam es dann auch so.
- Lachen. Schweres mit einem Lachen oder einem Witz abzutun, das würden manche Psychologen als Leugnung bezeichnen. Doch Humor half, Schmerz besser zu ertragen.

Diese Ergebnisse ermutigen dazu, bei Stress auch unkonventionelle Wege zu gehen, und zwar ohne schlechtes Gewissen. Stärken Sie Ihre Widerstandskraft (siehe rechts) und Ihr Selbstvertrauen. Nutzen Sie die für Sie passenden Strategien.

 STRESS ABPUFFERN

Resilienz kann die negativen Auswirkungen belastender Ereignisse abpuffern. Bei einer brasilianischen Studie von 2015 mit Probanden, die an Demenz erkrankte Angehörige pflegten, ergab sich eine ganze Reihe von Faktoren, die die Resilienz förderten und den Pflegenden mehr Wohlbefinden schenkten.

BELASTENDE LEBENSEREIGNISSE

STÄRKEN SIE IHRE RESSOURCEN

- **Gute Bewältigungsstrategien** (S. 26–29)
- **Konzentration auf das Positive** (S. 52–53, S. 180–181)
- **Selbstwirksamkeit** (oben links)
- **Internale Kontrollüberzeugung** – ich meistere mein Schicksal (S. 46–47)
- **Eintauchen in tägliche Aktivitäten** (S. 174–175)
- **Suchen und Annehmen von Herausforderungen** (S. 16–17, S. 174–175)
- **Mehr Unterstützung durch andere** (S. 176–179)

MEHR RESILIENZ
Das bedeutet weniger Stress, mehr Selbstvertrauen und bessere psychische Gesundheit.

STRESS-PHYSIOLOGIE
WENN DER KÖRPER ALARM SCHLÄGT

Bislang ging die Forschung davon aus, dass der Körper bei Stress in einen »Kampf-oder-Flucht«-Modus umschaltet. Neuere Forschungsergebnisse lassen vermuten, dass es ganz so einfach nicht ist.

Was geht eigentlich in uns vor, wenn wir gestresst sind? Als Erstes reagiert der Körper, seine Antwort kann sehr heftig ausfallen.

Stresshormone
Stress ist ein komplexer biologischer Prozess, der den ganzen Organismus in Mitleidenschaft zieht und von zwei Hormonen (Botenstoffen) gesteuert wird: dem Steroidhormon Cortisol und dem Neurotransmitter Noradrenalin. Beide verbreiten die Stresssignale über das Nervensystem im Körper.

Noradrenalin triggert die unmittelbare »Kampf-oder-Flucht«-Reaktion, die abläuft, wenn wir mit einer Bedrohung konfrontiert sind. Wenn sich zum Beispiel ein bellender Hund plötzlich auf Sie stürzt, springen Sie zurück, begeben sich in Kampfposition oder rennen davon. Noradrenalin
- steigert die Herzfrequenz,
- erhöht den Blutdruck,
- gibt einen Energieschub,
- verstärkt die Wachsamkeit,
- sorgt dafür, dass mehr Blut in die Muskulatur gepumpt wird, sodass Gehirn und Körper schnell auf eine Bedrohung reagieren können.

Das Stresshormon **Cortisol** wirkt langsamer als Noradrenalin (innerhalb von Minuten statt in Sekundenbruchteilen). Es
- regt die Produktion von Glukose an, die Energie verleiht,
- verbessert die Glukoseverwertung des Gehirns und beschleunigt so das Denken,
- dämpft den Appetit, die Lust auf Sex, verlangsamt die Verdauung und andere Körperfunktionen, sodass der Organismus sich ganz auf überlebensnotwendige Reaktionen konzentrieren kann.

Cortisol fördert zudem die Erholung nach einem Stressereignis, da es den ganzen Organismus beruhigt.

Die Gesundheit schützen
Noradrenalin und Cortisol sind überlebenswichtig und spielen eine Schlüsselrolle bei der körperlichen Stressreaktion. Doch ist ihr Spiegel längere Zeit zu hoch, kann das negative Folgen haben. Durch stressmindernde Copingstrategien können Sie Ihre psychische und körperliche Gesundheit schützen.

> Durch die **physiologischen Veränderungen** arbeitet der Körper **effizienter.**
>
> **Walter Bradford Cannon**
> Amerikanischer Neurologe über die »Kampf-oder-Flucht«-Reaktion

SYMPATHIKUS UND PARASYMPATHIKUS

Das vegetative Nervensystem besteht aus zwei getrennten Systemen, die sich gegenseitig ergänzen: dem Sympathikus und dem Parasympathikus. Im Zusammenhang mit Stressreaktionen wird das sympathische Nervensystem aktiviert.

SYMPATHISCHES NERVENSYSTEM
»Stressnerv« – erhöht die Reaktionsfähigkeit

Erweitert die Pupillen.
Drosselt den Speichelfluss.
Erweitert die Bronchien.
Beschleunigt den Herzschlag.
Drosselt die Verdauung.
Zieht die Blase zusammen.
Spannt die Muskeln an.

PARASYMPATHISCHES NERVENSYSTEM
»Erholungsnerv« – drosselt die Reaktionsfähigkeit

Verkleinert die Pupillen.
Stimuliert den Speichelfluss.
Verengt die Bronchien.
Verlangsamt den Herzschlag.
Regt die Verdauungstätigkeit an.
Entspannt die Blase.
Entspannt die Muskeln.

Der Sympathikus versetzt uns in die Lage, sofort auf eine Bedrohung zu reagieren. Ist es Zeit zu ruhen, zu essen und sich zu erholen, können Aktivitäten, die den Parasympathikus stimulieren, helfen, beispielsweise Entspannungsübungen (siehe S. 130–131) und Meditation (siehe S. 132–135).

DIE STRESSKURVE

Wirkt Stress leistungsfördernd oder leistungsmindernd? Tatsächlich gibt es einen optimalen Stresslevel, der sich von Mensch zu Mensch unterscheidet. 1908 entwickelten die amerikanischen Psychologen Robert Yerkes und John Dodson ein entsprechendes Modell, das bis heute angewendet wird: Sie beschrieben die Wirkung der vom Organismus ausgeschütteten Stresshormone. Ist der Stresslevel zu niedrig, langweilen wir uns, ist er zu hoch, werden wir nervös und können uns nicht mehr konzentrieren. Dazwischen liegt ein idealer Bereich, in dem wir Flow erleben – wir sind aufmerksam, ganz bei der Sache und geben unser Bestes.

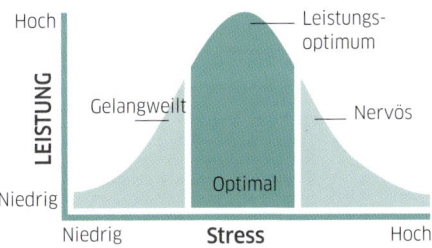

AKTIVIERUNG DES ALARMSYSTEMS

Bereitet der Körper bei realen oder möglichen Bedrohungen eine Stressreaktion vor, beurteilt er äußere Umstände und eigene Ressourcen.

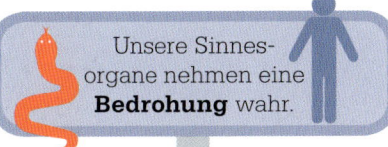

Unsere Sinnesorgane nehmen eine **Bedrohung** wahr.

Die Information wird direkt an die Amygdala (den »Mandelkern« im Gehirn) weitergeleitet.

Die Amygdala sorgt dafür, dass wir Furcht empfinden.

Noradrenalin beschleunigt den Herzschlag und erhöht den Blutdruck, um uns auf **Kampf oder Flucht** vorzubereiten.

Cortisol erhöht den Blutzuckerspiegel, damit der Körper genügend **Energie** hat, um auf die Bedrohung zu reagieren.

Wenn ausreichend Zeit bleibt, um über eine Bedrohung nachzudenken, ruft der Hippocampus frühere Erfahrungen ab, die die Furcht mindern können, und die Großhirnrinde sorgt für eine überlegte Reaktion.

INDEM SIE STRESS ALS ETWAS HILFREICHES ANSEHEN, ERSCHAFFEN SIE DIE BIOLOGIE DES MUTS.

KELLY MCGONIGAL, GESUNDHEITSPSYCHOLOGIN AN DER STANFORD UNIVERSITY

STRESSOREN ERKENNEN
WO LIEGEN IHRE KNACKPUNKTE?

Alle Erlebnisse, Probleme und Situationen, durch die wir uns bedroht oder überfordert fühlen, sind »Stressoren«. Als erste Maßnahme zur Stressbewältigung sollten Sie sich daher einen Überblick über Ihre persönlichen Stressoren verschaffen.

Ein Stressor ist ein körperliches oder psychisches Ereignis, das die Homöostase stört – den Zustand des physiologischen Gleichgewichts, bei dem Körpertemperatur, Blutzuckerspiegel, Blutdruck und Hormonspiegel relativ stabil sind. Liegen diese Werte dauerhaft außerhalb des Normalbereichs, macht uns das auf lange Sicht krank.

Echte oder empfundene Bedrohung

Jedes Ereignis, das das körperliche Wohlbefinden gefährdet – etwa ein Sturz oder ein Autounfall –, ist ein Stressor. Ebenso können Dinge, die wir nur als bedrohlich wahrnehmen, Stress verursachen. Zum Beispiel bringt Sie Kritik bei der Arbeit körperlich nicht in Gefahr. Doch Sie befürchten vielleicht, Ihren Job zu verlieren und später Ihre Rechnungen nicht mehr bezahlen zu können. Der Körper nimmt Erfahrungen wie diese als bedrohlich wahr und antwortet mit Symptomen wie erhöhtem Blutdruck, obwohl es nicht zu einer körperlichen Konfrontation gekommen ist.

Mit dem Fragebogen rechts können Sie herausfinden, welche Stressquellen für Sie eine Rolle spielen. Nur wenige Menschen sind fast komplett stressresistent, doch wie stark Sie unter bestimmten Stressoren leiden, liegt zumindest teilweise in Ihrer Hand. In diesem Buch wird eine Reihe von Techniken vorgestellt, die Sie nutzen können, um Ihr Leben stressärmer zu gestalten und mit den verbliebenen Stressoren besser zurechtzukommen.

❓ BEZIEHUNGS-STRESSOREN

- Haben Sie sich kürzlich getrennt oder scheiden lassen?
- Haben Sie Eheprobleme?
- Haben Sie vor Kurzem Ihren Partner/Ihre Partnerin verloren?
- Haben Sie kürzlich einen nahen Verwandten oder guten Freund verloren?
- Sind Sie Single?
- Haben Sie Probleme mit Ihrer Sexualität?
- Planen Sie eine Hochzeit?
- Sind Sie schwanger?
- Haben Sie gerade ein Kind bekommen?
- Wenn Sie kürzlich entbunden haben: War die Geburt schwierig?
- Ist Ihr Sohn/Ihre Tochter vor Kurzem ausgezogen?
- Hat Ihr Partner/Ihre Partnerin kürzlich die Arbeitsstelle gewechselt oder ist in Rente gegangen?
- Versorgen Sie einen behinderten oder kranken Angehörigen?
- Haben Sie Probleme mit Ihren Schwiegereltern?
- Sehen Sie Ihre Familie öfter/seltener als üblich?
- Ist Ihr Sozialleben kürzlich anstrengender oder ärmer geworden?

❓ PERSÖNLICHE STRESSOREN

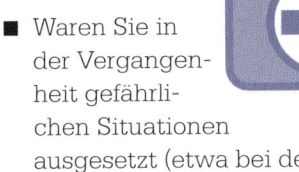

- Sind Sie krank oder verletzt?
- Waren Sie in der Vergangenheit gefährlichen Situationen ausgesetzt (etwa bei der Arbeit)?
- Haben Sie ein Trauma erlebt, zum Beispiel einen Unfall oder Raubüberfall?
- Versuchen Sie gerade, sich etwas abzugewöhnen, zum Beispiel das Rauchen?
- Haben Sie kürzlich etwas Bedeutendes geleistet, an dem Sie nun gemessen werden?
- Beginnen oder beenden Sie gerade eine Ausbildung/ein Studium?
- Steht Ihnen ein Umzug bevor?
- Leben Sie in einem Umfeld mit hoher Lärmbelastung?
- Haben Sie Schlafprobleme?
- Sind Sie mit dem Gesetz in Konflikt gekommen?
- Werden Sie aufgrund Ihrer Rasse, Ihrer Sexualität oder aus anderen Gründen diskriminiert?
- Werden Sie gemobbt oder missbraucht?
- Haben Sie Probleme mit Substanzenmissbrauch (Alkohol, Medikamente, Koffein)?
- Sind Sie einsam?

❓ BERUFLICHE UND FINANZSTRESSOREN

- Sind Sie arbeitslos?
- Wurden Sie vor Kurzem befördert oder zurückgestuft?
- Gibt es Probleme mit Ihrem Chef?
- Wächst Ihnen die Arbeit über den Kopf?
- Ist Ihr Job mit Überstunden, Präsentationen, physischen Gefahren verbunden oder arbeiten Sie in einem feindlichen Umfeld?
- Planen Sie eine berufliche Veränderung?
- Müssen Sie weite Wege pendeln?
- Haben Sie einen Kredit oder ein Darlehen aufgenommen?
- Haben Sie Schwierigkeiten, Ihre Rechnungen zu bezahlen?
- Hat sich bei Ihren Finanzen kürzlich etwas drastisch verändert?
- Gehen Sie bald in Rente oder sind Sie kürzlich in den Ruhestand getreten?

🔍 DIE TOP FIVE

Die Holmes-Rahe-Stressskala, das Maß aller Dinge, wenn es um die Messung des Stresslevels geht, nennt als fünf wichtigste Stressoren: **1** Tod des Lebenspartners; **2** Scheidung; **3** Trennung vom Lebenspartner; **4** Haftstrafe; **5** Tod eines nahen Angehörigen.

COPING-STRATEGIEN
MEHR KONTROLLE GEWINNEN

Jeder Mensch geht auf seine Weise mit Stress um, doch manche Bewältigungsstrategien sind hilfreicher als andere. Wer die jeweiligen Vor- und Nachteile kennt, findet leichter die für ihn geeigneten Wege.

Coping- oder Bewältigungsstrategien sind alle Gedanken und Handlungen, die dazu beitragen, dass wir mit einer bedrohlichen Situation besser fertigwerden. Die Psychologie unterscheidet zwei grundlegende Mechanismen – das »problemfokussierte« und das »emotionsfokussierte« Coping. Welche Strategie wann am besten greift, hängt unter anderem von den Umständen ab.

Problemfokussiertes Coping

Wenn es in unserer Macht steht, Dinge zu ändern, ist problemfokussiertes Coping normalerweise vielversprechender. Es beinhaltet unter anderem:

- **Verbesserung des Zeitmanagements.** Das gibt den nötigen Spielraum, um notwendige Veränderungen einzuleiten.
- **Analyse der Situation:** Was können wir auf uns nehmen, was nicht?
- **Leisten von Überstunden,** um eine Krise zu bewältigen (bei kurzzeitigen Problemen).
- **Gespräche mit einer Person,** die zur Verbesserung der Situation beitragen kann.

> Steht etwas **nicht in unserer Macht,** so sage: »Es berührt mich nicht.«
>
> **Epiktet**
> Griechischer Philosoph,
> 55–135 n. Chr.

WIE TREFFE ICH DIE RICHTIGE WAHL?

Problemfokussiertes Coping ist optimal, wenn wir die Fäden in der Hand halten. Ist unser Einfluss gering, eignet sich hingegen eher das emotionsfokussierte Coping. Entscheiden Sie abhängig davon, wie viel Kontrolle Sie jeweils haben.

Copingstrategie	Situation ist veränderbar	Situation entzieht sich der eigenen Kontrolle
Problem-fokussiertes Coping	✓ Reduziert Stressoren	✗ Verstärkt Frustration
Emotions-fokussiertes Coping	✗ Probleme (zum Beispiel gesundheitlicher Art) bleiben ungelöst und können sich verstärken	✓ Lindert den empfundenen Stress

Erreichen Sie eine Wendung zum Positiven, so verschwindet der Stressor oder wirkt weniger belastend.

Emotionsfokussiertes Coping

Bei diesen Strategien steht im Vordergrund, unsere Reaktion auf einen Stressor zu kontrollieren. Wenn wir an einer Situation nichts ändern können, scheint es vernünftig, beim eigenen Verhalten anzusetzen. Unter Umständen kann dies jedoch weitere Probleme nach sich ziehen.

- ✗ **Alkohol/Drogen.** Sie mögen akut Erleichterung bringen, können langfristig aber zu Gesundheitsproblemen und Abhängigkeit führen.
- ✗ **Frustessen.** Der Konsum von Junkfood oder großen Mengen ist ungesund. Zudem führt dies zur Gewichtszunahme, die das Selbstwertgefühl beeinträchtigen kann.

- ✗ **Grübeln.** Ständiges Grübeln lässt belastende Situationen oft noch ausweglöser erscheinen.
- ✗ **Tagträumen.** Das Entfliehen in Traumwelten kann dazu führen, dass die Realität weniger befriedigend erscheint.
- ✗ **Vermeidung.** Das Problem wird geleugnet, nicht bewältigt.
- ✗ **Schuldzuweisungen.** Selbstbeschuldigungen erhöhen das Depressionsrisiko. Das Beschuldigen anderer kann dazu führen, dass diese sich zurückziehen.

Effektiver sind folgende Strategien:
- ✗ **Unterstützung durch das soziale Umfeld** suchen. Studien bestätigen, dass Trost von Freunden und Angehörigen den Stresslevel senkt (siehe S. 176–179).
- ✗ **Meditation/Beten.** Beides kann effektiv die emotionale Stabilisierung fördern (siehe S. 132–135).

? WAS TUN?

Um herauszufinden, ob sich in einer Situation eher problem- oder eher emotionsfokussiertes Coping eignet, stellen Sie sich folgende Fragen:

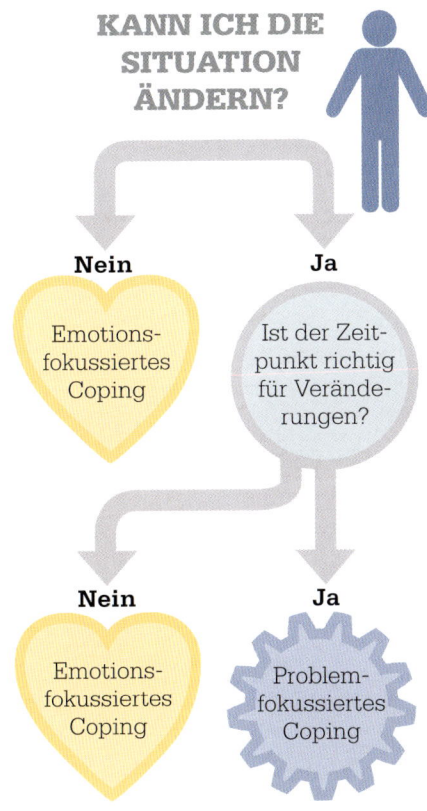

- ✗ **Schreiben.** Ein »Dankbarkeitstagebuch« kann die Laune heben (siehe S. 40–41, S. 108–109).
- ✗ **Eine Therapie machen.** Davon können Stressgeplagte enorm profitieren (siehe S. 208–209).

Psychologen sind sich einig, dass emotionsfokussiertes Coping kurzfristig manchmal das Richtige sein kann. Voraussetzung: Wir setzen uns aktiv mit unseren Gefühlen auseinander, anstatt sie zu vermeiden.

> ## Coping
> besteht aus Versuchen, **Gefahr,** Leid und Verlust oder den damit verbundenen Schmerz zu **vermeiden** oder zu **verringern.**
>
> **Charles S. Carver und Jennifer Connor-Smith**
> Amerikanische Psychologen

» Die Kraft des Reframing

Eine der konstruktivsten Bewältigungsstrategien ist das sogenannte Reframing (Umdeuten). Da Stress mit der Überzeugung einhergeht, einer Herausforderung nicht gewachsen zu sein, erscheint es durchaus sinnvoll, darüber nachzudenken, wie dieser Gedanke zustande kommt.

Halb voll oder halb leer?

Die Kognitive Verhaltenstherapie (siehe S. 52–53) basiert auf dem Prinzip des Reframing. Das ist ein effektives Konzept, um kurzfristigen und chronischen Stress zu bewältigen. Demnach ist es sehr hilfreich, sich bewusst zu machen, was einem die innere Stimme in stressigen Situationen so alles einflüstert. Sie neigen dazu, Ereignisse negativ zu interpretieren – das Glas ist für Sie also eher halb leer statt halb voll? Dann finden Sie heraus, ob eine andere Perspektive Ihnen mehr Selbstvertrauen gibt.

Während einer amerikanischen Studie von 2014 sollten Probanden vor den Forschern Karaoke singen,

⊙ BELASTENDE EREIGNISSE VERARBEITEN

Die amerikanischen Psychologen Richard Lazarus und Susan Folkman betrachten Stress als das Zusammenwirken äußerer Umstände und individueller Reaktionen. Lazarus geht davon aus, dass unsere »kognitive Bewertung« oder Einschätzung bestimmt, wie wir eine Situation beurteilen. Ihm zufolge nehmen wir eine primäre und eine sekundäre Bewertung vor. Für die Stressbewältigung sind beide gleichermaßen wichtig.

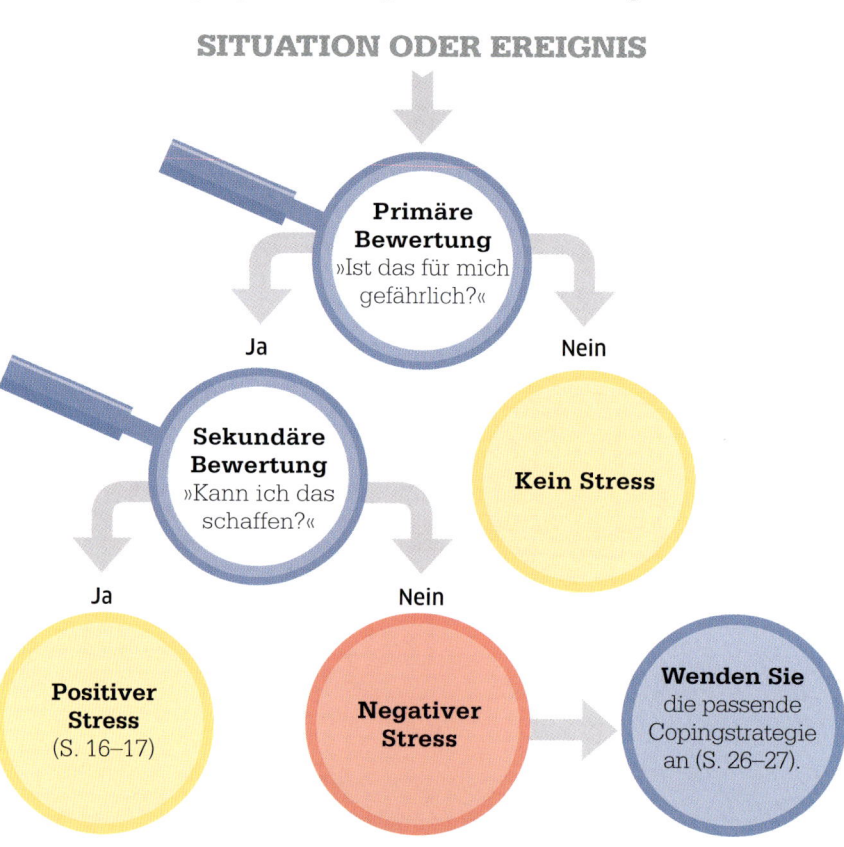

nachdem sie entweder laut »Ich bin sehr gespannt« oder »Ich bin nervös« zu sich selbst gesagt hatten. Die »Gespannten« machten weniger Fehler und hatten mehr Vertrauen in ihre Fähigkeiten als die »Nervösen«. Diejenigen, die ihre Angst vor einer bedrohlichen Situation umzudeuten vermochten, konnten also den empfundenen Stress in ein Gefühl von Energie verwandeln, was ihre Leistung und ihr subjektives Empfinden verbesserte.

Egal, ob Sie Stress problem- oder emotionsfokussiert angehen, versuchen Sie, die Situation positiv umzudeuten. Wahrscheinlich werden Sie dann besser mit ihr fertig.

? DIE REIFESKALA

Die psychodynamische Theorie konzentriert sich auf unsere Denkprozesse. Sie geht davon aus, dass wir bei Stress mehr oder weniger reife und nutzbringende Verteidigungsmechanismen anwenden. Primitivere (kindische) Reaktionen sind häufig emotionsfokussiert, während sich reife Copingstrategien sowohl lösungsorientiert als auch – in positiverer Weise – emotionsfokussiert gestalten. Bei extremem Stress laufen wir Gefahr, auf unreife Copingstrategien zurückzugreifen. In solchen Momenten empfiehlt es sich, innezuhalten und sich zu fragen: Wäre eine reifere Reaktion jetzt zielführender?

PRIMITIV — **WENIGER PRIMITIV, REIFER** — **REIF**

- **Ausagieren.** Wutanfälle, Selbstverletzung oder gefährliches Verhalten: *»Was fällt dem ein, mich zu überholen!«* (Beschleunigt.)

- **Abspaltung.** So tun, als hätte ein Teil des eigenen Lebens nichts mit einem zu tun: *»Ich fühle mich nicht schuldig für die unethischen Dinge, die mein Chef von mir verlangt.«*

- **Leugnen.** Sich weigern, die Realität zur Kenntnis zu nehmen: *»Dieser Knoten in der Brust ist wahrscheinlich harmlos.«*

- **Dissoziation.** Mental aussteigen, um sich Gefühle oder Wahrnehmungen vom Leib zu halten: *»Ich kann darüber jetzt nicht nachdenken, ich schaue fern.«*

- **Projektion.** Eigene Gedanken und Impulse auf andere übertragen: *»Der Typ, den ich nicht leiden kann, hält mich sicher für einen Idioten.«*

- **Reaktionsbildung.** Einen störenden Gedanken umkehren: *»Ich vertraue Martha nicht? Aber sicher vertraue ich ihr!«*

- **Verschiebung.** Wut an einer Person auslassen, die das Problem nicht verursacht hat: *»Ich habe schon genug am Hals. Du musst jetzt nicht noch einen draufsetzen.«*

- **Intellektualisierung.** Denken, um Gefühle zu vermeiden: *»Wegen Mutters Schlaganfall zu heulen hat keinen Sinn – ich werde mich stattdessen kundig machen.«*

- **Rationalisierung.** Eine Erklärung für eine unerwünschte Situation suchen: *»Nina sagt, sie wolle mich verlassen, aber im Grunde testet sie nur, wie stark meine Bindung an sie ist.«*

- **Unterdrückung.** Inakzeptable Gedanken wegdrücken: *»Nette Menschen werden nicht wütend.«*

- **Ungeschehen machen.** Eine Handlung, die man bedauert, kompensieren, indem man ins andere Extrem fällt: *»Oh je, ich habe Frank verletzt. Ich werde allen erzählen, wie klug und talentiert er ist.«*

- **Selbstbehauptung.** Respektvolles, klares und entschiedenes Mitteilen eigener Bedürfnisse: *»Liebling, wenn ich die Kinder vom Schwimmen abholen soll, muss ich pünktlich essen.«*

- **Kompensation.** Wahrgenommene Schwäche auf einem Gebiet durch Stärken auf einem anderen ausbalancieren: *»Mein Chef hackt ständig auf mir herum, aber ich habe nette Kollegen.«*

- **Sublimierung.** Inakzeptable Impulse in akzeptablere umlenken, etwa in Scherze, Ablenkung oder Altruismus: *»Ich bin so ärgerlich auf meine Schwester, aber ich fühle mich besser, wenn ich ihr Hilfe anbiete.«*

VON NATUR AUS ANFÄLLIG?
STRESS UND PERSÖNLICHKEIT

Unsere Persönlichkeit beeinflusst, was wir als Stress empfinden und wie wir mit Stress umgehen. Ein klassisches psychologisches Modell kann bei der Einschätzung der eigenen Stressanfälligkeit helfen.

Der amerikanische Psychologe Lewis Goldberg prägte 1981 den Begriff »Big Five«. Bezeichnet wird damit das Fünf-Faktoren-Modell, das zu den zuverlässigsten und anerkanntesten Methoden zur Bestimmung der Persönlichkeit gehört. Es geht von fünf Persönlichkeitsdimensionen aus: Extraversion, Verträglichkeit, Gewissenhaftigkeit, Offenheit und Neurotizismus.

{
Offenheit
Gewissenhaftigkeit
Extraversion
Verträglichkeit
Neurotizismus
}

Die Big Five

Neurotizismus

Der Begriff »Neurotizismus« bezeichnet unsere emotionale Labilität. Er beschreibt, wie anfällig wir für negative Erfahrungen, Gefühle und Stress sind. Ist Ihr Neurotizismuswert relativ hoch, hat die kontinuierliche effektive Selbstfürsorge einen besonderen Stellenwert. Durch das Arbeiten an den eigenen Copingstrategien (siehe S. 26–29) lässt sich die emotionale Stabilität verbessern. Menschen mit einem hohen Neurotizismuswert können also dank eines guten Stressmanagements ein glückliches Leben führen.

Die vier anderen Merkmale

Auch Menschen mit einem niedrigen Neurotizismuswert sind in bestimmten Situationen anfällig für Stress. Ihnen sei Folgendes ans Herz gelegt:

- **Gestalten Sie Ihr Sozialleben nach Ihren Bedürfnissen.** Extravertierte erleben Stress, wenn sie allein sind, Introvertierte bei zu viel Trubel.
- **Suchen Sie sich passende Freunde.** Verträgliche Menschen leiden unter Konflikten mehr als unverträglichere, die sich gesellschaftlichen Erwartungen nicht so leicht fügen.
- **Planen Sie Ihre Arbeit realistisch.** Gewissenhafte Menschen bürden sich oft zu viel auf, während weniger gewissenhafte eher in Stress kommen, wenn sie Pflichten vernachlässigen.
- **Beachten Sie Ihre Komfortzone.** Menschen, die offen für neue Erfahrungen sind, erleben Stress, wenn sie sich langweilen. Weniger offene Menschen fühlen sich unter Druck, wenn Veränderungen anstehen.

Es gibt weder »richtige« noch »falsche« Persönlichkeiten, sondern nur Individuen, die ihre eigenen Bewältigungsstrategien finden müssen.

❓ TEST ZU IHREN BIG FIVE

Wie ist es um die Big Five bei Ihnen ganz persönlich bestellt? Wenn die meisten Aussagen eines Absatzes auf Sie zutreffen, haben Sie für dieses Merkmal einen hohen Wert. Die Ergebnisse zeigen, welche Lebensführung für Sie am wenigsten belastend ist.

1
- Ich bin gerne mit vielen Menschen zusammen.
- Ich gelte als mitteilsam und dynamisch.
- Es fällt mir leicht, mich zu behaupten.
- Ich mische mich gern ein und bin manchmal neugierig.

2
- Es fällt mir leicht, mit anderen mitzuempfinden.
- Ich würde eher etwas auf sich beruhen lassen, als auf Strafe zu pochen.
- Ich gebe anderen gerne einen Vertrauensbonus.
- Konkurrenz ist mir zuwider.

3
- Es ist wichtig für mich, gut organisiert zu sein.
- Ich nehme meine Verantwortung und meine Pflichten ernst.
- Ich bin alles andere als rebellisch.
- Ich bin gerne konsequent.

4
- Ich diskutiere gerne über neue Ideen.
- Kreativität und Fantasie sind mir wichtig.
- Es ist gut, seine Komfortzone auch mal zu verlassen.
- Ich bin nicht besonders konventionell.

5
- Ich lasse mich leicht aus der Fassung bringen.
- Ich bin nicht sehr selbstbewusst.
- Wenn ich gestresst bin, kann ich mich nur schwer wieder beruhigen.
- Ich kann mir selbst gegenüber hart sein.

1 Extraversion: Sie sind eher kontaktfreudig als introvertiert. **2 Verträglichkeit:** Sie kooperieren lieber, als andere herauszufordern. **3 Gewissenhaftigkeit:** Sie sind eher pflichtbewusst als impulsiv. **4 Offenheit:** Sie schätzen neue Erfahrungen und Ideen mehr als Bekanntes und Vertrautes. **5 Neurotizismus:** Sie sind sehr stressanfällig.

❓ DIE FÜNFSTUFIGE BEWERTUNGSSKALA

Jede Persönlichkeitsdimension kann sehr stark, sehr schwach oder moderat ausgeprägt sein. Wenn Sie den Test (links) gemacht haben, tragen Sie Ihre Werte auf den Skalen unten entsprechend ein. So verstehen Sie leichter, warum Sie mit manchen Menschen und Situationen besser zurechtkommen als mit anderen.

NIEDRIG **1** HOCH

Introversion/Extraversion

Zurückhaltend, zieht Energie aus dem Alleinsein. Gestresst durch Überstimulierung.

Gesellig, zieht Energie aus Kontakt mit anderen. Gestresst durch Isolation.

2

Verträglichkeit

Misstrauisch, feindselig, wettbewerbsorientiert. Gestresst durch Frustration und »Niederlagen«.

Warm, großzügig, entgegenkommend. Gestresst durch Ablehnung und Feindseligkeit.

3

Gewissenhaftigkeit

Unbekümmert, respektlos, wankelmütig. Gestresst durch feste Erwartungen.

Fleißig, abhängig, hält sich an Regeln. Gestresst durch unklare Erwartungen.

4

Offenheit

Konservativ, vorsichtig, sicherheitsorientiert. Gestresst durch Nichtvertrautes.

Neugierig, originell, scharfsinnig. Gestresst durch Eintönigkeit.

5

Neurotizismus

Gefestigt, selbstbewusst, aufrichtig. Gerät nur langsam in Stress.

Empfindsam, reaktiv, verletzlich. Leicht zu stressen.

DER UMGANG MIT STRESS

GESCHLECHTERUNTERSCHIEDE

Obwohl jeder Mensch einzigartig ist, zeigt die Forschung, dass es typisch männliche und typisch weibliche Stressbewältigungsstrategien gibt. Manchmal können Männer und Frauen voneinander lernen.

Dass Männer eher wettbewerbsorientiert und Frauen eher fürsorglich seien, das sind verbreitete Klischees. Allerdings werden sie von der Stressforschung untermauert. So erschien 2000 in der *Psychological Review* ein aussagekräftiger wissenschaftlicher Bericht, in dem behauptet wurde, dass Männer bei Stress in den »Kampf-oder-Flucht«-Modus verfallen, während Frauen dazu neigen, sich intensiver um andere zu kümmern und ihre Unterstützung anzubieten (»Tend-and-befriend«-Reaktion).

Eine Studie der Universität Wien von 2014 bestätigte diesen Befund. Die Forscher hatten prognostiziert, dass Menschen, die unter Stress stehen, egozentrischer werden, also die Gefühle anderer weniger gut wahrnehmen können. Was die männlichen Probanden betraf, hatten sie recht – bei den Frauen irrten sie sich: Unter Druck »lasen« die Frauen die Gefühle anderer sogar noch besser.

⌕ VERBINDUNGEN IM GEHIRN

2013 untersuchten amerikanische Forscher Scans von Männer- und Frauengehirnen daraufhin, ob sie unterschiedlich »verdrahtet« sind. Bei Männern waren die neuronalen Verbindungen zwischen Arealen, die Wahrnehmung und Aktion steuern, stärker ausgeprägt, bei Frauen die zwischen den Bereichen der analytischen und der intuitiven Informationsverarbeitung. Bei Stress werden Männer daher eher aktiv, während Frauen das soziale Umfeld »scannen« und versuchen, die Beweggründe der Beteiligten zu verstehen.

Wieso gibt es Unterschiede?

Biologisch gesehen erfahren Männer und Frauen Stress auf identische Weise. Auch produzieren sie gleich große Mengen des Stresshormons Cortisol. Allerdings wählen sie – das legen die Forschungsergebnisse nahe – unterschiedliche Bewältigungsstrategien.

Warum das so ist, steht in den Sternen. Vielleicht sind Hormone dafür mitverantwortlich: In der Wiener Studie wurde bei Frauen ein höherer Oxytocinspiegel gemessen als bei Männern. Oxytocin gilt als »Kuschelhormon«; es fördert die soziale Bindung. Möglicherweise ist die »Tend-and-befriend«-Reaktion aber auch ein erlerntes Verhalten: Frauen könnten »die Erwartung internalisiert haben, dass sie mehr Unterstützung von außen erhalten, wenn sie besser mit anderen interagieren«, während Männer mit dem Erlernen dieser nützlichen Strategie mehr Schwierigkeiten haben.

Unabhängig davon, ob die Anlagen oder die Einflüsse von außen verantwortlich sind, ist klar, dass Männer und Frauen unterschiedlich mit Stress umgehen.

Was wir lernen können

Die Fähigkeit, unter Stress mit anderen kooperieren zu können, schätzen die Forscher angesichts der vielfältigen und komplexen Probleme heutzutage als besonders wertvoll ein. Zu kämpfen oder zu fliehen war vielleicht sinnvoll, wenn sich jemand von einem Rivalen oder einem wilden Tier bedroht fühlte. Doch im modernen Leben hilft soziale Unterstützung sicherlich eher weiter (S. 176–177).

WER HAT MEHR STRESS?

Laut Stressreport der American Psychological Association aus dem Jahr 2015 beurteilen Männer und Frauen ihren durchschnittlichen Stresslevel unterschiedlich:

Stresslevel auf einer Skala von 1 bis 10:

FRAUEN **5,3** MÄNNER **4,9**

Anteil von Frauen und Männern mit hoher Stressbelastung:

FRAUEN **28%** MÄNNER **20%**

Männer sollten sich also merken, dass es in Stresssituationen am hilfreichsten ist, Unterstützung bei anderen zu suchen. Frauen hingegen »kümmern« sich manchmal mehr um andere, als gut für sie ist. Der Psychologe Carl Pickhardt stellte beispielsweise fest, dass viele Frauen durch »Selbstaufopferung in Beziehungen in Stress geraten«. Manchmal wäre aus Gründen des Selbstschutzes ein bisschen mehr Egoismus angebracht. Ein ausgewogenes Verhältnis zwischen »männlichen« und »weiblichen« Stressbewältigungsstrategien ist wahrscheinlich für alle das Beste.

? WIE ZEIGT SICH STRESS?

Im Jahr 2010 stellte die American Psychological Association bei einer Umfrage fest, dass es Stresssymptome gibt, die Männer und Frauen unterschiedlich stark betreffen.

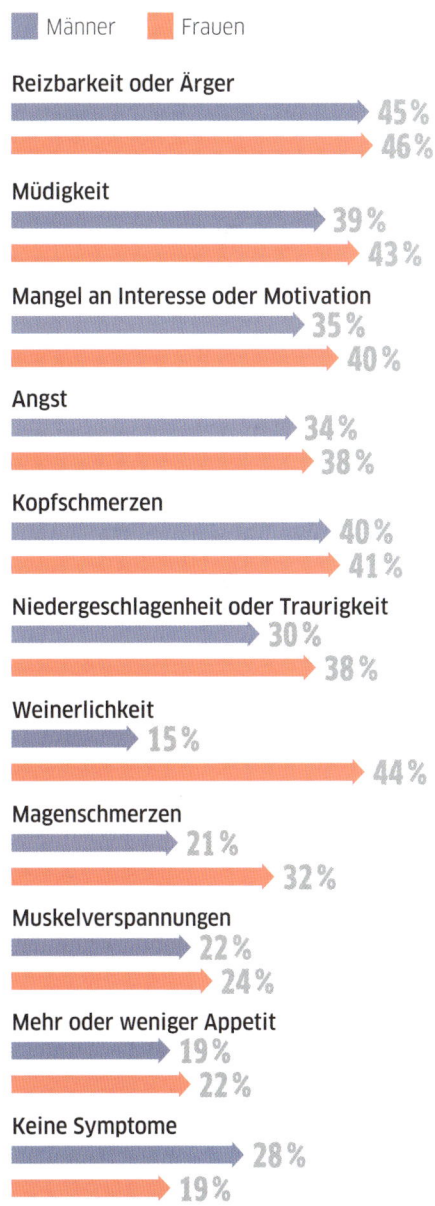

■ Männer ■ Frauen

Reizbarkeit oder Ärger
45%
46%

Müdigkeit
39%
43%

Mangel an Interesse oder Motivation
35%
40%

Angst
34%
38%

Kopfschmerzen
40%
41%

Niedergeschlagenheit oder Traurigkeit
30%
38%

Weinerlichkeit
15%
44%

Magenschmerzen
21%
32%

Muskelverspannungen
22%
24%

Mehr oder weniger Appetit
19%
22%

Keine Symptome
28%
19%

KEINER MUSS PERFEKT SEIN

REALISTISCHE MASSSTÄBE SETZEN

Ist Ihr Bestes nie gut genug? Setzt man für sich und andere ständig sehr hohe Maßstäbe, können die Lebensfreude verloren gehen und der Stress überhand nehmen. Vielleicht ist es Zeit innezuhalten.

Perfektionismus erscheint zunächst einmal erstrebenswert – schließlich sind Menschen, die sich anspruchsvolle Ziele setzen, im Leben meist erfolgreich. Doch wer die Latte zu hoch legt, setzt sich stark unter Druck.

Die Perfektionismusdebatte

In einer Studie aus dem Jahr 2003 unterschied der amerikanische Psychologe Kenneth Rice zwischen »adaptivem« und »maladaptivem« Perfektionismus. Adaptiver Perfektionismus hilft uns dabei, uns auf positive Weise in unsere Umgebung zu integrieren. Man setzt sich anspruchsvolle Ziele, kommt aber damit zurecht, wenn man sie nicht erreicht. Maladaptiver Perfektionismus hingegen führt dazu, dass wahrgenommenes Versagen einen quält. Der kanadische Psychologe Paul

Hewitt hält Perfektionismus in jeglicher Form für maladaptiv und betont, dass er das Risiko für psychische Erkrankungen wie beispielsweise Anorexie und Depressionen sowie das Suizidrisiko erhöhe.

Eine britische Studie aus dem Jahr 2003 kam zu dem Ergebnis, dass Menschen, deren Perfektionismus mit »vermeidenden« Be-

> Es kommt darauf an, den Unterschied zwischen **gesundem Ehrgeiz** und **Perfektionismus** zu verstehen.
>
> **Brené Brown**
> Amerikanische Therapeutin und Forscherin

wältigungsstrategien einherging – die Probleme also eher ignorierten, als sie anzugehen –, am stärksten gefährdet waren, die Hoffnung zu verlieren und seelisch zu leiden. Die Kombination aus hohen Standards und Vermeidungsverhalten verursachte Stress und löste bei Betroffenen Depressionen aus.

Obwohl die Forschungsergebnisse sehr unterschiedlich ausfallen, zeigen sie doch insgesamt, dass Perfektionismus die Bewältigung von Stress erschwert.

Was kann ich tun?

Kommt der Druck, perfekt sein zu müssen, von außen, schützen Sie sich am besten, indem Sie angemessene Grenzen ziehen und selbstbewusst auftreten (siehe S. 92–95). Kommt der Druck von innen, beherzigen Sie die Tipps des Psychologen Jeff Szymanski:

■ **Setzen Sie Prioritäten,** die auf Ihren Werten basieren, und beschränken Sie Ihren Perfektionismus auf die Dinge, die Ihnen am wichtigsten sind.

✏ ANTISTRESSKÄRTCHEN

Die Anxiety Disorders Association rät dazu, positive, realistische Leitsätze auf Karteikärtchen zu schreiben, um übertriebenen Perfektionismus zu regulieren. Sie können die Kärtchen bei sich tragen und lesen, wenn die Belastung zu groß wird.

»Ich bin auch nur ein Mensch.«

»Niemand ist perfekt.«

»Sich mal einen Tag frei zu nehmen ist kein Versagen.«

»Fehler sind in Ordnung. Jeder macht Fehler.«

»Ich habe mein Bestes getan – mehr geht nicht.«

■ **Lassen Sie sich darauf ein, Dinge auszuprobieren.** Wer Risiken eingeht und Fehler macht, lernt oft eine Menge – und erlebt durchaus Positives.

■ **Gestalten Sie Prozesse klug.** Großer Einsatz zahlt sich in der Frühphase eines Projekts oft am meisten aus. Danach profitieren Sie immer weniger davon, bis sich das Ganze schließlich nicht mehr lohnt.

■ **Belohnen Sie sich** für unvollkommene Leistungen. Es ist besser, zum vereinbarten Termin ein unvollkommenes Ergebnis abzuliefern als gar keins.

■ **Suchen Sie sich Rollenmodelle.** Wer in Ihrem Umfeld hat ähnliche Ziele, scheint sie aber leichter zu erreichen? Bei Bedarf fragen Sie sich – oder die Person selbst –, wie sie an eine Aufgabe herangehen würde.

Jeder von uns muss lernen, Unvollkommenheit zu ertragen. Das Leben gestaltet sich viel entspannter, wenn Sie Ihre Fehlbarkeit akzeptieren.

❓ WIE PERFEKTIONISTISCH SIND SIE?

Perfektionismus hat viele Gesichter.
Welchen Aussagen stimmen Sie zu?

A Ich möchte, dass mir nahestehende Menschen Erfolg haben.

B Je mehr Erfolg ich habe, umso mehr wird von mir erwartet.

C Ich entspanne mich erst, wenn ich eine Aufgabe perfekt erfüllt habe.

A Mit Menschen, die nicht ihr Bestes tun, gebe ich mich nicht ab.

B Es ist schwierig, den Erwartungen anderer gerecht zu werden.

C Ich fühle mich unwohl, wenn ich merke, dass ich einen Fehler gemacht habe.

A Menschen, die mich enttäuscht haben, ertrage ich nicht.

B Auch wenn es niemand zugibt – meine Fehler nerven andere.

C Ich muss bei der Arbeit stets mein gesamtes Potenzial ausschöpfen.

A-Antworten. »Fremdorientierter« Perfektionismus. Sie erwarten, dass andere perfekt sind.
✔ Gestalten Sie Ihre Beziehungen entspannter, indem Sie Ihre Vergebungsbereitschaft stärken (siehe S. 106–107).

B-Antworten. »Sozial vorgeschriebener« Perfektionismus: Andere erwarten von Ihnen, dass Sie perfekt sind.
✔ Entwickeln Sie mehr Selbstbewusstsein und setzen Sie Grenzen (siehe S. 92–95).

C-Antworten. »Selbstorientierter Perfektionismus«: Sie setzen sich selbst unter Druck.
✔ Seien Sie sich selbst gegenüber nachsichtiger: Niemand ist perfekt.

UNSERE UNVOLL-KOMMENHEITEN MACHEN UNS ZU AUSGEWIESENEN MITGLIEDERN DER MENSCHHEIT.

KRISTIN NEFF, PSYCHOLOGIN UND EXPERTIN FÜR MITGEFÜHL

MITGEFÜHL FÜR MICH

TROST IN SICH SELBST FINDEN

Manchmal ist man sich selbst der größte Feind: Wie soll es gelingen, Gleichmut zu bewahren, wenn man sich für jeden Fehler beschimpft? Übungen zur Stärkung des Selbstmitgefühls können helfen.

Wenn Sie sich gestresst fühlen, brauchen Sie Trost, und der erste Mensch, der Ihnen Trost spenden kann, sind Sie selbst. Eine britische Studie von 2005 zeigte, dass Selbstmitgefühl – die Bereitschaft, sich selbst zu vergeben, wie es eine andere wohlwollende Person tun würde – das Alarmsystem des Körpers deaktiviert. Sich selbst mit Mitgefühl zu begegnen ist also der Schlüssel zur »Entstressung«. Die amerikanische Psychologin Kristin Neff empfiehlt drei Strategien:

1 **Freundlichkeit uns selbst gegenüber.** Oft sagen wir Dinge zu uns, die wir anderen gegenüber nie aussprechen würden, etwa: »Du Idiot!«. Wenn wir mit uns selbst so nachsichtig sind wie mit anderen, geht es uns sicher viel besser.

2 **Bewusstmachen der gemeinsamen menschlichen Erfahrung.** Jeder Mensch muss Herausforderungen bewältigen. Wir sollten daraus schließen, dass wir eine Menge mit anderen gemeinsam haben – ein tröstlicher Gedanke, der das Gefühl der Verbundenheit stärkt.

3 **Achtsamkeit.** Nicht immer ist uns bewusst, wie hart wir über uns urteilen oder wie aufgebracht wir sind. Nehmen Sie sich Zeit, um Ihren Gefühlen den ihnen gebührenden Respekt entgegenzubringen.

Wenn wir unseren Gefühlen mit mehr Freundlichkeit begegnen, fühlen wir uns Herausforderungen besser gewachsen – die Grundlage für die Bewältigung von Stress.

Compassion Focused Therapy
Diese Therapieform hat der britische Psychologe Paul Gilbert entwickelt. Sie ist vom Buddhismus beeinflusst, basiert auf Mitgefühl und geht davon aus, dass manche Menschen besonders stressanfällig sind, weil sie auf Bedrohungen übersensibel reagieren. Sie nehmen Stressoren schneller wahr als der Durchschnitt. Um mehr Gelassenheit zu entwickeln, empfiehlt Gilbert folgende Methoden:

■ **Mitfühlende Aufmerksamkeit.** Erinnern Sie sich an Situationen, in denen Sie Freundlichkeit gegeben oder empfangen haben, oder richten Sie Ihre Aufmerksamkeit auf Gedanken, die Ihnen Wärme und Sicherheit vermitteln.
■ **Mitfühlendes Denken.** Versteifen Sie sich nicht auf Schamgefühle und Selbstkritik. Setzen Sie Ihren Verstand ein, um Ihre Situation/Ihr Handeln mit mehr Mitgefühl zu deuten (siehe S. 52–53).

■ **Mitfühlendes Verhalten.** Wenn Sie etwas erledigen müssen, das Sie belastet, sprechen Sie sich selbst Mut zu. Konzentrieren Sie sich auf den Weg, nicht auf das Ziel, sprich: Erkennen Sie Ihr Bemühen an, unabhängig davon, wie das Ergebnis ausfällt.
■ **Mitfühlende Fantasie.** Malen Sie sich aus, wie eine mitfühlende Instanz – ein Mensch, ein Tier oder ein göttliches Wesen –, Ihnen die Unterstützung gibt, die Sie gerade brauchen.
■ **Von Mitgefühl getragene Gefühle.** Kultivieren Sie Mitgefühl sich selbst und anderen gegenüber.
■ **Mitfühlendes Empfinden.** Wie fühlt sich Ihr Körper an, wenn Sie Mitgefühl empfinden? Entspannen sich Schultern und Gesichtsmuskeln? Wer seine Körperempfindungen wahrzunehmen vermag, kann seine Gefühle besser verstehen. Das hilft dabei, Mitgefühl zu entwickeln.

✓ STELLEN SIE SICH VOR ...

Im Jahr 2008 stellte eine britische Studie fest, dass eine einfache Visualisierungsübung Stress reduzieren kann.

1 **Stellen Sie sich ein menschliches oder nicht menschliches Wesen vor,** das Mitgefühl auf ideale Weise verkörpert (siehe links).

2 **Erlauben Sie sich,** die davon ausgehende liebevolle Freundlichkeit zu spüren.

Die Probanden berichteten, dass sie sich nach dieser Übung sicherer fühlten, zudem sank ihr Cortisolspiegel signifikant. Je mehr Freundlichkeit wir uns selbst entgegenbringen, umso leichter können wir in Stresssituationen unsere Gefühle regulieren und umso selbstbewusster unsere Lebensaufgaben meistern.

✓ ÜBUNG ZUR STÄRKUNG DES SELBSTMITGEFÜHLS

Die amerikanische Psychologin Kristin Neff empfiehlt in Stresssituationen, eine »Pause mit Selbstmitgefühl« einzulegen.

Identifizieren Sie das Gefühl, das Ihnen zu schaffen macht. Sagen Sie zu sich »Das ist Stress« oder »Das ist schmerzhaft«.

Erinnern Sie sich an die gemeinsame menschliche Erfahrung. Sagen Sie zu sich: »Leid gehört zum Leben« oder »Jeder fühlt sich manchmal so«.

Legen Sie Ihre Hände auf Ihr Herz und sagen Sie zu sich: »Möge ich mir selbst Mitgefühl entgegenbringen«. Oder formulieren Sie eine eigene Affirmation.

AUF PAPIER GEBANNT
EIN STRESSTAGEBUCH FÜHREN

Auch wenn Sie kein Shakespeare sind – um Klarheit über die eigenen Gefühle zu gewinnen, gibt es kaum etwas Besseres als das Schreiben. Es empfiehlt sich daher unbedingt, ein Stresstagebuch zu schreiben.

Therapeutisches Schreiben lässt Körper und Geist zur Ruhe kommen. Daher sind Stift und Papier in Stresssituationen besonders nützliche Hilfsmittel.

Schreiben ist gesund

Eine Studie des amerikanischen Psychologen Joshua Smyth aus dem Jahr 1998 zeigte, dass Schreiben das Immunsystem von Patienten mit Erkrankungen wie Arthritis und Asthma ankurbelte. Eine neuseeländische Studie von 2004 führte zu ähnlichen Ergebnissen für AIDS-Patienten: Wenn sie schreibend über ihre Gefühle reflektierten, ging es ihnen besser.

Laut Smyth genügt es aber nicht, seinen Gefühlen einfach Luft zu machen – das kann die Stimmung sogar verschlechtern (siehe S. 180–181). Schreiben ist dann am hilf-

reichsten, wenn es uns befähigt zu verstehen, was unseren Stress verursacht und wie wir auf ihn reagieren.

Einen Sinn finden

Es ist ratsam, sich zunächst darüber klar zu werden, welche Ziele man mit dem Schreiben verfolgt. Die

> Schreiben verleiht angsterregenden Gefühlen eine **geordnete Struktur.** So lassen sie sich leichter überwinden.
>
> **James Pennebaker**
> University of Texas, Austin

amerikanische Forscherin Susan Lutgendorf fand 2002 in einer Studie heraus, dass es den Teilnehmern, die ein Tagebuch führten, um einen Sinn in ihren gesundheitlichen Problemen zu finden, anschließend besser ging. Hingegen fühlten sich jene, die einfach ihre negativen Gefühle aufschrieben, sogar schlechter als die Probanden der Kontrollgruppe. Lutgendorf schlussfolgerte: »Außer Gefühlen ist auch zielgerichtetes Denken erforderlich.«

Am besten schreiben Sie Tagebuch, um darüber zu reflektieren:

- wie Sie Ihrer Einschätzung nach Ihren Stress bewältigen,
- ob Sie andere Copingstrategien ausprobieren sollten,
- was Sie aus dieser Erfahrung lernen,
- was Ihrem Leben einen Sinn verleiht (oder verleihen könnte).

Wenn das Schreiben Ihnen hilft, einen Sinn in Ihrer Situation zu erkennen (siehe S. 44–45), werden Sie sich emotional und körperlich wahrscheinlich besser fühlen.

STRESSTAGEBUCH

Sie fühlen sich gestresst, wissen aber nicht, warum? Mit einem Stresstagebuch können Sie herausfinden, was Sie belastet, wie Sie auf Stress reagieren und ob Ihre Handlungen tatsächlich zur Lösung Ihrer Probleme beitragen – oder sie sogar verschlimmern. Protokollieren Sie Ihr Befinden stunden- und tageweise. Als besonders zeitsparende Variante eignet sich ein tabellarisches Tagebuch mit vorformulierten Fragen.

Stundenprotokoll

Legen Sie eine Tabelle an, die jede volle Stunde erfasst.

Zeit	10 Uhr	11 Uhr
Was tue ich?	Akten für den Chef sortieren.	Einkaufen.
Wie viel Spaß macht es mir?	2/10	6/10
Wie effizient bin ich?	8/10	8/10
Wie fühle ich mich körperlich?	Nervös, zappelig.	Entspannt – es tut gut, draußen zu sein.
Wie gestresst bin ich?	7/10	2/10

Tagesprotokoll nach einem belastenden Ereignis

Gönnen Sie sich einen Moment Ruhe, um die folgenden Fragen zu beantworten.

Wann und wo?	Samstag, 15 Uhr, zu Hause.
Was ist passiert?	Der Nachbar hat wieder die Musik aufgedreht.
Wie habe ich darauf reagiert?	An die Wand gehämmert.
War ich dabei problem- oder emotionsfokussiert (S. 26–29)?	Problemfokussiert, hat aber nicht viel geholfen.
Was hat mich am meisten belastet?	Das Gefühl, nicht einmal in meinen eigenen vier Wänden meine Ruhe zu haben.
War meine Reaktion hilfreich?	Der Nachbar hat die Musik etwas leiser gestellt, aber ich bin immer noch wütend.
Was könnte ich beim nächsten Mal tun?	Ihn bitten, rüberzukommen und selbst zu hören, wie laut seine Musik bei uns ankommt.

DAS PENNEBAKER-PARADIGMA

In den 1980er-Jahren entwickelte der amerikanische Sozialpsychologe James Pennebaker eine Methode, die er »expressives Schreiben« nannte. Geht es um bestimmte benennbare Stressoren, kann sie als Hilfe zur Selbsthilfe dienen. Ihre Anwendung ist einfach.

1 **An mindestens vier** aufeinanderfolgenden Tagen schreiben Sie mindestens 20 Minuten ohne Unterbrechung.

2 **Wählen Sie ein für Sie wichtiges persönliches Thema,** zum Beispiel eine familiäre Krisensituation, die Sie belastet.

3 **Schreiben Sie,** ohne innezuhalten und ohne auf Orthografie- und Interpunktionsfehler oder Ihre Handschrift zu achten.

4 **Schreiben Sie nur für sich,** denken Sie nicht an ein Publikum. Wenn Sie fertig sind, können Sie die Blätter zerreißen.

5 **Erzwingen Sie nichts.** Wenn Sie beim Schreiben an einen Punkt kommen, an dem zu starke Gefühle in Ihnen aufwallen, hören Sie auf.

6 **Stellen Sie sich darauf ein, dass Sie danach traurig** oder müde sind. Nach ein, zwei Stunden sollte sich das geben. Vielleicht ist Zeit für ein Nickerchen.

BIN ICH ES WERT?

STRESS UND SELBSTWERTGEFÜHL

Es ist schwierig, das eigene Selbstwertgefühl aufrecht-zuerhalten, wenn man überfordert ist. Doch die Überzeugung, es verdient zu haben, sich besser zu fühlen, kann ein Antrieb sein, das Stressmanagement zu verbessern.

Das Empfinden, den Anforderungen des Lebens nicht immer gerecht werden zu können, untergräbt unter Umständen das Selbstwertgefühl und das Vertrauen in die eigenen Fähigkeiten. Menschen mit gestörtem Selbstbild fragen sich vielleicht sogar, ob sie die Entlastung, die mit dem Bewältigen von Stresssituationen einhergeht, überhaupt verdienen. Was können wir tun, um das eigene Selbstwertgefühl zu stärken?

Vergleiche vermeiden

Akzeptieren Sie sich so, wie Sie sind. Wer sich ständig mit anderen vergleicht, setzt sich selbst unter Druck. Es wird immer jemanden geben, der etwas besser kann als Sie oder etwas hat, was Sie nicht haben.

In der Psychologie wird zwischen »stabilem« Selbstwertgefühl und »instabilem« Selbstwertgefühl unterschieden. Ersteres geht mit der Überzeugung einher, grundsätzlich ein liebenswerter und wertvoller Mensch zu sein. Menschen mit instabilem Selbstwertgefühl hingegen definieren sich über Erfolg und ignorieren Misserfolge. Daher können sie

> Menschen mit hohem Selbstwertgefühl mögen und akzeptieren sich mit all ihren **Unvollkommenheiten**.
>
> **Michael Kernis**
> Amerikanischer Psychologe

NIEDRIGES UND HOHES SELBSTWERTGEFÜHL

Gilt Bescheidenheit als eine Tugend? Vielleicht, doch ein zu geringes Selbstwertgefühl ist ungesund. Chronischer Stress kann dazu führen, dass wir uns nicht mehr wohl in unserer Haut fühlen, die Selbstfürsorge vernachlässigen, noch unzufriedener werden und schließlich denken, wir verdienten es nicht anders. Dieses Muster zu erkennen ist der erste Schritt zur Lösung. Überlegen Sie, wo auf der folgenden Skala Sie sich einordnen würden. Vom Ergebnis hängt ab, ob Sie etwas für Ihr Selbstwertgefühl tun sollten (siehe unten).

Sehr niedrig	Niedrig	Gesund	Übersteigert
› Gefühl der Wertlosigkeit › Selbstvernachlässigung › Depressiv › Chronischer (lang andauernder) Stress	› Unsicher › Verletzlich › Zögerlich › Oft gestresst	› Selbstbewusst › Realistisch › Überzeugung, dass man es verdient hat, glücklich zu sein › Stress wird bewältigt	› Selbstüberschätzung › Defensiv › Feindselig › Jede wahrgenommene Beleidigung löst Stress aus

auch nicht aus Fehlern lernen und lassen sich durch jedweden Hinweis, der ihr Selbstbild infrage stellt, aus dem Gleichgewicht bringen. Bauen Sie nur auf Erfolge, die für Sie selbst wichtig sind, ob Sie andere damit beeindrucken oder nicht. Das stärkt Ihr Selbstwertgefühl und verleiht Ihnen mehr emotionale Stabilität.

Selbstwertgefühl aufbauen

Laut einer Schweizer Studie aus dem Jahr 2011 ist die Überzeugung, sein Leben bewältigen zu können (»sense of mastery«), für ein gesundes Selbstwertgefühl ausschlaggebend. Wie diese Überzeugung sich unterfüttern lässt, sagt uns der amerikanische Psychologe Guy Winch:

1 Vermeiden Sie unspezifische Affirmationen. Zu sich selbst zu sagen »Ich bin großartig« hilft nur, wenn Sie es auch wirklich glauben.

2 Erkennen Sie Ihre ureigenen Stärken. Egal, auf welchem Gebiet Sie richtig gut sind – stärken Sie damit Ihr Selbstvertrauen.

3 Nutzen Sie Ihre Stärken. Tun Sie das, was Sie gut können, möglichst oft. So demonstrieren Sie Ihr Können vor sich selbst.

4 Nehmen Sie Komplimente an. Wenn Lob Sie verlegen macht, sagen Sie einfach »danke«, aber lassen Sie es zu.

5 Klopfen Sie sich selbst auf die Schulter. Es ist gesund, sich über gute Leistungen zu freuen.

Lernen Sie, Ihre besten Eigenschaften wertzuschätzen, statt sich mit anderen zu vergleichen. Das stärkt das Selbstwertgefühl und erleichtert den Umgang mit Stress.

EIN SCHÖNES UMFELD

Eine heruntergekommene, schmutzige Wohnung ist deprimierend und vermittelt einem das Gefühl, nicht viel wert zu sein. Die Folge: weniger Selbstwertgefühl und Stressresistenz. Der britische Psychiater Neel Burton rät dazu, das eigene häusliche Umfeld so zu gestalten, dass man sich darin wohlfühlt (siehe S. 166–167). Fotos und Souvenirs, die Sie an lieb gewonnene Menschen und schöne Erlebnisse erinnern, heben das Selbstwertgefühl.

DEN SINN FINDEN
WANN SICH STRESS LOHNT

Ist das Fehlen von Stress die Voraussetzung für Glück? Im Gegenteil: Ein gesundes Maß an Belastung unterstützt die emotionale Entwicklung. Wie können wir es schaffen, Stress als etwas Wertvolles zu empfinden?

Stress kann uns unglücklich machen – doch Glück ist nicht das Maß aller Dinge. Einen Sinn im Leben zu sehen ist genauso wichtig.

Drei Wege zum Glück
Der amerikanische Psychologe Martin Seligman, ein Pionier der Positiven Psychologie, hat sich lange mit der Frage beschäftigt, wie und warum Menschen aufblühen. Ihm

> Wer ein
> **Warum** zu leben
> hat, erträgt fast
> jedes **Wie.**
>
> **Viktor Frankl**
> Österreichischer Psychiater,
> den deutschen Philoso-
> phen Friedrich Nietzsche
> zitierend

zufolge machen wir einen Fehler, wenn wir das Leben allein daran messen, ob es angenehm verläuft. Seligman beschreibt drei Wege, die zum Glück führen.

- **Das angenehme (hedonistische) Leben:** Genuss maximieren und empfinden können.
- **Das gute Leben:** die eigenen Potenziale erkennen und Arbeit, Familienleben, Freizeit und Freundschaften so gestalten, dass man sich entfalten kann.
- **Das sinnerfüllte Leben:** Die eigenen Stärken in den Dienst einer höheren Sache stellen, an die man wirklich glaubt.

Eine australisch-amerikanische Studie von 2008 mit mehr als 12000 erwachsenen Teilnehmern zeigte, dass alle drei Konzepte zu subjektivem

Wohlbefinden führen können. Allerdings spielen das gute und das sinnerfüllte Leben eine größere Rolle als reiner Hedonismus. Genuss ist dem Wohlbefinden nicht abträglich, doch Sinnerfüllung gehört zu seinen Voraussetzungen – und obwohl Stress bestimmt kein Vergnügen ist, verträgt er sich dennoch mit einem sinnerfüllten Leben.

Wie lässt sich Sinn finden?
Der bekannte österreichische Psychiater Viktor Frankl überlebte den Holocaust und beschäftigte sich sein Leben lang mit Fragen des Lebenssinns. Ihm zufolge können wir Sinn innerhalb von drei unterschiedlichen Wertekategorien ausmachen.

1 **Schöpferische Werte:** Etwas tun oder erreichen, das wir als wertvoll erachten.

2 **Erlebniswerte:** Frankl nennt als Beispiel einen Bergsteiger, der sich am Anblick eines Sonnenuntergangs erfreut.

Q DAS PERMA-MODELL

Stress verhindert positive Emotionen – dagegen führt Sinnerleben zu einem positiven Lebensgefühl. Die Positive Psychologie kennt fünf Faktoren, die dazu beitragen, dass wir uns rundum wohlfühlen.

P Positive Gefühle	Glück, Vergnügen, Freude
E Engagement	Interesse und »Flow« (siehe S. 174–175)
R Relationships (Beziehungen)	Liebevolle Beziehungen zu anderen Menschen
M Meaning (Sinnerleben)	Sich als Teil eines größeren Ganzen fühlen
A Accomplishment (Zielerreichung)	Herausforderungen meistern und stolz auf sich sein

3 **Einstellungswerte:** Selbst traurige oder belastende Situationen können als sinnerfüllt erlebt werden – zum Beispiel wenn wir berücksichtigen, dass wir etwas Wertvolles tun.

Auch die folgenden Methoden können sinnstiftend wirken:

✔ **Betrachten Sie Ihr Leben als Geschichte.** Der amerikanische Psychologe Robert Biswas-Diener empfiehlt einfache Schreibübungen (siehe S. 40–41) zur Darstellung eines (auch in moralischer Hinsicht) idealen Selbsts. Er rät dazu, konkrete Strategien zu entwickeln, um Ziele zu erreichen.

✔ **Unterstützen Sie andere,** seien Sie großzügig. Laut einer amerikanischen Studie von 2013 geben Menschen, die ein sinnerfülltes Leben führen, gern.

✔ **Warten Sie nicht darauf, dass jemand Sie an die Hand nimmt.** Laut einer britischen Studie von 2016 sind schlechte Chefs Leistungskiller, gute Chefs aber praktisch bedeutungslos. Wenn Untergebene ihre Arbeit als sinnvoll erleben, beruht dies auf ihrer Überzeugung, etwas für die Gesellschaft zu tun.

Wenn Stress als sinnvoll erlebt wird, kann er tolerabel, in gewissem Maß sogar wünschenswert sein.

Q SINNQUELLEN

Die amerikanischen Psychologen Login George und Crystal Park nennen die drei Hauptaspekte eines sinnerfüllten Lebens (2016):

 **1 Ziele.** Lebensziele, die zu Entscheidungen und zum Handeln motivieren und leiten.

 **2 Verständnis.** Die Fähigkeit, Erfahrungen zu begreifen und als Teil eines zusammenhängenden Ganzen zu sehen.

 **3 Bedeutung.** Spüren, dass man für andere wertvoll ist.

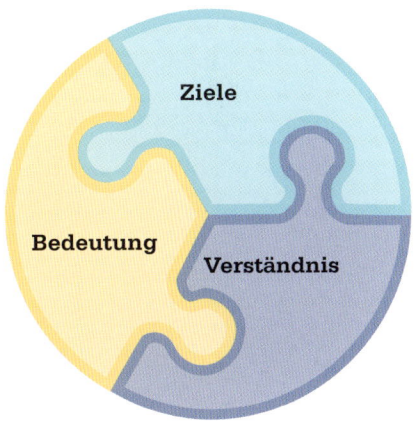

Finden Sie heraus, was Ihnen im Leben am wichtigsten ist – welches übergeordnete Ziel oder Ideal Sie verfolgen. Ist das geschafft, wird Ihnen der alltägliche Stress bald nicht mehr so wichtig erscheinen.

ALLES IM GRIFF

DIE EIGENEN GRENZEN ERKENNEN

Auch wenn Sie andere manchmal gerne nach Ihrer Pfeife tanzen lassen würden – die einzige Person, die Sie wirklich kontrollieren können, sind Sie selbst. Wer das begreift, ist Belastungen besser gewachsen.

E s gibt kaum etwas Frustrierenderes als zu versuchen, jemanden zu kontrollieren, der sich nicht unseren Wünschen entsprechend verhält. Hingegen kann uns die Überzeugung, dass wir unsere eigenen Handlungen, Gedanken und Gefühle unter Kontrolle haben, mehr Selbstbewusstsein verleihen.

Mobbing stoppen

Dem aggressiven Verhalten unangenehmer Menschen lässt sich in der Regel beikommen, indem man entsprechend darauf reagiert (siehe rechts). Doch der Stress, den Mobbingopfer erleben, macht sie nachgewiesenermaßen anfälliger für Depressionen und Ängste.

Psychologen definieren Mobbing oder auch Bullying (von engl. »bully« = »tyrannisieren«) als aggressive Ausübung von Macht auf zwei unterschiedliche Arten:

- **Direktes Bullying.** Offene Androhung von Gewalt, sexuelle Belästigung und Beleidigung.
- **Indirekte Aggression.** Indirekte Gewalt durch das Streuen von Gerüchten, üble Nachrede und bewusstes Ausschließen eines Menschen.

> [Selbstkontrolle] gehört zu den **wertvollsten Vorzügen** des Menschen.
>
> **Wilhelm Hofmann**
> Deutscher Psychologe

Unter beiden genannten Umständen ist Selbstfürsorge zur Stärkung des Selbstwertgefühls wichtig (siehe S. 42–43). Manchmal ist es jedoch am besten, sich einer solchen Situation zu entziehen – zum Beispiel, indem man in ein anderes Arbeitsteam wechselt. Derartige Veränderungen brauchen Zeit und sind oftmals mit Stress verbunden. Lassen Sie sich daher von anderen unterstützen (siehe S. 176–179) und umgeben Sie sich mit Menschen, die Ihnen zugetan sind.

Ist Selbstkontrolle langweilig?

Selbstkontrolle schmälert keineswegs die Lebensfreude – im Gegenteil, sie macht uns glücklicher. Der deutsche Psychologe Wilhelm Hofmann definierte Selbstkontrolle in einer Studie von 2013 als »die Fähigkeit, unsere inneren Reaktionen zu durchbrechen oder zu verändern«. Er hatte festgestellt, dass Menschen mit mehr Selbstkontrolle weniger Konflikte, bessere Laune und weniger Stress hatten und zufriedener waren. Wenn wir wissen, was wir im Leben erreichen wollen, und uns von diesem Ziel leiten lassen, sind wir glücklicher. Zudem fühlen wir uns besser, wenn wir uns durch kurze Stressperioden oder Versuchungen nicht ablenken lassen.

Mit der Kognitiven Verhaltenstherapie lässt sich die Selbstkontrolle (siehe S. 52–53) verbessern, mit Achtsamkeitspraxis die Gelassenheit stärken (siehe S. 132–135).

🔍 KONTROLL-ÜBERZEUGUNG

Glauben Sie, dass Sie Ihr Schicksal in der Hand haben, oder denken Sie eher: »Was kommt, das kommt«? Wer Ersteres bejaht, hat eine starke Kontrollüberzeugung. Solche Menschen sind weniger anfällig für Depressionen und Ängste, sie können mit Stress gut fertigwerden. Rufen Sie sich dies immer wieder in Erinnerung, wahrscheinlich wird es sich bewahrheiten.

⟳ DIE KONTROLLE ZURÜCKGEWINNEN

Unsere Gefühle werden durch unsere Gedanken und das Verhalten unserer Mitmenschen geprägt. Versuche, einen anderen zu ändern, führen meist zu Frustration bei allen Beteiligten und selten zur erhofften Entspannung. Versuchen Sie lieber, Ihre eigene Haltung neu zu bewerten, um die emotionale Kontrolle wieder dort zu verorten, wo sie hingehört – bei Ihnen.

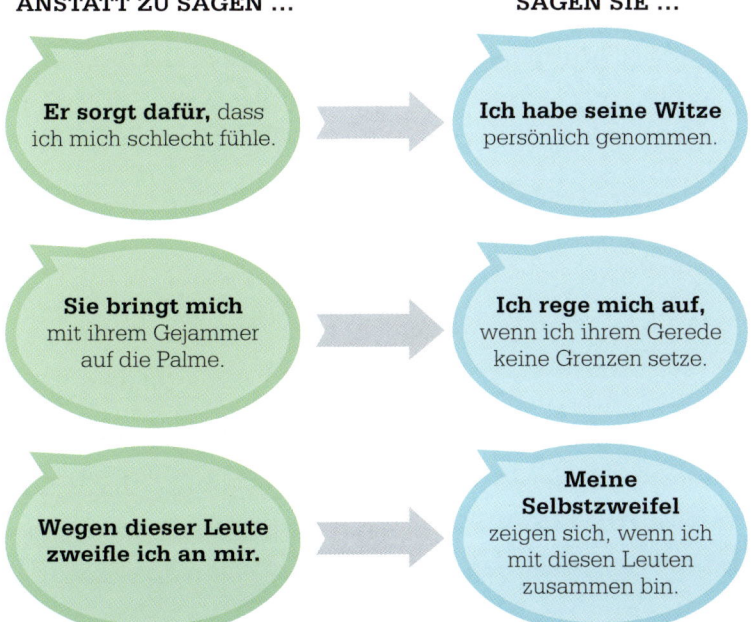

ANSTATT ZU SAGEN …

Er sorgt dafür, dass ich mich schlecht fühle.

Sie bringt mich mit ihrem Gejammer auf die Palme.

Wegen dieser Leute zweifle ich an mir.

SAGEN SIE …

Ich habe seine Witze persönlich genommen.

Ich rege mich auf, wenn ich ihrem Gerede keine Grenzen setze.

Meine Selbstzweifel zeigen sich, wenn ich mit diesen Leuten zusammen bin.

HOHE INTERNALE KONTROLLÜBERZEUGUNG
»Ich habe mein Schicksal in der Hand.«
»Ich habe die Kontrolle über meine Gedanken und Gefühle.«

NIEDRIGE INTERNALE KONTROLLÜBERZEUGUNG
»Mein Leben hängt vom Zufall ab.«
»Andere haben Macht über mich.«

UNSICHERHEIT AUSHALTEN

RAUS AUS DER SORGENSPIRALE

Manchmal belasten uns Probleme, die sich noch gar nicht gestellt haben: Wie soll man sich gegen etwas wappnen, das sich dem eigenen Zugriff entzieht? Statt uns unnötig zu beunruhigen, sollten wir unsere Sorgen bewältigen.

Wenn Sie sich oft Sorgen machen, etwa im Vorfeld möglicherweise auftretender Probleme, sollten Sie Techniken erlernen, mit denen sich dies in Schach halten lässt.

Planen Sie »Sorgenzeit« ein

In den 1980er-Jahren entwickelte der amerikanische Psychologe Thomas Borkovec eine Therapie für Menschen, die sich zu viele Sorgen machen. Er ging davon aus, dass unser Gehirn im Lauf der Zeit bestimmte Orte mit den negativen Gedanken verknüpft. Kehren wir dorthin zurück, beginnt sich das Sorgenkarussell wieder zu drehen. Dieser Kreislauf lässt sich laut Borkovec durchbrechen:

1 Finden Sie heraus, welche Gedanken und Gefühle Sie beschäftigen.

2 Legen Sie eine Zeit und einen Ort fest. Genau dann und dort werden Sie über das nachdenken, was Ihnen Sorgen bereitet.

3 Wenn Sie merken, dass außerhalb dieses Zeit- und Ortsfensters Sorgen aufkommen, verschieben Sie diese Gedanken auf den festgelegten Termin.

4 Nutzen Sie Ihre »Sorgenzeit«, um Lösungen für die Probleme zu finden, die Sie beunruhigen.

Die Teilnehmer einer holländischen Studie von 2011 waren schon nach dem ersten Schritt ruhiger – und machten sich nach allen vier Schritten deutlich weniger Sorgen.

DAS SORGENKARUSSELL

Der amerikanische Psychologe William Doverspike beschreibt **zwanghaftes Sich-Sorgen** als negative Spirale. Die Betroffenen geraten immer tiefer hinein, bis sie in einem tranceartigen Zustand sind. Kennen Sie das folgende Denkmuster?

1

Sie machen sich Sorgen.
Auf Belastungen reagieren
Sie mit ununterbrochenem
Grübeln.

2

**Ihre Sorgen
belasten Sie.** Das
fühlt sich unangenehm
an, was dazu führt,
dass es Ihnen noch
schlechter geht.

3

**Sie finden das Problem
noch gravierender.**
Wenn Sie dann darüber nachdenken, fühlen Sie sich noch
schlechter. Also muss das
Problem groß sein, oder?

Aus der Spirale auszusteigen
erfordert psychische Energie. Probieren Sie aus, welche der folgenden Strategien Ihnen liegen.

- **Verändern Sie Ihr Umfeld:**
Gehen Sie dazu zum Beispiel spazieren und richten Sie Ihre Aufmerksamkeit auf die Umgebung.

- **Versetzen Sie sich in eine
andere Stimmung:** Hören Sie
aufheiternde Musik oder schauen
Sie sich einen Film an.

- **Üben Sie ein Hobby aus,** also
eine Tätigkeit, die Sie erfüllt und
mit der Sie Freude und Entspannung verbinden (S. 150–151).

- **Nehmen Sie eine Herausforderung an,** die Ihre ganze Aufmerksamkeit erfordert und Sie in
einen Flow versetzt (S. 174–175).

- **Praktizieren Sie beruhigende
Atemübungen** (S. 129), Progressive Muskelentspannung (S. 131)
oder Meditation (S. 133).

UNSICHERHEIT AKZEPTIEREN

Viele Psychologen empfehlen aufzuschreiben, wie man auf Unbekanntes reagiert. So lässt sich Stress durch Ungewissheit mindern.

1 Wie hat mein Drang nach Ge-
wissheit geholfen oder gestört?

2 Wenn er mich behindert, wie
gehe ich damit um?

3 Denke ich eher negativ, wenn ich
nicht weiß, was passieren wird?

4 Wie wahrscheinlich ist es, dass
am Ende etwas Negatives steht?

5 Kann ich damit leben, auch wenn
es sehr unwahrscheinlich ist?

6 Gibt es Unsicherheiten, die ich
ertragen kann?

7 Wie gehen Freunde und Angehörige mit Unvorhersagbarem um?

8 Kann ich irgendetwas von ihnen
lernen?

9 In welchen Bereichen kann ich
deren Strategien übernehmen?

> Sorge ist
> ihren Preis nicht
> wert. Schließlich
> **tritt** das meiste
> von dem, was
> wir befürchten,
> **nie ein.**
>
> **Seth Gillihan**
> Amerikanischer Psychologe

DIE GRÖSSTE WAFFE GEGEN STRESS IST UNSERE FÄHIGKEIT, EINEN GEDANKEN DEM ANDEREN VORZUZIEHEN.

WILLIAM JAMES, PHILOSOPH UND PSYCHOLOGE

DENKMUSTER AUFBRECHEN

KOGNITIVE VERHALTENSTHERAPIE

Jeder Mensch muss mit Belastungen umgehen. Gehören Sie zu denen, die in Gedanken alles noch schlimmer machen, als es wirklich ist? Dann kann Ihnen die Kognitive Verhaltenstherapie (KVT) vielleicht helfen.

Die Kognitive Verhaltenstherapie ist eine bewährte Form der Gesprächstherapie. Laut einer 2012 erschienenen Metastudie, in die mehrere Hundert Studien zu zahlreichen psychischen Krankheiten einflossen, eignet sich die KVT insbesondere dazu, erhöhte Stresslevel zu senken. Wenn Sie zu quälenden negativen Denkmustern neigen, können Sie lernen, Ihre Gedanken »einzufangen«, ehe sie ihre Wirkung voll entfalten.

Negative Gedanken einfangen

Rechts in der Tabelle finden Sie die zehn gängigsten »kognitiven Verzerrungen« – fehlerhafte Denkmuster, die eine Situation schlimmer erscheinen lassen, als sie ist. Wenn Sie sich in dem einen oder anderen Denkmuster wiedererkennen, probieren Sie folgende Strategien aus:

1 Finden Sie heraus, welcher Gedanke Sie plagt, zum Beispiel: »Ich habe zu viele Aufträge angenommen und werde die Termine nicht einhalten können.«

2 Fragen Sie sich, wie stark Sie an Ihren Gedanken glauben. Geben Sie einen prozentualen Wert an (zum Beispiel 85 Prozent).

3 Fragen Sie sich, ob Ihr Gedanke eine kognitive Verzerrung enthält.

4 Überlegen Sie sich Alternativen zu Ihrem Gedanken, etwa »Ich habe schon öfter knappe Termine eingehalten« oder »Dieser Kunde ist terminlich flexibel«.

5 Checken Sie so ruhig wie möglich die Fakten. Untermauern diese Ihre Befürchtungen? Enthalten sie positive Signale?

6 Fragen Sie sich erneut, wie stark Sie an Ihren Gedanken glauben. Die Antwort muss nicht »überhaupt nicht« lauten. Ist Ihre Quote von 85 auf 45 Prozent gesunken, haben Sie schon eine ganze Menge erreicht.

Je mehr Sie daran arbeiten, kognitive Verzerrungen zu erkennen und zu korrigieren, umso leichter wird es Ihnen fallen. Irgendwann wird Ihnen dieses Vorgehen in Fleisch und Blut übergegangen sein.

> Unsere **Emotionen** beginnen mit der Interpretation von Ereignissen.
>
> **Dr. Frank Ghinassi**
> University
> of Pittsburgh

KOGNITIVE UMDEUTUNG

Wer immer gleich das Schlimmste annimmt, ist anfällig für Stress. Die folgende Liste enthält zehn häufige kognitive Verzerrungen. Mithilfe der kognitiven Umdeutung können wir lernen, unsere Denkfehler in den Griff zu bekommen.

Kognitive Verzerrung	So funktioniert sie	Beispiel	Umdeutung	Gegenbeweis zur Unterstützung der Umdeutung
Alles-oder-nichts-Denken	Wenn ich nicht perfekt bin, bin ich ein Versager.	»Ich habe eine Arbeit vermasselt – ich bin ein Idiot.«	»Das war für alle ein harter Brocken.«	»Gina ist auch durchgefallen und sie schafft es normalerweise problemlos.«
Übergeneralisierung	Es ist schon einmal passiert. Dann wird es immer so sein.	»Tom hat nicht zurückgerufen. Ich bin nicht fähig zur Freundschaft.«	»Er ist einfach nachlässig beim Kontakthalten.«	»Ich habe gute Freunde, die sich regelmäßig bei mir melden.«
Mentale Filter	Sich auf ein negatives Detail konzentrieren und den Zusammenhang ausblenden.	»Der Trainer lobt meine Ballkontrolle, fordert aber mehr Kondition. Ich höre auf.«	»Er würde mir keinen Rat geben, wenn er nicht an mich glauben würde.«	»Ballkontrolle ist wichtig. Ich kann meine Kondition verbessern, wenn ich daran arbeite.«
Abwertung von Positivem	Positive Nachrichten und positives Feedback ignorieren.	»Meine Chefin hat mich gelobt – das ist bloß ein Versuch, uns alle zu motivieren.«	»Vielleicht hat sie es tatsächlich so gemeint.«	»Ich weiß, dass sie ein ehrlicher Mensch ist. Wieso sollte das Kompliment nicht ehrlich gemeint sein?«
Voreilige Schlussfolgerungen	Gedankenlesen und Wahrsagen, Desaster prophezeien.	»Seit unserem Treffen hat er sich nicht mehr gemeldet. Er will nicht mit mir zusammen sein.«	»Es ist erst einen Tag her. Vielleicht war er einfach zu beschäftigt, um sich zu melden.«	»Bei unserem letzten Date sagte er, er habe viel Spaß gehabt. Ich bin eine attraktive Frau.«
Maximieren und Minimieren	Übertreiben schlechter, Untertreiben guter Nachrichten.	»Er hat gesagt, ich solle meinen Bericht überarbeiten. Er will mich feuern.«	»Das ist nur ein Teil des Feedbacks. Wenn ich es ordentlich mache, werde ich gut dastehen.«	»Ich habe noch nie erlebt, dass sie jemanden wegen einer solchen Kleinigkeit gefeuert haben.«
Emotionale Beweisführung	Gefühle als Tatsachen betrachten.	»Ich fühle mich wie ein Versager; ich muss einer sein.«	»Vielleicht bin ich heute einfach nur müde und mutlos.«	»Ich habe in meinem Leben schon vieles erreicht.«
»Sollte«-Aussagen	Sich selbst maßregeln.	»Ich sollte nicht weinen, weil mein Hund tot ist. Das ist Gefühlsduselei.«	»Ich habe diesen alten Hund wirklich geliebt. Es tut gut zu lieben.«	»Warmherzigkeit ist keine Schwäche. Ich habe ein großes Herz.«
Etikettieren/Abstempeln	Aus einer Handlung auf die Persönlichkeit eines Menschen schließen.	»Ich habe ein Geheimnis verraten. Ich bin ein schlechter Freund.«	»Es ist mir rausgerutscht. Ich will es wiedergutmachen.«	»Ich bin eine vertrauenswürdige Person. Ein Fehler allein ändert daran nichts.«
Personalisierung	Sich selbst die Schuld geben, wenn etwas schiefgeht.	»Mein Sohn ist nicht gut gelaunt. Ich zähle zu den schlechten Eltern.«	»Er ist ein Teenager. Ihm spuken eine Menge Dinge im Kopf herum.«	»Ich gehe zu all seinen Spielen – er weiß, dass er mir viel bedeutet.«

WIE GESTRESST SIND SIE?

AKUTER UND CHRONISCHER STRESS

Stress ist fester Bestandteil unseres Alltags und lässt sich bewältigen, solange er unterhalb einer kritischen Schwelle bleibt. Achten Sie auf Ihr psychisches Wohlbefinden, damit Sie erkennen, ob Sie Hilfe brauchen.

Stress ist meistens »subklinisch«, wie Psychologen sagen – er beeinträchtigt die Lebensqualität, verursacht aber keine diagnostizierbaren Krankheiten. Doch je stärker die Belastung ist und je länger sie anhält, umso labiler werden die psychische und die körperliche Gesundheit. Wer angemessen reagieren will, muss wissen, welchen Stresslevel er erreicht hat.

- **Akuter Stress** ist eine kurzfristige Krise, etwa Lampenfieber vor einer Rede. Er kann in kleinen Dosen sogar nützlich sein. Nur in extremen Fällen (siehe S. 204–207) ist er schädlich. Seine Begleiterscheinungen – Bauchschmerzen etwa – lassen sich normalerweise gut bewältigen.

- **Episodischer akuter Stress** ist die regelmäßige Wiederkehr von akutem Stress, etwa weil man sich zu viel aufgeladen hat. Arbeiten Sie an Ihrem Durchsetzungsvermögen (siehe S. 92–95) und lernen Sie, Prioritäten zu setzen (siehe S. 146–147). Auch regelmäßige Achtsamkeitspraxis (siehe S. 132–135) hilft.

- **Chronischer Stress** ist eine anhaltende starke Belastung über einen längeren Zeitraum, zum Beispiel wenn Ihr Chef Ihnen ständig zu viel Arbeit aufhalst. Die Situation zermürbt Sie und Sie fühlen sich erschöpft. Die Anfälligkeit für körperliche und psychische Erkrankungen nimmt zu. Unter Umständen sollten Sie therapeutische Hilfe in Anspruch nehmen (siehe S. 208–209).

? LEBENSQUALITÄT

Wenn Sie das Gefühl haben, dass Belastungen Ihnen mehr zusetzen als angemessen, nehmen Sie dieses Gefühl ernst. Beantworten Sie die folgenden Fragen:

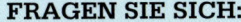

FRAGEN SIE SICH:
Fällt es mir schwer, mich in meiner Freizeit zu entspannen?
Beeinträchtigt der Stress meine Grundstimmung?
Habe ich Konzentrationsschwierigkeiten?
Entwickle ich ungesunde Angewohnheiten?
Fühlt es sich so an, als käme ich mit meinen Gefühlen nicht zurande?

WENN SIE MEHRERE oder alle Fragen mit »Ja« **beantworten,** ist Ihr Wohlbefinden definitiv eingeschränkt. In den folgenden Kapiteln erfahren Sie, wie Sie dies mit geeigneten Stressmanagementtechniken ändern können.

Wie ernst ist die Lage?

Ein Symptom für eine Überlastung durch chronischen Stress ist die »kognitive Störung«. Wenn Stress die normale Denkleistung herabsetzt (siehe ganz rechts), fällt es schwerer, Probleme zu lösen. Darüber hinaus lässt die Fähigkeit nach, mehrere Angelegenheiten parallel zu erledigen, was den Stress zusätzlich verschlimmert.

Gelegentlicher akuter Stress ist meistens nur dann schädlich, wenn er sich auf einem extrem hohen Level bewegt, doch bei chronischem Stress ist die Anwendung geeigneter Stressmanagementtechniken dringend anzuraten. Es ist ausgesprochen wichtig, gut für sich selbst zu sorgen und den Stress insgesamt auf einem erträglichen Niveau zu halten.

Q VOM STRESS ZERMÜRBT?

Ein dauerhaft erhöhter Cortisolspiegel durch chronischen Stress kann sich folgendermaßen auswirken:

- Schwächung des Immunsystems.
- Wachsender Appetit und übermäßiger Zuckerkonsum, was zu Gewichtszunahme und Diabetes führen kann.
- Bluthochdruck, der ein erhöhtes Risiko für Herzerkrankungen und Schlaganfall mit sich bringt.
- Schädigung der Gehirnzellen in Arealen, die für das Erinnerungs- und Konzentrationsvermögen entscheidend sind.

Halten Sie Ihrer körperlichen und geistigen Gesundheit zuliebe Ihren Stresslevel möglichst niedrig.

? DENKEN SIE KLAR?

Eine britische Studie überprüfte 2015 die kognitiven Leistungen von Probanden mit einigen Tests, die Sie ebenfalls durchführen können.

- **Logisches Denken:** Können Sie Zahlenreihen und Textaufgaben in der gewohnten Geschwindigkeit vervollständigen bzw. lösen?
- **Reaktionszeit:** Reagieren Sie langsamer als gewohnt?
- **Zahlengedächtnis:** Können Sie sich eine Telefonnummer merken und aus dem Gedächtnis wählen?
- **Räumlich-visuelles Denken:** Sie legen sechs Paar Karten mit der Vorderseite nach unten hin und drehen immer zwei gleichzeitig um. Wie viele Versuche sind nötig, um alle Paare zu finden?
- **Prospektives Gedächtnis:** Sie stehen vor einer Aufgabe, können sie aber erst später erledigen. Fällt Ihnen ein, was Sie tun sollten?

Jeder Mensch hat individuelle Stärken und Schwächen. Fehler sind also kein Anlass zur Sorge. Doch wenn Sie feststellen, dass Ihre Leistungen im Vergleich zu Ihrer Normalform nachlassen oder stärker, als Ihrem Alter angemessen, sollten Sie sich ärztlich untersuchen lassen.

KAPITEL 2

JEDERZEIT EINSETZBAR

STRATEGIEN FÜR DEN UMGANG MIT LANGFRISTIGEM STRESS

MODERNE ZEITEN

IST DAS LEBEN STRESSIGER GEWORDEN?

Wir alle profitieren enorm von der rasanten technologischen Entwicklung, doch mit dem Tempo, das unseren Alltag bestimmt, kommen wir oft kaum noch zurecht. Mit welchen Stressoren haben wir es heute zu tun?

Die moderne Arbeitswelt ist geprägt von Produktivitätsdruck, Kommunikationstechnologien und Komplexität in vielen Bereichen. Das Gefühl, sich niemals richtig entspannen zu können, verstärkt sich. Wie wirkt sich das auf unser Stresserleben aus?

> Viele Menschen setzt bereits die **Sorge** für ihre täglichen Bedürfnisse **stark unter Druck.**
>
> **Katherine Nordal**
> American Psychological Association

Reich und arm

Es wird Sie kaum überraschen zu erfahren, dass Armut Stress verursacht. In einer amerikanischen Studie aus dem Jahr 2006 wurde zum Beispiel festgestellt, dass Probanden mit einem eher niedrigen sozioökonomischen Status einen erhöhten Spiegel körpereigener Stresshormone aufwiesen.

In wirtschaftlich gut gedeihenden Gesellschaften gibt es andere Arten von Stress. Das Hauptproblem ist Zeitdruck. 1999 verglichen die Psychologen Robert Levine und Ara Norenzayan bei einer Studie den Lebensrhythmus in 31 Ländern. Das Ergebnis: In Industrieländern herrschte ein höheres Tempo vor und infolgedessen hatte sich ein höherer Lebensstandard entwickelt. Die Forscher stellten allerdings auch fest, dass die betroffenen Menschen unter dem Gefühl des permanenten Zeitdrucks litten und anfälliger für Herzerkrankungen waren.

Lebensstandard

Eine amerikanische Studie zur Lebensqualität führte 2008 zu einer interessanten Entdeckung: Menschen aus ärmeren Ländern oder Gesellschaften klagten eher über Unzufriedenheit, Niedergeschlagenheit und schmerzvolle Emotionen, während Menschen in wohlhabenderen Ländern sich eher gestresst fühlten. Warum ist das so?

Die Forscher kamen zu dem Schluss, dass durch die materiellen Vorteile reicherer Nationen eine »hedonistische Tretmühle« in Gang gesetzt wird. Das griechische Wort »hedone« bedeutet »Freude«, »Vergnügen«. Wer mehr Konsumgüter zur Verfügung hat und einen höheren materiellen Standard gewohnt ist, hat leicht das Gefühl, schneller und härter arbeiten zu müssen, um mithalten zu können. Die Folge: Man fühlt sich noch mehr unter Druck. Wenn Sie das Gefühl haben, in der

❓ ERFÜLLT DAS MODERNE LEBEN UNSERE BEDÜRFNISSE?

Wonach bemessen wir Lebensqualität? Der Soziologe Ruut Veenhoven publizierte im Jahr 2000 ein einflussreiches Modell zu dieser Frage. Ihm zufolge gründet das Gefühl, problemlos mit Belastungen fertigwerden zu können, auf vier Voraussetzungen:

EINE LEBENSWERTE UMGEBUNG
Saubere Umwelt, politische Freiheit, funktionierende Ökonomie, kulturelle Möglichkeiten.

EIN SINNVOLLES LEBEN
Die Chance, nach ethischen Werten zu leben, zum Beispiel Mitgefühl.

EIGENE LEBENSTÜCHTIGKEIT
Physische und psychische Gesundheit, Fähigkeiten, Kenntnisse und Verständnis.

LEBENSLUST
Positive Emotionen und Optimismus.

Wir können Belastungen deutlich verringern, indem wir an unseren Fähigkeiten, Handlungen und Einstellungen arbeiten.

hedonistischen Tretmühle gefangen zu sein, befolgen Sie ein paar praktische Ratschläge.

- ✔ **Schränken Sie die Nutzung** moderner Kommunikationstechnologie ein. Ständig online zu sein erhöht den psychischen Druck (siehe S. 60–63).
- ✔ **Senken Sie Ihre Ausgaben.** Überlegen Sie vor einer Anschaffung, ob allein die Kauflust Sie zum Konsumieren animiert. In diesem Fall können Sie das Geld lieber sparen (siehe S. 88–89).
- ✔ **Versuchen Sie,** im Leben Sinn zu finden und nicht nur Spaß zu haben (siehe S. 44–45).
- ✔ **Gönnen Sie sich Auszeiten,** um die einfachen Dinge des Lebens zu genießen, zum Beispiel bei einem Spaziergang im Park (siehe S. 98–99, S. 154–155).
- ✔ **Lernen Sie zu schätzen,** was Sie haben (siehe S. 108–109).
- ✔ **Achten Sie auf Gefühle,** die Ihnen signalisieren, dass Sie überfordert sind, und ergreifen Sie Maßnahmen, um einem Burnout vorzubeugen (siehe S. 84–85).

Das moderne Leben bietet uns viele Möglichkeiten, doch in einer immer hektischer werdenden Welt fällt es zunehmend schwer, sich gelassen und kompetent zu fühlen. In diesem Kapitel lernen Sie einfache, erprobte Techniken zur Stressbewältigung kennen und erfahren, wie Sie sich erholen und entspannen können.

ALLTAGSSTRESS

Der jährliche Stressreport der American Psychological Association listet für 2017 als am häufigsten genannten Stressoren diese auf:

61%

Finanzielle Sorgen gaben 61 Prozent der befragten Amerikaner als wichtigsten Stressor an.

58%

Stress am Arbeitsplatz setzte mehr als der Hälfte der Befragten zu.

50%

Die Wirtschaftslage belastete die Hälfte der Befragten.

80%

80 Prozent gaben an, bei ihnen hätte sich vier Wochen zuvor mindestens ein **körperliches oder emotionales Stresssymptom** gezeigt – eine Gefahr für die **Gesundheit.**

Das moderne Leben als belastend zu empfinden ist kein Zeichen von Schwäche; den meisten Menschen geht es so.

GEGEN DEN TECHNOSTRESS

STRATEGIEN FÜRS DIGITALE ZEITALTER

Als Kinder des Internetzeitalters sind wir mehr denn je miteinander vernetzt. Wir nutzen die modernen Kommunikationstechnologien sieben Tage die Woche rund um die Uhr. Das erfordert neue Copingstrategien.

Ob Sie technophob oder technophil sind – die Kommunikationstechnologien prägen das moderne Leben nachhaltig. Wie sollen wir mit dem Stress umgehen, den sie erzeugen?

Weniger auf einmal

Sich parallel mit mehreren Dingen zu beschäftigen verursacht jede Menge Stress, dies wird durch Social Media noch verstärkt. Eine Studie der Stanford University stellte 2009 fest, dass Teilnehmer, die mehrere soziale Medien gleichzeitig nutzten und zusätzlich bestimmte Aufgaben zu lösen versuchten, in Erinnerungs- und Konzentrationstests schlechter abschnitten. Zudem konnten sie irrelevante Informationen schlechter ausfiltern als die Vergleichsgruppe. Sie hielten es kaum aus, die Signale ihrer Geräte zu ignorieren, und konnten sich nicht mehr konzentrieren.

Soziale Medien lenken uns also von wichtigen Dingen ab. Das zeigte sich auch 2010 im Rahmen einer amerikanischen Studie. Spyware wurde auf den Computern von Studierenden installiert. Obwohl sie arbeiten sollten und wussten,

> Man ist **mit allem und jedem** verbunden. Man kann einfach **nicht ausschalten.**
>
> **Richard Balding**
> Britischer Arbeitspsychologe zum Thema IT-Stress

dass ihre Aktivitäten aufgezeichnet wurden, hielten sie während durchschnittlich 42 Prozent der Zeit Unterhaltungssoftware – etwa Social Media – auf dem Bildschirm offen. Solche Ablenkungen können sich leistungsmindernd auswirken.

Pausen einlegen

Der Umgang mit moderner Technologie lässt sich jedoch kontrollieren (siehe S. 64–65). Haben Sie sich vielleicht angewöhnt, ständig mit unterschiedlichen Medien zu jonglieren? Dann könnte ein langfristiger »Entwöhnungsplan« das Richtige sein.

Kurzfristig rät der amerikanische Psychologe und Technologieexperte Larry Rosen zu »technischen Pausen«, sprich: Schalten Sie Smartphones während der Arbeit aus und checken Sie Nachrichten nur in bestimmten festgelegten Intervallen.

Kleben Sie am Smartphone?

2014 stellte eine amerikanische Studie fest, dass Menschen, die spätabends noch ihr Smartphone benutzen, schlechter schlafen und die Arbeit am nächsten Tag als belastender empfinden. Dafür gibt es zwei mögliche Gründe:

- Die Monitorbeleuchtung führt dazu, dass der Körper die Produktion des Schlafhormons Melatonin unterdrückt.
- Die Allgegenwart von Smartphones erschwert es generell, eine Grenze zwischen Arbeit und Privatsphäre zu ziehen.

2014 ergab eine holländische Studie, dass Probanden, die ihr Smartphone sehr oft nutzten, nach der Arbeit schwerer abschalten konn-

✓ DIGITALER MÜLL

Digitaler Müll verlangsamt den Computer und strapaziert die Nerven. Technikexperten raten daher:

- **Gestalten Sie den Desktop** übersichtlich – zu viele Icons verwirren das Auge.
- **Melden Sie sich** von unerwünschten Mailinglisten und Blogs ab.
- **Löschen Sie Accounts,** die Sie selten nutzen.
- **Organisieren Sie** Ihre Bookmarks so, dass Sie leicht navigieren können.
- **Ordnen Sie Ihre Dateien** systematisch und löschen Sie Dateien, die Sie nicht brauchen.
- **Wählen Sie** eine Suchmaschine aus, die Sie nicht mit News oder Promiklatsch traktiert.
- **Schließen Sie nicht zu viele** virtuelle »Freundschaften«.

ten und sich emotional erschöpft fühlten – ausgenommen Berufstätige, die Arbeit und Privatleben ohnehin nicht trennten und sich damit wohlfühlten. Sie waren entspannter, wenn sie ihr Smartphone regelmäßig konsultieren konnten. Das vermittelte ihnen das Gefühl, nichts Wichtiges zu verpassen.

Smartphones und andere technische Geräte sollten uns das Leben erleichtern, nicht über uns bestimmen. Es gilt, die richtige Balance im Umgang damit zu finden. **»**

1 Stunde

Laut einer amerikanischen Studie von 2013 sinkt die Ausschüttung des Schlafhormons Melatonin um bis zu **23 Prozent**, wenn man **zwei Stunden** lang dem Licht von Smartphones und Tablets ausgesetzt ist. Vor dem Zubettgehen sollte man nicht länger als **eine Stunde** auf den Bildschirm starren.

2 Minuten

Ein durchschnittlicher Computernutzer checkt laut einer Studie **40 Websites** pro Tag und switcht pro Stunde zwischen **37 Programmen** hin und her. Das heißt: Er beschäftigt sich **alle zwei Minuten** mit etwas anderem.

Q WIE STRESSIG?

Im Rahmen der Stressstudie der American Psychological Association von 2017 gaben 86 Prozent der Befragten an, dass sie ihre E-Mails, Textnachrichten und Social Media »ständig« oder »oft« checken. Diese Personen ordneten ihren Stresslevel auf einer Skala von eins bis zehn bei 5,3 ein. Diejenigen, die weniger aktiv waren, nannten einen Wert von 4,4.

Einfach mal abschalten?

Der britische Psychologe Richard Balding berichtete in einer Studie aus dem Jahr 2012 über das Phänomen der »Phantomvibrationen«: Die Probanden waren so auf Textnachrichten aus den sozialen Netzwerken fixiert, dass sie das Vibrieren ihres Smartphones selbst dann spürten, wenn gar keine Nachrichten eingegangen waren. Laut Balding können Smartphones Stress lindern, wenn sie uns dabei helfen, unsere Arbeit zu bewältigen – oder Stress erzeugen, etwa durch den Druck, der aus dem Bedürfnis heraus entsteht, ständig Kontakt mit der Familie oder den Freunden zu halten.

Quasi minütlich aktuelle Medienberichte zu checken kann besonders problematisch sein. Eine amerikanische Studie von 2013 stellte zum Beispiel fest, dass Menschen, die nach dem Bombenangriff auf den Boston-Marathon permanent Nachrichten lasen, stärker unter Stress standen als Augenzeugen.

Laut der American Psychological Association (2016) ist weniger mehr: Das obsessive Verfolgen von Nach-

 TIPPS FÜR FAMILIEN

Viele Eltern machen sich Sorgen, dass ihre Kinder in ihrer sozialen Entwicklung zurückbleiben, wenn sie zu viel Zeit am Computer verbringen. Eine britische Studie von 2011 (siehe rechts) empfahl eine »ausgewogene Kommunikationsernährung«.

3
Vereinbaren Sie mit Ihren Kindern, wann der Computer genutzt werden kann und wann er ausgeschaltet bleibt.

1
Notieren Sie, wie und wann Sie Ihren Computer nutzen. Auf diese Weise erhalten Sie ein klares Bild von Ihrem Nutzungsverhalten.

4
Gehen Sie mit gutem Beispiel voran: Wenn Sie selbst ständig mit dem Smartphone beschäftigt sind, können Sie von Ihren Kindern nichts anderes erwarten.

2
Überlegen Sie, wo der Computer stehen soll. Geräte in »öffentlichen« Bereichen sind leichter zugänglich und die Familienmitglieder brauchen sich nicht in verschiedene Zimmer zurückzuziehen.

5
Finden Sie heraus, welches Maß an Computernutzung für Sie angemessen ist: Jede Familie hat ihre eigene Komfortzone.

WIE KINDER ÜBER SOCIAL MEDIA DENKEN

Zur Beruhigung hier ein paar Zahlen aus der britischen Studie von 2011:

65 %

65 Prozent der Erwachsenen und Kinder bevorzugten **direkte Kontakte.**

43 %

43 Prozent der Kinder und Jugendlichen **zwischen zehn und 18 Jahren,** aber nur 36 Prozent der Erwachsenen waren bereit, die **Nutzung von Social Media einzuschränken.**

richten richtet häufig mehr Schaden an, als dass es Nutzen bringt. Achten Sie auf Ihre emotionale Gesundheit und Stabilität.

Hohe Einsätze

Die aktuelle Stressstudie der American Psychological Society zeigt, dass die sozialen Medien von verschiedenen Generationen unterschiedlich bewertet werden. Je jünger die Menschen sind, desto stärker definieren sie sich über Social Media und desto mehr leiden sie unter den negativen Erfahrungen, die sie machen, beispielsweise durch aggressive Posts (siehe rechts). Je älter die Menschen sind, desto weniger beschäftigen sie sich mit den negativen Auswirkungen von Social Media auf ihr Wohlbefinden. Falls Sie der Umgang damit über die Maßen stresst, wenden Sie sich wieder dem echten Leben und dessen Sinnquellen zu (siehe S. 44–45).

2011 ergab eine Studie der Cambridge University, dass einer von drei Briten sich durch die Kommunikationstechnologie überfordert fühlte. Im Hinblick auf die Entstehung von Stress ist sie Fluch und Segen zugleich und sollte deshalb in Maßen genutzt werden.

> Sie sollten die Technologie **beherrschen,** nicht sich von ihr beherrschen lassen.
>
> **Debra Nelson**
> Amerikanische Psychologin

🔍 WIE KÖNNEN SIE ES WAGEN!

Vielleicht sind Sie schon einmal mit unerfreulichen Meinungsäußerungen im Netz konfrontiert worden. Oder Sie verhalten sich auch manchmal aggressiver als angemessen. Der amerikanische Psychologe John Suler bezeichnet das Phänomen, das dahintersteckt, als »Online-Enthemmungseffekt« (2014). Sechs Faktoren sind dafür verantwortlich:

1 **Dissoziative Anonymität.** »Was ich online tue, kann nicht mit meiner Person in Verbindung gebracht werden.«

2 **Unsichtbarkeit.** »Niemand kann mich sehen oder ein Urteil über mich abgeben.«

3 **Asynchronität.** »Es geschieht nicht in Echtzeit; ich bin nicht mit den Auswirkungen konfrontiert.«

4 **Solipsistische Introjektion.** »Ich sehe meine Adressaten nicht, also kann ich sie mir vorstellen, wie ich will.«

5 **Dissoziative Imagination.** »Dies ist nicht die reale Welt. Also füge ich Menschen auch keinen echten Schmerz zu.«

6 **Fehlende Autorität.** »Niemand kann mich aufhalten.«

Machen Sie sich bewusst, dass ein Fremder, der Sie im Netz persönlich angreift, nicht von Angesicht zu Angesicht mit Ihnen spricht. Eine Beleidigung zieht oft weitere nach sich, meist sagen diese mehr über den Verfasser aus als über Sie.

⚠ AGGRESSION ONLINE

Wer provoziert wird, steht unter Stress. 2012 wurde in den USA ein Experiment zur Aggression im Netz durchgeführt. Die Ergebnisse:

1 **Anonymität** erhöht die Aggression.

2 **User,** die von anderen im Netz beschimpft wurden, reagierten aggressiver als jene, die positive Kommentare erhielten.

Sie suchen nach einem Chat, in dem ein **freundlicher Umgangston** herrscht? Dann informieren Sie sich über die/den Betreiber und klicken Sie sich stichprobenartig durch die Kommentare. Daraus lassen sich meist Rückschlüsse auf die Gesprächsatmosphäre ziehen.

DIGITALES FASTEN

Das ergab die Stressstudie der American Psychological Society von 2017:

65% Etwa zwei Drittel fanden, **digitales Fasten** fördere ihre psychische Gesundheit.

28% Nur 28 Prozent gönnten sich **tatsächlich** eine digitale Auszeit.

Es ist erwiesen, dass wir uns weniger gestresst fühlen, wenn wir ab und zu bewusst offline gehen. Ihnen geht es auch so? Dann handeln Sie danach.

STRESS DURCH MULTITASKING
VIELE BÄLLE IN DER LUFT HALTEN

Wer sich überfordert fühlt, möchte am liebsten alles auf einmal erledigen. Doch die Forschung hat ergeben, dass dies den Stresspegel wahrscheinlich noch erhöht. Gehen Sie besser eins nach dem anderen an.

Die Fähigkeit, mehrere Aufgaben parallel zu erledigen, erscheint auf den ersten Blick vielleicht vorteilhaft. Fakt ist jedoch, dass das menschliche Gehirn nicht in der Lage ist, sich gleichzeitig auf unterschiedliche Anforderungen zu konzentrieren.

Die Risiken des Multitaskings

Wer zu viele Dinge auf einmal angeht, gerät unter Stress. Laut dem Neurowissenschaftler Daniel Levitin schadet dies dem Gehirn:

- Das Stresshormon Cortisol wird vermehrt ausgeschüttet (siehe S. 20–21).
- Die Verbrennung von Glukose wird beschleunigt, was zur Unterzuckerung des Gehirns führt. Die Folge: Energiemangel und geistige Abwesenheit.
- Eine Feedbackschleife ähnlich wie bei einer Sucht bildet sich. Wird das Gehirn mit neuen Informationen »gefüttert«, kommt es zur Ausschüttung des Neurotransmitters Dopamin, der das Belohnungssystem aktiviert. Wir suchen diesen Kick nun immer wieder, können uns aber immer schlechter konzentrieren.

> Meist kann das Gehirn **zwei** komplexe Aufgaben einfach **nicht auf einmal** erledigen.
>
> **David Meyer**
> Amerikanischer Psychologe

Es fällt schwer, sich ganz auf eine einzige Aufgabe zu konzentrieren, wenn einem vieles unter den Nägeln brennt, doch rein biologisch gesehen, ist Multitasking ein Stresstreiber, der die Effektivität schmälert.

Eins nach dem anderen

Der amerikanische Neurowissenschaftler Earl Miller erforschte mit Gehirnscans, wie das menschliche Gehirn optische Reize verarbeitet. Die Ergebnisse zeigten, dass es physisch unmöglich ist, sich auf mehr als ein oder zwei Dinge auf einmal zu konzentrieren.

Beim Multitasking springt die Aufmerksamkeit in Windeseile von einer Aufgabe zur nächsten. Laut dem amerikanischen Psychiater Edward Hallowell leidet darunter »die Qualität der Arbeit bei allen Aufgaben, weil man sie jeweils für Millisekunden aus den Augen lässt«. Multitasking macht uns also nicht schneller, sondern langsamer.

- Eine italienische Studie stellte 2010 fest, dass Multitaskende weniger produktiv waren und mehr Fehler machten.
- Eine britische Studie zeigte 2005, dass Multitasking den IQ zeitweise um 15 Punkte senkte, den Stresslevel der Teilnehmer nach Selbsteinschätzung aber um 40 bis 100 Prozent ansteigen ließ.
- Laut einer US-Studie von 2006 bringt uns Multitasking selbst dann nichts, wenn wir dabei Informationen aufnehmen: Teilnehmer, die etwas lernen und gleichzeitig Töne zählen sollten, fiel es schwerer, das neu erworbene Wissen später auf andere Zusammenhänge zu übertragen.

Droht Ihnen die Arbeit über den Kopf zu wachsen, werden Sie nach wissenschaftlichen Erkenntnissen wahrscheinlich schneller fertig, wenn Sie eins nach dem anderen tun – es sei denn, Sie verknüpfen eine geistig anspruchsvolle Aufgabe mit einer stumpfsinnigen körperlichen Tätigkeit. Wenn Sie zum Beispiel Wäsche falten und gleichzeitig telefonieren, gerät Ihr Gehirn nicht unter Stress, weil für beide Tätigkeiten unterschiedliche Hirnareale beansprucht werden.

Positives Multitasking

Tatsächlich gibt es eine positive Variante von Multitasking: Das Herumspielen mit Gegenständen fördert die Konzentration. Viele Aufgaben setzen uns auch unter Stress, weil sie unnatürliches Stillhalten verlangen. Neuere Forschungsergebnisse zeigen, dass Bewegung das Denken anregen kann. In einem Beitrag für *The Lancet* beispielsweise stellt G. D. Schott fest: Kritzeln, mit dem das die Kognition unterstützende neuronale Netz im Gehirn aktiviert wird, fördert die Konzentration und mindert Stress.

Eine amerikanische Studie von 2013 stellte fest, dass das gedankenlose Herumspielen mit Dingen wie Büroklammern oder Antistressbällen dem Gehirn hilft, Begleiterscheinungen von Stress, zum Beispiel Langeweile und Unentschlossenheit, zu regulieren.

Fazit: Kritzeleien, Fingerspiele und automatisierte Bewegungsabläufe lassen sich problemlos mit geistig anspruchsvollen Tätigkeiten verbinden. Mehr Multitasking sollten Sie sich aber nicht abverlangen.

29 %

Bei einer britischen Studie von 2009 schlossen Teilnehmer, die vor sich hin **kritzelten,** einen **Gedächtnistest um 29 Prozent besser ab** als diejenigen, die das nicht taten.

40 %

2001 stellte eine amerikanische Studie fest, dass Multitasking die **Geschwindigkeit,** mit der Probanden Probleme lösten, um **bis zu 40 Prozent herabsetzte.**

DAS GEFORDERTE GEHIRN

Für kompliziertere kognitive Aufgaben wie Organisieren und Planen ist die Großhirnrinde zuständig. Routinetätigkeiten wie das Haarekämmen lassen sich auch geistesabwesend erledigen und werden vom Kleinhirn gemanagt. Ersparen Sie Ihrem Gehirn Stress und muten Sie beiden Arealen jeweils nur eine Aufgabe zu.

MAN BRAUCHT ZWEI DINGE, UM GROSSES ZU ERREICHEN: EINEN PLAN UND ZU WENIG ZEIT.

LEONARD BERNSTEIN, KOMPONIST UND DIRIGENT

SPIEGLEIN, SPIEGLEIN ...

DAS BILD VOM EIGENEN KÖRPER

In unserer von den Medien geprägten Welt, die unerreichbare Schönheitsideale propagieren, empfinden viele Menschen schon beim Anblick ihres Körpers Stress. Wie schaffen wir es, uns in unserer Haut wohler zu fühlen?

Es kann schwierig sein, sich angesichts der perfekten Körper, die uns die Medien zeigen, attraktiv zu fühlen. Doch es ist ungesund, das eigene Erscheinungsbild abzulehnen: 2009 ergab beispielsweise eine australische Studie, dass Teenager – Jungen wie Mädchen –, die ihren Körper ablehnten, später zu Depressionen neigten.

Medienkonsum einschränken

Aber beeinflussen die Medien wirklich unser Körperbild? Offensichtlich: 1998 wurde an der Harvard University eine berühmt gewordene Studie mit fidschijanischen Mädchen durchgeführt, die erst seit kurzer Zeit Zugang zu Fernsehern hatten. Obwohl in ihrer Kultur eine kräftige Statur als schön galt, hielten sich nach drei Jahren 74 Prozent der Mädchen für zu dick. Körperbildstörungen können in unserer bildergesättigten Welt schon früh auftreten: So berichtete die US-amerikanische National Eating Disorders Association, dass 80 Prozent der Zehnjährigen Angst hätten, übergewichtig zu sein.

PERFEKTES AUSSEHEN

17 Mio.

Wie groß ist der Druck, perfekt auszusehen? Laut der American Society of Plastic Surgeons wurden in den USA 2016 knapp über **17 Millionen Schönheits-OPs** durchgeführt.

Dass die Bevölkerung immer mehr an Gewicht zulegt, während die Models immer dünner werden, ist nicht gerade gesundheitsförderlich. Die Website rehabs.com berichtet, dass amerikanische Models 1975 lediglich acht Prozent weniger wogen als durchschnittliche Frauen, 2014 waren es 25 Prozent.

Die Medien nehmen auch den männlichen Körper immer mehr in den Blick, so entwickeln auch Männer zunehmend Körperstress. Vier von fünf Männern, die 2012 an einer britischen Studie teilnahmen, äußerten sich besorgt über ihr Aussehen. Viele machten dafür die Medien verantwortlich. Eine amerikanische Studie von 2004 präsentierte ihren männlichen Probanden Bilder idealisierter Körper – die Männer wurden wütend und waren deprimiert.

Rationale Akzeptanz

Es ist schwierig, sich dem Einfluss der Medien zu entziehen. Machen Sie sich aber klar, dass Sie sich nicht mit den oft retuschierten Bildern von Models vergleichen müssen. Eine im Jahr 2005 publizierte US-Studie widmete sich der Frage, wie Männer und Frauen reagieren, wenn ihr Körperbild infrage gestellt wird. Es kristallisierten sich diese drei Copingstrategien heraus:

- **Fixierung auf die äußere Erscheinung.** Wir träumen davon, besser auszusehen, planen eine Veränderung unseres Aussehens oder suchen Bestätigung durch andere.
- **Vermeiden.** Wir vermeiden es, in den Spiegel zu sehen und über unser Aussehen nachzudenken.

- **Positive rationale Akzeptanz.** Wir akzeptieren unser Erscheinungsbild im Wissen, dass es Wichtigeres gibt.

Während die beiden ersten Strategien zu noch mehr Unzufriedenheit und Frustration führten, stärkte die dritte das Vertrauen in den eigenen Körper und das Ich.

Wie auch immer Sie Ihren Körper wahrnehmen, ernähren Sie sich gut und bleiben Sie aktiv. Eine ausgewogene Ernährung (siehe S. 158–161) und Sport (siehe S. 152–157) stärken Körper und Psyche. Sie werden sich zudem wohler in Ihrer Haut fühlen, wenn Sie anerkennen, dass ein perfekter Körper nicht so wichtig ist und Sie ein wertvoller Mensch sind – unabängig davon, wie Sie aussehen.

ESSSTÖRUNGEN

Fehlwahrnehmungen des eigenen Körpers können zu Essstörungen führen. Wenn Sie das Gefühl haben, Ihr Essverhalten ist aus dem Lot geraten, suchen Sie einen Arzt auf.

1 von 10

Laut einer Studie aus dem Jahr 2011 erleiden schätzungsweise 10 Millionen Männer und 20 Millionen Frauen in den USA – fast **zehn Prozent der Bevölkerung** – im Lauf des Lebens eine Essstörung.

⑦ ECHTES SELBSTVERTRAUEN

Was tun Sie, wenn Sie sich unwohl in Ihrem Körper fühlen?
- **A** Ich denke nach, was ich tun könnte, um attraktiver zu sein.
- **B** Ich vermeide es, in den Spiegel zu schauen.
- **C** Ich mache mir klar, dass ich wahrscheinlich besser aussehe, als ich mich gerade fühle.
- **A** Ich ergreife Maßnahmen, um mein Aussehen zu verbessern.
- **B** Ich bekämpfe den Frust mit Essen.
- **C** Ich denke darüber nach, welche vom Aussehen unabhängige guten Eigenschaften ich habe.
- **A** Ich suche Bestätigung bei anderen.
- **B** Ich versuche, meine Gefühle zu ignorieren.
- **C** Ich sage mir, dass Aussehen nicht so wichtig ist.

A-Antworten: Sie sind stark auf Ihr Aussehen fixiert.
B-Antworten: Sie vermeiden es, über Ihr Aussehen nachzudenken.
C-Antworten: Sie akzeptieren Ihren Körper, wie er ist.

Laut einer amerikanischen Studie (siehe links) geht es uns dann am besten, wenn wir unseren Körper annehmen, wie er ist.

GELIEBT UND GEBORGEN?

STRESS IN BEZIEHUNGEN

Ist Ihre Beziehung von gegenseitiger Unterstützung geprägt oder von Konflikten? Jeder Mensch möchte in der Liebe Erfüllung finden. Doch nur wer versteht, wie sich Stress auswirkt, kann dafür gezielt etwas tun.

Stress in der Liebe betrifft uns auf zweierlei Weise: Er kann durch die Beziehung selbst verursacht werden oder durch beziehungsunabhängige Auslöser, die die Partnerschaft beeinflussen. Eine erfolgreiche Liebesbeziehung setzt voraus, dass es den Partnern gelingt, einander ein Gefühl von Sicherheit zu vermitteln.

Bindungsstile

Eine der wichtigsten psychologischen Beziehungstheorien ist die in den 1940er-Jahren von dem britischen Psychologen John Bowlby formulierte und später von seiner amerikanisch-kanadischen Schülerin Mary Ainsworth weiterentwickelte Bindungstheorie. Sie beschreibt drei Bindungstypen.

- **Sicher gebunden:** Diese Menschen erachten Intimität als etwas Natürliches und fühlen sich damit wohl. Sie erwarten von ihrem Partner, dass er auf ihre Bedürfnisse eingeht und sie gut behandelt. Umgekehrt gilt für sie das Gleiche.
- **Unsicher gebunden:** Diese Menschen wünschen sich Intimität, finden sich aber nicht begehrenswert und reagieren übersensibel auf Anzeichen von Zurückweisung.
- **Vermeidend:** Diese Menschen sind »Beziehungsphobiker«. Sie halten andere nicht für vertrauenswürdig und fühlen sich nur sicher, wenn sie emotional unabhängig sind. Unbewusst befürchten sie, verlassen zu werden. Sie bewältigen diese Ängst, indem sie ihre Gefühle verbergen.

(?) WAS GESCHIEHT, WENN UNSICHERER UND VERMEIDENDER BINDUNGSSTIL AUFEINANDERTREFFEN?

Gehören Sie zu den Menschen, deren Herz immer wieder gebrochen wird? Dann kann es sein, dass Sie einen unsicheren Bindungsstil haben und sich zu vermeidenden Partnern hingezogen fühlen. Diese Kombination ist explosiv, denn oft verknüpft der unsicher gebundene Partner Beziehungsstress mit Leidenschaft und kommt zu dem Schluss, dass sicher gebundene Partner, die ihn in Wirklichkeit glücklich machen würden, langweilig und unattraktiv sind. Wem das bekannt vorkommt, tut gut daran, sein »Beuteschema« abzuwandeln.

Der vermeidende Partner leidet unter zu viel Nähe und möchte Distanz herstellen.

Der unsicher gebundene Partner fühlt sich zurückgewiesen und gerät in Panik. Er bedrängt den vermeidenden Partner.

Der vermeidende Partner zieht sich noch mehr zurück.

NEIGEN SIE ZU BEZIEHUNGSDRAMEN?

Der unsicher gebundene Partner ist im siebten Himmel, weil er dem anderen nahe ist.

Der vermeidende Partner entspannt sich und sucht Nähe.

Der unsicher gebundene Partner unterdrückt seine Angst und besteht nicht mehr auf Intimität.

Der vermeidende Partner stellt klar: »Entweder so oder gar nicht.«

Der unsicher gebundene Partner leidet Qualen.

■ **Desorganisiert** (ein seltener vierter Typ): Die Betreffenden haben meist traumatische Erfahrungen gemacht und fürchten das Verlassenwerden ebenso wie starke Nähe.

Laut Forschung sind Beziehungen zwischen unsicher gebundenen und vermeidenden Partnern am problematischsten, die mit einem sicher gebundenen Partner eher entspannt: Er kann einem unsicher gebundenen Partner Geborgenheit vermitteln und empfindet die Unabhängigkeit des anderen nicht als bedrohlich.

Stress gemeinsam bewältigen
Es gibt keine Partnerschaft, in der immer eitel Sonnenschein herrscht.

In einer amerikanischen Studie mit Paaren aus dem Jahr 2010 wurde durch Messung der Cortisolspiegel festgestellt, dass gute Laune sich kaum auf die Stimmung des anderen niederschlug, Stress aber ansteckend wirkte.

2009 fanden amerikanische Psychologen heraus, dass beziehungsunabhängiger Stress die negativen Reaktionen auf Schwierigkeiten in der Beziehung verstärkte. Das wiederum beeinträchtigte die Kommunikations- und Konfliktlösungskompetenzen der Paare.

Das heißt im Umkehrschluss: Wer den eigenen Stress regulieren kann, erleichtert sich selbst und seinem Partner bzw. seiner Partnerin das Leben.

HAUPTSTRESSOREN

Die Studie einer amerikanischen Bank ermittelte zwei **Hauptgründe für Beziehungsstress:**

35 %

der Paare leiden unter **Geldsorgen oder streiten sich ums Geld.**

25 %

setzen nervende **Angewohnheiten** ihres Partners sehr zu.

»

⑦ POSITIV BLEIBEN

Warum empfinden manche Paare Druck als belastend und andere nicht? Dieser Frage gingen die amerikanischen Psychologen Benjamin Karney und Thomas Bradbury nach. Sie entwickelten 1996 das Vulnerabilitäts-Stress-Adaptionsmodell der Paarbeziehung, das bis heute angewendet wird. Demnach zeichnen sich dauerhafte Paarbeziehungen dadurch aus, dass in ihnen stressmindernde Anpassungsprozesse stattfinden.

Anfängliche Zufriedenheit mit der Beziehung.

Beständige Eigenschaften: Persönlichkeitsmerkmale, Erfahrungen, Denkgewohnheiten.

Äußere Stressoren: Stress am Arbeitsplatz, Krankheit, familiäre Probleme.

Anpassungsprozesse: Wir versuchen, Konflikte zu lösen, einander zu verstehen, Unvollkommenheiten zu akzeptieren und Stressoren gemeinsam anzugehen.

Die Zufriedenheit mit der Partnerschaft verstärkt sich oder sinkt: Wir entscheiden, ob sich die Fortführung der Beziehung lohnt oder nicht. Die Beziehung hält oder zerbricht.

Jede Beziehung setzt voraus, dass man die Verletzlichkeiten und Grenzen des Partners akzeptiert und mit ihnen zurechtkommt. Das Gelingen oder Nichtgelingen solcher Anpassungsprozesse – unsere Beziehungsfähigkeit – kann darüber entscheiden, ob wir gemeinsam durch dick und dünn gehen oder ob wir uns trennen.

⟩⟩ Geschlechterunterschiede

Verarbeiten Männer und Frauen Beziehungsstress anders? Zwei Studien behaupten das – vorausgesetzt, dass Frauen aufgrund traditioneller Geschlechterrollen mehr Verantwortung für die Regulierung der Emotionen übernehmen als Männer.

2006 wurde in den USA bei einer Studie über Bindungstypen festgestellt, dass beim Nachdenken über Beziehungsprobleme Frauen mit vermeidendem Bindungsstil die höchsten und Männer mit sicher gebundenen Partnerinnen die niedrigsten Stresslevel aufwiesen. Die Autorin schloss daraus, dass Männer auf die Hilfe ihrer Partnerin angewiesen sind, um ihre Gefühle zu bewältigen. Frauen mit vermeidendem Bindungsstil empfanden dies als belastend, sicher gebundene Frauen kamen damit gut zurecht.

Laut einer US-Studie von 2010 prägen die Gefühle der Männer das grundlegende Klima einer Ehe, weil sie innerhalb der Familie oft mehr Macht haben. Während Frauen sich vom Stresserleben ihrer Männer häufig anstecken ließen, übertrug sich der Stress von unter Druck stehenden Ehefrauen nur auf unglücklich verheiratete Ehemänner.

Zusammen sind wir stark

Forscher gehen davon aus, dass Männer und Frauen für die Stimmungen des anderen so schwach bzw. stark empfänglich sind, weil die Gesellschaft von Frauen mehr Fürsorge erwartet. Männer sind gut beraten, sich eine Partnerin mit sicherem Bindungsstil zu suchen und an ihren eigenen Stressbewältigungsstrategien zu arbeiten.

Die glücklichsten Paare

Wie wird eine Beziehung krisenfest? Laut dem amerikanischen Psychologen John Gottman empfehlen sich unterschiedliche Strategien:

✔ Machen Sie sich vertraut mit den Zielen, Karriereplänen und Stressoren Ihres Partners.

✔ Fördern Sie die Zuneigung und Bewunderung für Ihren Partner.

✔ Wenn Ihr Partner Sie einlädt, zärtlich, aufmerksam oder spielerisch zu sein, wenden Sie sich ihm zu. Schenken Sie ihm Ihre Wertschätzung, anstatt ihn zu ignorieren oder zurückzuweisen.

✔ Behandeln Sie einander mit Respekt und lassen Sie sich von Ihrem Partner beeinflussen. Gerade Männer haben hier oft noch viel zu lernen, so Gottman.

✔ Sprechen Sie in freundlichem Ton über lösbare Probleme, entschärfen Sie die Situation und seien Sie darauf vorbereitet, sich gegenseitig zu trösten. Zeigen Sie Kompromissbereitschaft.

✔ Respektieren Sie die Träume Ihres Partners, auch wenn Sie sie nicht teilen.

✔ Finden Sie etwas, das Sie beide als sinnstiftend erleben (siehe S. 44–45).

Gottman nennt Menschen, die diese Strategien beherrschen, »Masters« – im Gegensatz zu den »Disasters«, die sie erst noch erlernen müssen. Niemand verhält sich in einer Partnerschaft immer perfekt, doch eine Liebesbeziehung, die von gegenseitiger Unterstützung und Geborgenheit geprägt ist, trägt auch in stürmischen Zeiten.

⚠ DIE VIER APOKALYPTISCHEN REITER

Der amerikanische Psychologe John Gottman hat vier Verhaltensweisen benannt, die den Partner so stark unter Druck setzen, dass die Beziehung dadurch zerbrechen kann. Er bezeichnet diese als die »vier apokalyptischen Reiter«.

1 Kritik
Höflich vorgebrachte Beschwerden (»Ich möchte, dass du netter zu meiner Mutter bist«) sind effektiv. Kritik an der Persönlichkeit des Partners wirkt hingegen destruktiv.

> Du bist ein Idiot. Wie kannst du nur so mit meiner Mutter sprechen!

2 Verachtung
Hohn, Sarkasmus, Beschimpfungen und Augenrollen bedeuten für den anderen Stress.

> Du hast das Müsli schon wieder vergessen? Du kannst dir echt gar nichts merken!

3 Verteidigung
Ein Partner beklagt sich und der andere gibt ihm zu verstehen, dass er seine Gefühle nicht ernst nimmt.

> Ja, ich habe nicht angerufen. Du siehst doch, wie beschäftigt ich bin. Kannst du nicht mitdenken?

4 Mauern
Der Partner macht die Schotten dicht und ignoriert sein Gegenüber (»Solange ich wütend auf dich bin, existierst du nicht für mich«).

> Mach doch, was du willst …

> Glückliche Ehen basieren auf **tiefer Freundschaft.** Damit meine ich, dass man einander **respektiert** und das Zusammensein mit seinem Partner **genießt.**
>
> **John Gottman**
> Amerikanischer Psychologe und Psychotherapeut

»NICHT HEUTE, SCHATZ«

SEX UND INTIMITÄT

Guter Sex entstresst, doch Stress kann uns die Lust am Sex nehmen. Schläft das Sexualleben in einer langfristigen Beziehung mehr oder weniger komplett ein, wird es Zeit, sich damit auseinanderzusetzen.

Unglücklicherweise sind wir körperlich nicht dazu in der Lage, gleichzeitig Stress zu empfinden und Lust auf Sex zu haben. Wenn wir angespannt sind oder uns bedroht fühlen, versetzt der Sympathikus den Körper in Alarmbereitschaft (»Kampf-oder-Flucht«-Reaktion; siehe S. 20–21). Sexuelle Lust hingegen entwickelt sich unter dem Einfluss des »Ruhenervs«, des Parasympathikus. Da Sympathikus und Parasympathikus Gegenspieler sind, lässt sich immer nur eines der beiden Systeme aktivieren. Wer unter Stress steht, hat also sehr wahrscheinlich keine Lust auf Sex.

Wenn Sie darunter leiden, dass Sexualität in Ihrer Partnerschaft kaum oder gar nicht mehr stattfindet, sollten Sie sich fragen, woran das liegt.

Häufige Probleme

Stress kann sich auf unterschiedliche und komplizierte Weise auf das Sexualleben in einer Paarbeziehung auswirken. Folgende längerfristige Probleme treten häufig auf:

50 %

Laut den amerikanischen Sexualtherapeuten Barry und Emily McCarthy leiden etwa 50 Prozent der Paare in ihrer Ehe irgendwann unter **Libidoverlust**. Das Problem ist also weit verbreitet – und lösbar.

■ **Sich nicht begehrenswert**
fühlen, weil man durch Frustessen stark zugenommen hat
(siehe S. 158–161). In solchen
Fällen können Schummerlicht
oder Dunkelheit und Komplimente dazu beitragen, die
Anspannung zu lösen. Wenn
Sie oder Ihr Partner eine Diät
machen wollen, gehen Sie dies
gemeinsam an. Vermitteln Sie
Ihrem Partner nicht das Gefühl,
dass Sie ihn nur attraktiv finden,
wenn er abnimmt, das verletzt
sein Selbstwertgefühl. Suchen
Sie als Paar nach einer Lösung,
damit Ihre Bemühungen Sie einander näher bringen und nicht
einsamer machen.

■ **Depression.** Stress erhöht das
Risiko für Depressionen, Angststörungen und andere affektive
Störungen. Diese können die
sexuelle Lust beeinträchtigen.
Sexuelle Enthaltsamkeit kann in
solchen Fällen auf tiefer liegende
Probleme hinweisen. Unter Umständen ist es ratsam, einen Arzt
aufzusuchen.

■ **Medikamente.** Einige Medikamente, darunter viele Antidepressiva, können zum Libidoverlust führen. Wenn Sie das
Medikament nicht wechseln
können, tauschen Sie körperliche
Zärtlichkeiten aus, die Sie genießen können, ob sie nun zu Sex
führen oder nicht.

■ **Entfremdungsgefühle.** Wenn
Sie einander ständig in den Haa-
ren liegen, lässt die Lust auf Sex
nach. In diesem Fall sollten Sie
sich vor allem um die Verbesserung Ihrer Beziehung bemühen
(siehe S. 70–73).

✔ DEN KREISLAUF DURCHBRECHEN

Wenn Sie gestresst sind und deshalb
weniger Lust auf Sex haben, können
Sie in einen Teufelskreis geraten.

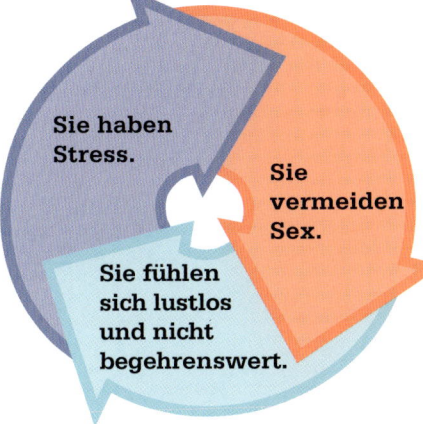

Sie haben Stress.

Sie vermeiden Sex.

Sie fühlen sich lustlos und nicht begehrenswert.

Die amerikanische Eheberaterin
Michele Weiner-Davis empfiehlt in
dieser Situation, den Sex nicht auf-
zuschieben, bis man wieder einmal
Lust empfindet: Der Appetit kommt
bekanntlich beim Essen. Häufig
kehrt das Begehren zurück, wenn
wir aufhören, darauf zu warten, und
einfach loslegen.

Den Druck rausnehmen
Versagensangst – ein geläufiges
Phänomen bei Auftritten in der
Öffentlichkeit (siehe S. 114–115) –
kann sich sogar in den intimsten
Momenten einstellen. Wie kann
man sich von dem sexuellen Leis-
tungsdruck befreien?

Die Sexualtherapeutin Linda
Savage empfiehlt das sogenannte
Lustparadigma. Dabei geht es
darum, sich beim Sex nicht ausschließlich auf die Penetration und
den Orgasmus zu konzentrieren,

? FÜHLEN SIE SICH UNGELIEBT?

Selbst wenn Sex stattfindet, kann
Stress dazu führen, dass man sich
innerlich zurückzieht. Achten Sie auf
folgende Warnzeichen und suchen
Sie gemeinsam nach einem Ausweg:

■ Macht einer von Ihnen immer den
ersten Schritt?

■ Ist einer von Ihnen zwar bereit
zum Sex, aber eher lustlos?

■ Lässt einer von Ihnen sich sexuell
verwöhnen, ohne selbst etwas zu
geben?

■ Scheint einer von Ihnen nach dem
Sex nicht wirklich befriedigt?

Partner wollen voneinander hören,
dass sie begehrt werden. Wenn Sie
beim Sex aber mal nicht ganz bei der
Sache sind, weil Sie Stress haben,
können laut der Psychologin Lori
Brotto Achtsamkeitsübungen (siehe
S. 132–135) helfen, sich wieder mit
den eigenen Empfindungen und
denen des Partners zu verbinden.

sondern die Lust als solche zu genießen und mit sinnlichen Berüh-
rungen zu schüren.

Was spricht dagegen, den Begriff
»Sex« zu erweitern? Leidenschaft
und Zärtlichkeit sind mehr als
einfach nur Geschlechtsverkehr.
Wenn wir beschließen, jede Art von
körperlichem Genuss, den wir mit
unserem Partner erleben, als Teil
unseres Sexuallebens zu betrachten, schaffen wir uns auf leichte
Weise einen stressfreien Zugang zu
mehr Intimität.

ELTERN IM STRESS
EIN RUHIGES ZUHAUSE SCHAFFEN

Kinder großzuziehen ist eine wundervolle, aber auch mit Stress verbundene Aufgabe. Um den Kindern ein Gefühl von Geborgenheit vermitteln zu können, ist es wichtig, dass wir selbst ruhig und gelassen bleiben.

Kaum etwas bereitet mehr Freude, Schmerz und Stress als die Erziehung von Kindern. Wer sich für ein Kind entscheidet, entscheidet sich, so die Autorin Elizabeth Stone, auch dafür, sein Herz für immer einem anderen Menschen zu schenken. Und dafür, sich dessen Bedürfnissen unterzuordnen, indem man seinen Schlaf, seine Zeit und sein Geld opfert, würden erschöpfte Eltern vielleicht hinzufügen. Wie bewältigen Menschen unter diesen Umständen Stress – sowohl den eigenen als auch den ihrer Kinder?

Den Kindern geht es gut, oder?
Kinder brauchen Eltern, die sie lieben, unterstützen, ihnen aber auch Disziplin vermitteln. Um dies zu leisten, müssen Mütter und Väter die Gefühle ihrer Kinder verstehen. Doch laut einer amerikanischen Studie von 2012 sind wir darin nicht so gut, wie wir glauben.

Als Probanden dienten Familien mit vier- bis elfjährigen Kindern, die sich »normal« entwickelten, also keine Gesundheits- oder Lernschwierigkeiten hatten. Die Forscher stellten fest, dass die Eltern Nervosität und Angstgefühle ihrer Kinder konsequent unter- und ihren

> Wenn Kinder Ihnen wichtig sind, **sorgen Sie gut für die Mütter.**
>
> **Rick Hanson**
> Amerikanischer Neurologe

Optimismus überschätzten. Sie gingen – fälschlicherweise – davon aus, dass ihre Kinder ähnlich empfinden wie sie selbst. Beim Umgang mit Kindern sind also zwei Dinge zu beachten:

1 Kinder sind **eigenständige Persönlichkeiten.**

2 Kinder **stehen mehr unter Druck,** als es den Anschein hat.

Man sollte nicht davon ausgehen, dass ein Kind sich wohlfühlt, solange es sich nicht schlecht benimmt – oder dass schlechtes Benehmen aus Wut und nicht etwa aus Angst resultiert. Schenken Sie den Ängsten Ihres Kindes Aufmerksamkeit und wenn es ungezogen ist, überlegen Sie, ob Stress die Ursache dafür sein könnte.

Abstand nehmen

Liebe ist der Kitt, der Familien zusammenhält, doch manchmal ist Zurückhaltung angebracht. Forschungsergebnisse zeigen, dass Eltern, die ihre Kinder mit Empathie überschütten, ihnen damit nicht unbedingt einen Gefallen tun. In einer amerikanischen Studie aus dem Jahr 2014 reagierten Mütter, die bei einem Empathietest sehr gut abschnitten, besonders stark auf das Weinen ihres Kindes, mussten aber auch ihr Temperament sehr im Zaum halten. Denn insbesondere empathische Eltern neigen unter Stress manchmal zu harten disziplinarischen Maßnahmen (siehe rechts). »

 **RUHIG BLEIBEN**

Vergöttern Sie Ihre Kinder, werden aber ungeduldig, wenn die Kleinen Rabatz machen? Damit sind Sie nicht alleine: Eine holländische Studie ergab 2013, dass Eltern, die auf das Weinen ihrer Kinder emotional stark reagierten, auch am meisten dazu neigten, überzureagieren und zu Hause hart durchzugreifen. Zu viel Empathie kann eine Stressreaktion triggern.

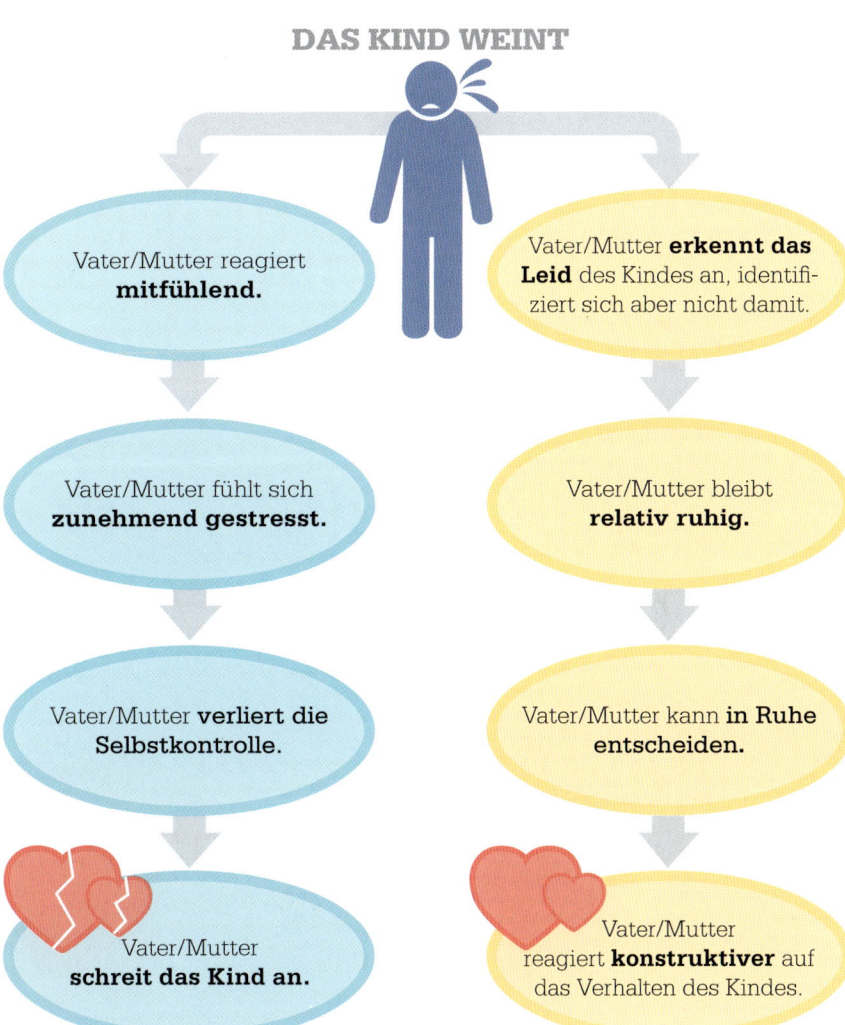

DAS KIND WEINT

Vater/Mutter reagiert **mitfühlend.**

Vater/Mutter **erkennt das Leid** des Kindes an, identifiziert sich aber nicht damit.

Vater/Mutter fühlt sich **zunehmend gestresst.**

Vater/Mutter bleibt **relativ ruhig.**

Vater/Mutter **verliert die Selbstkontrolle.**

Vater/Mutter kann **in Ruhe entscheiden.**

Vater/Mutter **schreit das Kind an.**

Vater/Mutter reagiert **konstruktiver** auf das Verhalten des Kindes.

Wenn wir uns mit ihren Gefühlen identifizieren, können wir unsere Kinder nicht richtig fördern. Machen Sie sich klar, dass Ihr Kind eine eigenständige Persönlichkeit ist, und helfen Sie ihm, Schwieriges gut zu bewältigen.

>> **Mit gutem Beispiel vorangehen**

Angemessene emotionale Grenzen sind gleichermaßen wichtig für Eltern und Kinder. Mütter und Väter sollten nicht überreagieren, wenn ihre Kinder leiden, sondern ihnen bei der Bewältigung ihrer Gefühle helfen. Kinder profitieren davon, wenn ihre Eltern ihnen nicht nur Mitgefühl entgegenbringen, sondern auch Gelassenheit vorleben.

Schlafprobleme lösen

Für jeden Mensch ist es hilfreich, wenn er nachts gut schläft (siehe S. 162–165). Kleine Kinder können den Schlafrhythmus gehörig durcheinanderbringen. Da hilft es nichts, »sich zu ärgern, zu grübeln oder sich Sorgen zu machen, dass der nächste Tag gelaufen ist«, so die amerikanische Psychologin und Anthropologin Gwen Dewar. Negative Gefühle erschweren das Einschlafen, erhöhen aber die Wahrscheinlichkeit, gereizt auf die Kinder zu reagieren – was deren Schlafprobleme gegebenenfalls verstärken kann.

Eine amerikanische Studie aus dem Jahr 2010 ergab, dass kleine Kinder am besten schlafen, wenn ihnen ein Elternteil beim Zubettgehen die volle Aufmerksamkeit schenkt und einfühlsam auf es eingeht. Hält Ihr Kind Sie wach, bleiben Sie so geduldig wie möglich und akzeptieren Sie, dass alles seine Zeit braucht. Das erleichtert den Kleinen das Einschlafen – und davon wiederum profitieren letztlich auch Sie.

Geldsorgen?

Manchmal stresst uns das Elternsein, manchmal das Leben als solches. Auch Belastungen, die nichts mit unserer Elternrolle zu

STRESS BEURTEILEN

Das von Richard Lazarus und Susan Folkman entwickelte Stressmodell (siehe S. 28) kann bei der Bewältigung von Gefühlen helfen und eine konstruktive Beurteilung der jeweiligen Umstände erleichtern. Wenn das Verhalten Ihres Kindes Sie das nächste Mal auf die Palme bringt, probieren Sie folgende Strategie aus:

Stressauslöser: Welches Ereignis verursacht das Problem?		Beurteilung: Wie sehen Sie die Situation?	Copingstrategie: Welche Entscheidung treffen Sie?	Reaktion auf die Stressreaktion
Ihr Sohn quengelt an der Supermarktkasse und möchte, dass Sie ihm eine Süßigkeit kaufen.	Negative Reaktion	»Er ist ungezogen; er weiß ganz genau, dass es heute keine weiteren Süßigkeiten mehr gibt!«	»Er muss lernen, dass ich dieses Verhalten nicht dulde.«	»Lass das, junger Mann, sonst bekommst du ernsthafte Schwierigkeiten!« **Effekt:** Sie heizen den Konflikt an und machen Ihr Kind wütend.
	Positive Reaktion	»Er ist müde, ihm ist langweilig und er steht hier im Laden unter Stress.«	»Ich sollte ihm vermitteln, dass ich ihn verstehe, ihm aber auch klarmachen, was ich von ihm erwarte.«	»Liebling, ich weiß, dass es schwierig für dich ist, aber du musst geduldig sein. Du bekommst zu Hause etwas Süßes.« **Effekt:** Sie bewältigen den Konflikt und unterstützen Ihr Kind.

tun haben, wirken sich auf unsere Kinder aus und beeinflussen unser Verhalten ihnen gegenüber. Viele Studien bestätigen, dass Eltern, die sich in einer finanziellen Notlage befinden, schlechtes Benehmen ihrer Kinder eher persönlich nehmen. Sie gehen davon aus, dass ihre Kinder sie bewusst ärgern wollen und nicht einfach vergesslich oder abgelenkt sind, wenn sie beispielsweise ihre Spielsachen nicht aufräumen.

Jedoch können Eltern ihre Kinder vor armutsbedingtem Stress offenbar weitgehend schützen, indem sie ihnen viel Zuneigung schenken und an ihrem Leben wirklich Anteil nehmen. Wenn Sie es schaffen, trotz drückender Geldsorgen geduldig und warmherzig zu sein, fühlen Ihre Kinder sich so sicher und geborgen wie jene, die in wohlhabenderen Familien groß werden.

Kinder zu erziehen ist nicht leicht und bedeutet selbst für die liebevollsten Eltern eine echte Herausforderung. Wer sich dieser Aufgabe dennoch stellt, kann stolz auf sich sein. Keine Familie ist perfekt, doch mit Wärme und guten Bewältigungsstrategien können Kinder und Eltern unvermeidlichen Stress recht gut bewältigen.

DIE BASIS FÜR WOHLBEFINDEN

Laut der Soziologin Christine Carter sind die zwei wichtigsten Voraussetzungen für das kindliche Wohlbefinden diese:

- Es bekommt genügend Zuwendung von den Eltern und
- die Eltern können gut mit Stress umgehen.

Kinder übernehmen Gefühle von ihren Eltern. Haben Sie also kein schlechtes Gewissen, wenn Sie Selbstfürsorge betreiben. Am glücklichsten sind die Familien, in denen es jedem einzelnen Mitglied gut geht.

✓ DAS STRESSRESISTENTE KIND

Ein glückliches Kind hat glückliche Eltern: Fühlt sich Ihr Kind geborgen, profitiert die ganze Familie davon. Das US-Center for Effective Parenting publizierte 2006 zahlreiche Tipps, wie sich ein entspanntes und von emotionaler Sicherheit geprägtes Miteinander gestalten lässt.

✔ **Finden Sie eine gute Balance** zwischen Zuwendung und vernünftigen Regeln.

✔ **Seien Sie für Ihr Kind da,** unterstützen und beruhigen Sie es.

✔ **Helfen Sie Ihrem Kind,** die Symptome von Stress bei sich selbst zu erkennen, zum Beispiel Kopf- oder Bauchschmerzen.

✔ **Hören Sie Ihrem Kind zu** und stellen Sie offene Fragen, etwa: »Wie fühlst du dich dabei?«

✔ **Überbehüten Sie Ihr Kind nicht:** Kinder müssen lernen, effektiv mit Stress umzugehen.

✔ **Stärken Sie sein Selbstwertgefühl** (siehe S. 42–43).

✔ **Lehren Sie Ihr Kind,** mit Kritik umzugehen (siehe S. 34–35).

✔ **Bringen Sie ihm bei,** sich in stressigen Phasen die **Zeit gut einzuteilen** (siehe S. 146–147).

✔ **Zeigen Sie ihm, wie es Probleme lösen** und Situationen anders bewerten kann (Reframing) (siehe S. 26–29, 52–53).

✔ **Sorgen Sie dafür, dass es genug Schlaf bekommt,** sich gesund ernährt, regelmäßig Sport treibt und Spannendes erlebt (siehe S. 174–175).

✔ **Bringen Sie ihm bei, sich zu behaupten** (siehe S. 92–95).

✔ **Fördern Sie seinen Sinn für Humor** (siehe S. 182–183).

✔ **Gehen Sie mit gutem Beispiel voran,** indem Sie Ruhe, Optimismus und Selbstvertrauen ausstrahlen.

STRESS AM ARBEITSPLATZ

UNTER LEISTUNGSDRUCK

Stress am Arbeitsplatz prägt den Alltag vieler Menschen: Seinen Lebensunterhalt zu verdienen ist alles andere als ein Zuckerschlecken. Wie können wir lernen, besser mit Leistungsdruck fertigzuwerden?

Ein anspruchsvoller Job ist oftmals interessant und aufregend, aber nicht immer gesund. Zu den häufigsten Stressoren am Arbeitsplatz gehören diese:

- Anspruchsvolle, stupide oder nervenaufreibende Arbeit
- Wenig Einfluss auf die eigene Arbeitsweise
- Unklare Erwartungen, die alle zu Verlierern machen
- Ein konfliktbehaftetes Umfeld, Mobbing, unfaires Verhalten
- Geringe Anerkennung, wenig Förderung und kaum Gelegenheit, sich weiterzuentwickeln
- Schlecht gemanagte Umstrukturierungen

Kurz: Arbeit, die uns nicht erfüllt und/oder keinen Spielraum für eigene Entscheidungen vorsieht, lässt uns nicht aufblühen und kann uns im Lauf der Zeit zermürben.

Macht Ihre Arbeit Sie krank?

Kann Stress am Arbeitsplatz der Gesundheit schaden? Dauerhaft erhöhte Cortisolspiegel sind ungesund, doch gemäß einer australischen Studie von 1997 führt Stress im Job nicht zwangsläufig zu höherem Blutdruck. Die Forscher stellten fest, dass vor allem »maladaptive« Stressbewältigungsstrategien die Entwicklung von Bluthochdruck begünstigten. Mit anderen Worten: Probanden, die tranken, sich ungesund ernährten, rauchten, Drogen nahmen oder sich isolierten, litten häufiger unter Bluthochdruck. Studienteilnehmer, die Sport trieben, Entspannungstechniken praktizieren, auf problemfokussierte Bewältigungsstrategien setzten oder

Unterstützung bei anderen suchten, blieben körperlich gesund. Das Problem war also nicht der Stress als solcher, sondern der Umgang damit.

Bewältigungsstrategien

Ist die Situation am Arbeitsplatz unerträglich, etwa weil Ihr Chef Sie schikaniert, führt wahrscheinlich kein Weg an einem Jobwechsel vorbei. Resultiert der Stress aber aus der Arbeit selbst und nicht aus dem Umfeld, empfehlen Psychologen folgende Strategien:

1 **Nehmen Sie sich jeden Morgen** zehn Minuten Zeit dafür, sich realistische Ziele zu setzen und diese nach Dringlichkeit zu gewichten (siehe S. 146–147).

2 **Beobachten Sie,** wie sich Ihr Stresspegel über den Tag verändert. Führen Sie ein Stresstagebuch (siehe S. 40–41), finden Sie heraus, welche Situationen Sie in Zukunft meiden sollten, und entwickeln Sie gesunde Copingstrategien.

3 **Planen Sie »Auszeiten« ein,** und zwar im Voraus. Stellen Sie währenddessen das Telefon aus, checken Sie keine E-Mails und denken Sie nicht an die Arbeit (siehe S. 60–63).

4 **Nutzen Sie Ihre Freizeit** und Ihren Jahresurlaub, um die Batterien wieder aufzuladen und sich zu erholen (siehe S. 150–151).

5 **Entspannen Sie sich** mit Sport (siehe S. 152–153), Yoga (siehe S. 157) oder Meditation (siehe S. 133) von der Arbeit.

6 **Suchen Sie sich Verbündete.** Es zählt zu den Aufgaben einer Führungskraft, dafür zu sorgen, dass Beschäftigte ihre Arbeit effektiv bewältigen können. Sprechen Sie mit Ihrem Vorgesetzten darüber, wie Sie Ihr Arbeitspensum reduzieren und Ihr Arbeitsumfeld erträglicher gestalten können. Ist Ihr Gegenüber nicht kompromissbereit, sprechen Sie Ihre Kollegen an und bitten sie um Unterstützung (siehe S. 176–179).

7 **Wenden Sie sich** in Fragen des Arbeitsschutzes an Ihren Arbeitgeber oder an die Personalabteilung im Unternehmen. Betriebe müssen dafür Sorge tragen, dass weder die physische noch die psychische Gesundheit der Beschäftigten gefährdet wird.

8 **Versuchen Sie Unkontrollierbares nicht zu kontrollieren.** Auf die Betriebsphilosophie und auf die Persönlichkeiten Ihrer Kolleginnen und Kollegen haben Sie keinen Einfluss. Verausgaben Sie sich nicht mit Kämpfen gegen Windmühlen (siehe S. 46–47).

9 **Werden Sie nicht überperfektionistisch.** Wenn Sie Ihre Arbeit ordentlich gemacht haben, müssen Sie nicht noch mehr tun (siehe S. 34–35).

10 **Behalten Sie unbedingt Ihren Humor.** Lachen sorgt für eine gesunde Distanz (siehe S. 182–183).

11 **Schätzen Sie das Positive.** Richten Sie Ihren Blick auf das, was Sie stolz macht; konzentrieren Sie sich auf die guten Seiten Ihrer Kollegen und des (Arbeits-) Alltags (siehe S. 180–181).

Angemessene Grenzen sind im Arbeitsleben genauso wichtig wie im Privatleben. Eine gesunde Work-Life-Balance setzt voraus, dass wir uns nicht ausschließlich über unseren Job definieren.

Q DIE DREI »E«S

Der Psychologe und Pädagoge Howard Gardener, Professor an der Harvard University, nennt drei ineinandergreifende Aspekte »guter« Arbeit – Arbeit, die mehr Befriedigung als Stress mit sich bringt.

Exzellenz. Sie sind zufrieden, dass Sie gute Arbeit leisten.

Engagement. Sie haben Freude an Ihrer Arbeit.

Ethik. Sie tun das Richtige – fachlich und Ihren Kollegen gegenüber.

›› Aufgaben anpacken

Das Erledigen unangenehmer Aufgaben schieben wir gerne hinaus. Am Arbeitsplatz führt das oft nicht nur zu Problemen mit Kollegen und Vorgesetzten, sondern auch zu mehr Stress, wenn der Termindruck steigt und Unerledigtes sich anhäuft. Wie lässt sich der Hang zur Aufschieberitis überwinden?

Nicht auf Motivation warten

Der amerikanische Psychologe Joseph Ferrari hält es für grundlegend falsch, Dinge mit der Begründung vor sich her zu schieben, man sei gerade nicht in der Stimmung dazu. Wer glaube, dass die richtige Stimmung sich schon irgendwann einstellen werde, erliege einem Trugschluss. Und selbst wenn sich die Situation tatsächlich ändern sollte, sei der Zeitdruck zwischenzeitlich gestiegen, sodass man sich noch mehr unter Stress fühle und noch weniger Lust habe, sich mit einer Sache zu beschäftigen.

Anstatt auf bessere Zeiten zu warten, sollten wir unangenehme Dinge also anpacken, selbst wenn wir keine Lust dazu haben. Der amerikanische Psychiater David D. Burns, Autor des Bestsellers *Feeling good* hat beobachtet, dass unsere Motivation steigt, sobald wir einen Anfang gemacht haben – was den durch Aufschieben verursachten Stress definitiv verringert.

> # Erst kommt das Handeln, dann die Motivation.
>
> **David D. Burns**
> Amerikanischer Psychiater und Experte für Kognitive Verhaltenstherapie

Kröten schlucken

Eine Redensart besagt, dass es vorteilhaft ist, zuerst die größte Kröte zu schlucken, sprich: das Unangenehmste zuerst zu erledigen. Das verschafft einem das tröstliche Gefühl, dass es nicht mehr schlimmer werden kann. Wenn Ihr Zeitplan es erlaubt, gehen Sie das Problem, das Ihnen am meisten Sorgen macht, als Erstes an. Danach fühlen sich alle anderen Aufgaben weniger bedrohlich an.

Belohnen Sie sich selbst

Der amerikanische Psychologe Robert Eisenberger hat ein Phänomen entdeckt, das er als »erlernten Fleiß« bezeichnet: Wenn wir eine schwierige Aufgabe mit einer anschließenden Belohnung assoziieren, empfinden wir diese Arbeit als erfüllender und weniger belastend. Falls Sie einen Chef haben, der Sie für Ihre Leistungen lobt, ist Ihnen dieses Gefühl vielleicht vertraut. Studien bestätigen, dass Lob, ja sogar Selbstlob, als Belohnung ausreicht. Gemäß einer amerikanischen Studie aus dem Jahr 2007 sollte die Belohnung möglichst schnell und zuverlässig erfolgen. Wenn Sie beschlossen haben, sich selbst für Dinge zu loben, die Sie

✓ SMART ARBEITEN

Der Ökonom Peter Drucker entwickelte in den 1980er-Jahren ein Akronym, das in der Arbeitspsychologie noch heute gebräuchlich ist. Das damit bezeichnete Verfahren dient der Ermittlung erreichbarer Ziele.

S	Spezifisch	Setzen Sie sich klar verständliche, einfache und vernünftige Ziele.
M	Messbar	Fortschritte müssen messbar (bedeutungsvoll, motivierend) sein.
A	Aktiv beeinflussbar	Die Ziele müssen realistisch (erreichbar) sein.
R	Relevant	Das Ergebnis muss von Nutzen (vernünftig, realistisch) sein.
T	Terminiert	Setzen Sie sich ein Zeitlimit (einen Termin) für die Erledigung Ihrer Aufgabe.

gut machen, halten Sie Ihr Versprechen sich selbst gegenüber.

Erfolgserlebnisse provozieren

Die kanadische Psychologin Fuschia Sirois fand im Jahr 2004 bei einer Studie heraus, dass Menschen eher zu Aufschieberitis neigen, wenn sie sich nicht für besonders leistungsfähig halten. Mit anderen Worten: wenn sie nicht auf ihre eigenen Kompetenzen und Fähigkeiten vertrauten (siehe S. 42–43).

Das Vertrauen in die eigene Leistungsfähigkeit lässt sich besonders gut stärken, indem man sich gezielt an Erfolge außerhalb des Berufslebens erinnert und im Rückblick solche Zeiten wiederaufleben lässt, in denen man Aufgaben, die einem am Herzen lagen, erwiesenermaßen erfolgreich bewältigt hat. Mit diesem Wissen im Hinterkopf fühlen sich berufliche Herausforderungen weniger bedrohlich an.

Sie haben stressbedingte berufliche Probleme? Damit sind Sie beileibe kein Einzelfall. 2013 fand die American Psychological Association heraus, dass nur 36 Prozent der befragten Angestellten das Gefühl hatten, genügend Unterstützung bei der Bewältigung von Stress am Arbeitsplatz zu erhalten. Sie können aber selbst eine Menge gegen beruflichen Stress tun, indem Sie gute Copingstrategien entwickeln und sich genug Freizeit gönnen.

RAUM FÜR VERBESSERUNG?

Stress am Arbeitsplatz ist leider normal. Die Folgen lassen sich begrenzen, indem Sie sich mit den kontrollierbaren Aspekten befassen. Denken Sie über Ihre Gewohnheiten nach und arbeiten Sie an Ihren Copingstrategien.

54 %

2016 gaben bei einer Umfrage 54 Prozent der befragten Berufstätigen an, dass sie sich im Jahr zuvor intensiver um die **Verbesserung ihrer Work-Life-Balance** bemüht hätten.

58 %

2017 vermeldete der Stressbericht der American Psychological Association, dass 58 Prozent der Befragten ihre Arbeit als eine **sehr bedeutende oder bedeutende Ursache** für Stress in ihrem Leben ansahen.

✓ NACH GESUNDER BALANCE STREBEN

Ein Gleichgewicht zwischen privaten und beruflichen Verpflichtungen lässt sich mit den folgenden Tipps von Arbeitsplatzexperten erreichen:

Planen Sie Zeit für Dinge ein, die Ihnen wirklich wichtig sind (siehe S. 146–147). Sie sollten sich dabei von nichts und niemandem ablenken lassen.

Schalten Sie auch mal Ihr Smartphone aus. Außerhalb der Arbeitszeit können Nachrichten, die nicht unbedingt versendet werden müssen, warten (siehe S. 60–63).

Versuchen Sie, Wege zu sparen. Homeoffice und flexible Arbeitszeitregelungen, die das Pendeln außerhalb der Rushhour erlauben, reduzieren Stress (siehe S. 96–97).

Planen Sie freie Zeiten, in denen Sie die Arbeit außen vor lassen. Müssen Sie mit dem Betrieb in Kontakt bleiben, checken Sie Ihre Nachrichten nur zu vereinbarten Zeiten.

BURNOUT VERMEIDEN
RECHTZEITIG STOPP SAGEN

Geht die Arbeitsbelastung über ein bestimmtes Maß hinaus, wird aus normalem Stress schnell chronische Überforderung. In solchen Fällen ist gute Selbstfürsorge nötig, um überhaupt weiterarbeiten zu können.

Nach einem Arbeitstag müde zu sein ist normal. Wer jedoch ständig erschöpft ist und nur widerwillig zur Arbeit geht, steht vielleicht vor einem Burnout. Dann ist es wichtig, dem eigenen Wohlbefinden Priorität einzuräumen.

Mehr als normaler Stress?
Burnout ist nicht das Gleiche wie Stress am Arbeitsplatz, sondern das Ergebnis von unbewältigtem Stress. Wenn wir zu lange zu hohen Belastungen ausgesetzt sind, fühlen wir uns überfordert und isoliert, werden apathisch, zynisch und ängstlich – und verzweifeln schließlich am Leben.

Die Symptome eines Burnouts sind denen einer klinischen Depression (siehe S. 202–203) sehr ähnlich. Laut einer französischen Studie aus dem Jahr 2013 ist die Schnittmenge sogar so groß, dass eine Unterscheidung dieser beiden Erkrankungen aus wissenschaftlicher Sicht keinen Sinn ergibt.

Wenn Sie den Verdacht hegen, dass Sie eventuell selbst an einer klinischen Depression erkrankt sind, sollten Sie unbedingt einen Arzt aufsuchen. Doch wie lässt sich einem drohenden Burnout entgegenwirken?

> **Burnout** kann jeden Berufstätigen treffen – vom obersten Chef bis zum gewöhnlichen Angestellten.
>
> **Phil Sheridan**
> Personaldienstleister

Gefahren erkennen
Wie hoch ist Ihr Burnout-Risiko? Psychologen raten, auf folgende Warnsignale zu achten:

- **Kontrollverlust** im Job.
- **Widersprüchliche Erwartungen,** die sich nur schwer erfüllen lassen.
- **Ein ungesundes Arbeitsklima,** beispielsweise aufgrund von Mobbing durch Vorgesetzte oder Kollegen.
- **Ein Arbeitsplatz,** der nicht zu den eigene Werten, Fähigkeiten, Interessen und zur eigenen Persönlichkeit passt.
- **Ein zu hohes** oder zu niedriges Arbeitstempo.
- **Zu viele Überstunden** – zu wenig Zeit für die Erholung.
- **Zu starke Identifizierung** mit der Arbeit.
- **Arbeit in einem emotional anspruchsvollen Umfeld,** etwa im Gesundheitsbereich oder im Schuldienst.
- **Fehlende Unterstützung** am Arbeitsplatz und im Privatleben.

DIE BURNOUT-ZONE

Laut dem niederländischen Arbeitspsychologen Arnold Bakker ist das Risiko für einen Burnout am größten, wenn starker Druck besteht und zu wenig Hilfe angeboten wird. Mag die Arbeit noch so interessant sein: Zu hohe Anforderungen nehmen jede Motivation. Werden Sie bei Ihrer Arbeit unterstützt oder haben Sie bereits die rote Burnout-Zone erreicht? Selbstfürsorge hat dann oberste Priorität.

Ressourcen: Vom Arbeitgeber geschaffene Situationen und Umstände, die Mitarbeitern bei der Bewältigung von Anforderungen helfen, zum Beispiel gute Unterstützung und hilfreiches Feedback.

Anforderungen: Physischer, mentaler und emotionaler Druck auf die Mitarbeiter, um maximal von ihrem Einfallsreichtum und ihrer Energie zu profitieren. Kann bei Überforderung zu Stress führen.

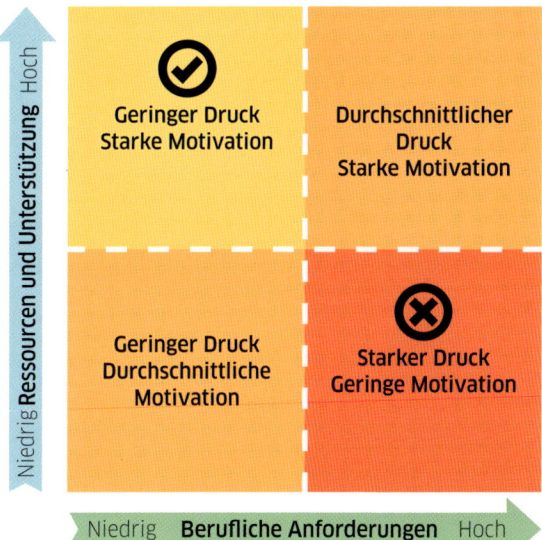

WEM DROHT BURNOUT?

Eine Umfrage unter britischen Personalverantwortlichen führte 2013 zu folgenden Ergebnissen:

1 von 3

Etwa ein Drittel der Beschäftigten kämpfte mit **Burnout.**

2 von 3

Zwei von drei Befragten gaben als **Hauptgrund** eine **zu hohe Arbeitsbelastung** an.

1 von 2

Für über 50 Prozent der Befragten waren **Überstunden** oder zu lange Tagesarbeitszeiten der zweite Grund.

1 von 4

Über 25 Prozent der Befragten nannten als wichtigen Grund die Unvereinbarkeit von Beruf und Privatleben.

Dem Burnout entgegenwirken

Wenn Sie sich für gefährdet halten, ist es am besten, den Tatsachen ins Auge zu sehen und alles andere dem Stressmanagement unterzuordnen. 2014 stellte eine spanische Studie fest, dass die Teilnehmer, die es vermieden, über ihre Lage nachzudenken, am wahrscheinlichsten einen Burnout erlitten. Versuchen Sie also möglichst früh, die Weichen umzustellen. Hier ein paar Tipps:

✔ **Verbringen Sie Zeit mit den Kollegen,** die Sie unterstützen und denen Sie vertrauen (siehe S. 176–179).

✔ **Seien Sie täglich** eine gewisse Zeit offline (siehe S. 60–63).

✔ **Bleiben Sie körperlich in Bewegung.** Wenn Sie viel am Schreibtisch sitzen, stehen Sie jede Stunde einmal auf (siehe S. 152–157).

✔ **Schaffen Sie** in Ihrem Leben Raum für Lachen und Spiel (siehe S. 182–187).

✔ **Nehmen Sie jeden Tag positive Erlebnisse** bewusst wahr, und sei es ein Schwatz mit Kollegen (siehe S. 80–83).

✔ **Planen Sie freie Zeit** mit Ihren Lieben ein (siehe S. 148–149).

✔ **Engagieren Sie sich** in einer Gruppe, deren Werte Ihnen wichtig sind, oder für eine Sache, die Ihnen am Herzen liegt (siehe S. 44–45).

ES GIBT WICHTIGERES IM LEBEN, ALS BESTÄNDIG DESSEN GESCHWINDIGKEIT ZU ERHÖHEN.

MAHATMA GANDHI, ANFÜHRER DER INDISCHEN UNABHÄNGIGKEITSBEWEGUNG

KONSUM UM JEDEN PREIS?

DEN UMGANG MIT GELD LERNEN

Wie soll man in einer Welt, die dem Konsumgott huldigt, den Überblick über seine Ausgaben behalten? Wer weiß, wie die Psychologie des Geldes funktioniert, kann seine Finanzen vernünftiger planen.

Die Verwaltung des Haushaltseinkommens gestaltet sich umso entspannter, je besser man die täglichen Ausgaben im Griff hat. Die Konsumwarenindustrie investiert hohe Summen, um uns das Geld aus der Tasche zu ziehen. Laut der amerikanischen Psychologin Kit Yarrow arbeitet sie beispielsweise mit diesen Tricks:

- Platzierung von Waren des täglichen Bedarfs am hinteren Ende von Ladengeschäften, sodass der Kunde an allen anderen Waren vorbeigehen muss.
- Leicht »unordentliche« Warenpräsentation, sodass Kunden bereitwilliger nach Produkten greifen. Denn wenn wir ein Produkt erst in der Hand halten, steigt die Wahrscheinlichkeit, dass wir es kaufen.

- Musikberieselung, um emotionale Assoziationen zu wecken. Laute Musik animiert vor allem zu Schnellkäufen; langsame, leise Musik verführt uns dazu, länger im Laden herumzuschlendern und dabei mehr zu kaufen.

Wenn Sie einen Einkauf planen, schreiben Sie einen Einkaufszettel und halten Sie sich daran. Und lassen Sie sich beim Onlineshopping nicht durch »versandkostenfreie« Lieferangebote verlocken. Meist ist eine Mindestbestellmenge vorgegeben.

Funktioniert »Frustshoppen«?

Kaufen hilft kurzfristig gegen Frust, eine kanadische Studie von 2008 ergab allerdings, dass es sich besser anfühlt, Geld für andere statt für sich selbst auszugeben. Außerdem gilt: Wenn Sie statt materieller Dinge

Erlebnisse kaufen, sammelt sich zu Hause nicht nur weniger Gerümpel an – Sie haben auch weniger Stress. »Ein wandernder Geist ist ein unglücklicher Geist«, so der amerikanische Psychologe Matthew Killingsworth. Wenn unser Geist unterbeschäftigt ist, kehren unsere Sorgen zurück. Schöne Erlebnisse können davor schützen. Der amerikanische Psychologe Thomas Gilovich stellte fest, dass der Reiz des Neuen schnell erlischt, während von einem Urlaub oder Konzert lebendige Erinnerungen zurückbleiben.

Belohnen Sie sich

Um herauszufinden, welche Käufe Sie belasten und welche Sie glücklich machen, lohnt es sich, ein Haushaltsbuch zu führen. Belohnungen motivieren mehr als Strafen. Wenn Sie sich also dazu durchgerungen haben, etwas nicht zu kaufen, halten Sie auch das im Haushaltsbuch fest. Es kann sehr befriedigend sein, am Ende des Monats zusammenzuzählen, wie viel Sie durch den Verzicht auf Impulskäufe gespart haben.

Q DER STÜCKELUNGSEFFEKT

In Versuchen wurde nachgewiesen, dass wir mehr Geld ausgeben, wenn wir mit kleinen Scheinen statt mit einer einzelnen großen Banknote bezahlen. Das kehrt sich um, sobald die große Banknote angebrochen ist. Daher der Tipp: Vermeiden Sie diesen »Stückelungseffekt«, indem Sie für kleinere Käufe kleinere Banknoten bereithalten.

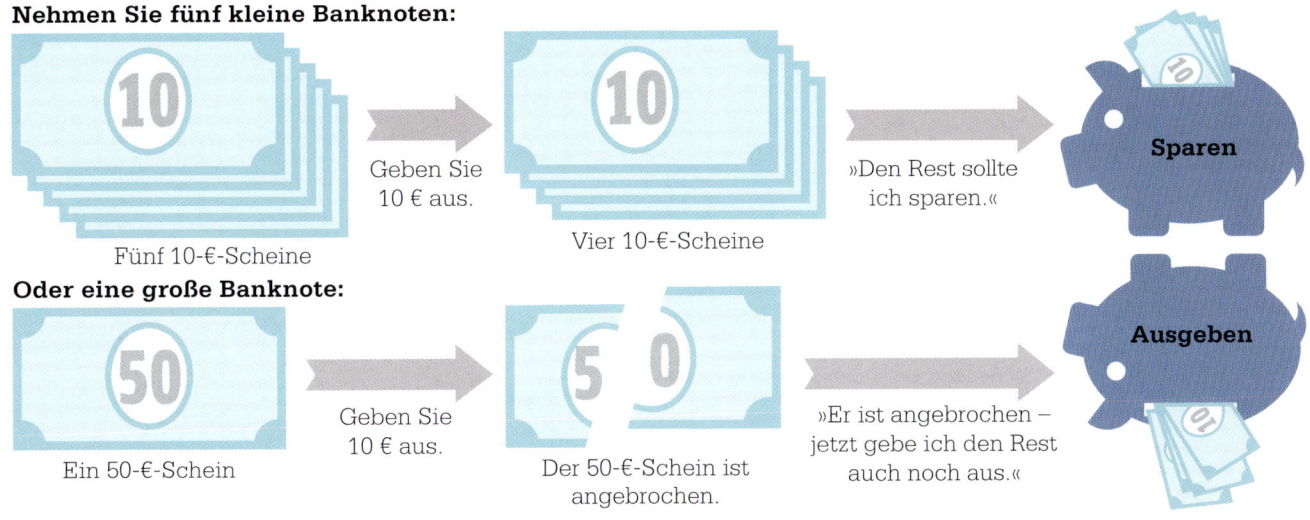

Nehmen Sie fünf kleine Banknoten:

Fünf 10-€-Scheine

Geben Sie 10 € aus.

Vier 10-€-Scheine

»Den Rest sollte ich sparen.«

Sparen

Oder eine große Banknote:

Ein 50-€-Schein

Geben Sie 10 € aus.

Der 50-€-Schein ist angebrochen.

»Er ist angebrochen – jetzt gebe ich den Rest auch noch aus.«

Ausgeben

Q DIE HEDONISTISCHE TRETMÜHLE

Mehr Geld auszugeben macht nicht zwangsläufig glücklicher. Laut einer einflussreichen Theorie, der amerikanischen Psychologen Philip Brickman und Donald Campbell von 1971 kann durch mehr Einkommen eine »hedonistische Tretmühle« in Gang gesetzt werden – ein Teufelskreis, in dem wir immer mehr konsumieren und dabei immer unglücklicher werden.

Sie pflegen einen bescheidenen Lebensstil und sind damit zufrieden? Dann ist Ihnen Ihre Freizeit wahrscheinlich mehr wert als zusätzliches Geld, für das Sie Überstunden leisten müssten. Nach einer Gehaltserhöhung bringt es Ihnen womöglich mehr, Ihren gegenwärtigen Lebensstil beizubehalten und stattdessen Ihre Zukunftssicherung aufzustocken.

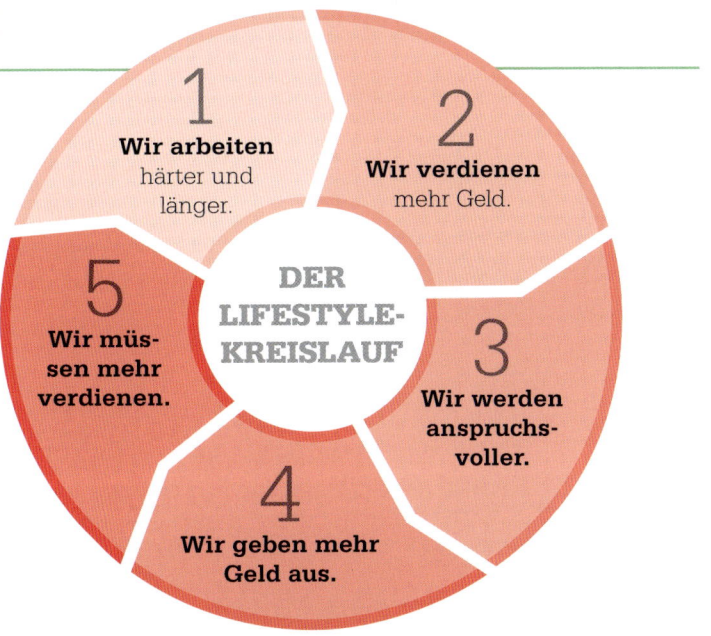

DER LIFESTYLE-KREISLAUF

1 **Wir arbeiten** härter und länger.

2 **Wir verdienen** mehr Geld.

3 **Wir werden anspruchsvoller.**

4 **Wir geben mehr Geld aus.**

5 **Wir müssen mehr verdienen.**

SORGEN UMS GELD

MIT SCHULDEN LEBEN

Viele Menschen sind verschuldet und wissen nicht, wie sie ihre Rechnungen bezahlen sollen. Ein vernünftiger Tilgungsplan hilft, die damit verbundenen psychischen Belastungen in erträglichen Grenzen zu halten.

In unserer Konsumgesellschaft sind Schulden an der Tagesordnung. Laut US Census Bureau und Federal Reserve Bank of New York hatte beispielsweise ein durchschnittlicher amerikanischer Haushalt 2016 mehr als 16 000 US-Dollar Kreditkartenschulden.

Tun Geldsorgen weh?

Ja, Geldsorgen tun weh – im buchstäblichen wie im übertragenen Sinn. Eine amerikanische Studie von 2016 kam zu folgenden Ergebnissen:

- **Haushalte** mit zwei Erwachsenen, die beide arbeitslos waren, gaben 20 Prozent mehr für rezeptfreie Schmerzmittel aus.
- **Probanden,** die Perioden finanzieller Sicherheit und finanzieller Unsicherheit beschreiben sollten, berichteten, in Zeiten finanzieller Unsicherheit fast doppelt so viel Schmerz empfunden zu haben.
- **Studierende,** die einen Text lasen, der die Stabilität des Arbeitsmarktes hervorhob und ihren Glauben daran stärkte, wiesen eine höhere Toleranz gegenüber physischen Schmerzen auf als Studierende, die einen Text

WEIT VERBREITET

62 %

Laut dem Stressreport der American Psychological Association von 2017 befürchten 62 Prozent der Amerikaner, in den nächsten paar Jahren **wegen Geldsorgen** unter Druck zu geraten.

SCHULDGEFÜHLE?

Die Lebenshaltungskosten in den USA sind laut der Website nerdwallet.com in den letzten Jahren schneller gestiegen als das mittlere Einkommen der Haushalte. Wer bereits damit angefangen hat, seine Ausgaben zu senken, aber immer noch verschuldet ist, für den heißt das nun keineswegs, dass er nicht sparen könnte – womöglich sind die Umstände einfach widriger. So berichtete die American Psychological Association 2017: »Amerikaner mit niedrigerem Einkommen berichten überproportional häufig von höherem Stress.«

lasen, der die Instabilität des Arbeitsmarktes herausstellte.

■ **Das Ausmaß des Schmerzes,** von dem wir berichten, korreliert sowohl mit dem Ausmaß der eigenen finanziellen Unsicherheit als auch der nationalen ökonomischen Unsicherheit.

Eine amerikanische Studie zeigte 2004, dass Arthritispatienten in Zeiten finanzieller Unsicherheit verstärkt unter gesundheitlichen Problemen litten. Geldsorgen können für manche Menschen zu einer chronischen Belastung werden, die die körperliche und psychische Gesundheit angreift.

Was tun?
Wenn Sie Schulden haben, sollten Sie zunächst eine problemfokussierte Copingstrategie anwenden:

✔ **Machen Sie einen Plan.** Sie sind nicht allein. Wenden Sie sich an eine Schuldnerberatung,

SCHULDEN BEI MEHREREN GLÄUBIGERN TILGEN

Sie schulden mehreren Gläubigern Geld? Dann ist es wichtig, einen kühlen Kopf zu bewahren und bei Ihren Berechnungen die Zinsraten mit einzukalkulieren. Teilnehmer einer amerikanischen Studie, die 2011 in einem simulierten Setting mit mehreren Gläubigern und unterschiedlichen Zinssätzen konfrontiert wurden, gerieten so unter Stress, dass ihr Urteilsvermögen litt. Die Forscher empfahlen für eine solche Situation folgende Strategie:

1 **Bedienen Sie jeden Kredit mit der jeweiligen Mindestrate,** um Strafzinsen zu vermeiden.

2 **Nutzen Sie das verfügbare Geld,** um zuerst den Kredit mit dem höchsten Zinssatz abzulösen.

3 **Wenn der teuerste Kredit abgezahlt ist,** lösen Sie die Zahlungsverpflichtung mit dem zweithöchsten Zinssatz ab.

4 **Tilgen Sie** nach diesem Muster Stück für Stück einen Kredit nach dem anderen.

Die Studienteilnehmer verfolgten diese Strategie nicht: Sie alle verteilten ihr Geld auf mehrere Gläubiger, zahlten dadurch insgesamt höhere Zinsen und hatten schließlich noch mehr Schulden. Fazit: Lassen Sie sich durch Schuldenstress nicht zu irrationalen Handlungen hinreißen, sondern rechnen Sie sich die Sache durch und handeln Sie, wie oben beschrieben.

die Sie dabei unterstützt, aus der Schuldenfalle herauszukommen.
✔ **Teilen Sie Ihr Geld ein.** Verfolgen Sie, wo es hinfließt, überlegen Sie, was Sie weglassen oder billiger erwerben können. Bei Bedarf führen Sie ein (digitales) Haushaltsbuch.
✔ **Zahlen Sie bar** statt mit der Bank- oder Kreditkarte. Auf diese Weise geben Sie nicht mehr aus,

als Sie haben (achten Sie auf den Stückelungseffekt; siehe S. 89).

Robert Leahy vom American Institute for Cognitive Therapy empfiehlt darüber hinaus, das eigene Selbstwertgefühl nicht von Geld abhängig zu machen und sich so viele schöne Erlebnisse zu gönnen wie möglich, um den psychischen Druck zu lindern.

GRENZEN SETZEN
SO BEHAUPTEN SIE SICH

Kaum etwas ist schwerer zu ertragen als das Gefühl, man habe den Forderungen anderer nichts entgegenzusetzen. Wer das gut kennt, sollte an seinem Durchsetzungsvermögen arbeiten.

Wenn Stress bedeutet, den Anforderungen des Lebens nicht gewachsen zu sein, müssen wir dafür sorgen, dass sich diese in einem erträglichen Rahmen bewegen. Doch was tun, wenn es einem schwerfällt, anderen zu sagen, dass man schon genug zu tun hat und nicht noch mehr übernehmen kann? Da hilft nur eines: Lernen Sie, sich zu behaupten.

Die Angst vor Aggression

Manche Menschen finden es eher schwierig, anderen Grenzen zu setzen, weil sie Angst haben, dass ein Nein aggressiv wirken könnte. Doch Aggression und Durchsetzungsvermögen sind nicht dasselbe.

- Aggressives Verhalten ist ganz auf Sieg gerichtet. Die Rechte, Gefühle und Bedürfnisse des »Verlierers« werden dabei mit den Füßen getreten.
- Selbstbehauptung zielt auf Fairness. Wer sich durchsetzen kann, bemüht sich anzuerkennen, dass auch andere Menschen Rechte haben. Er geht

ÜBERZEUGUNGSKRAFT

Vermeiden Sie beim Ablehnen einer Bitte jede Andeutung, dass Sie würden, wenn Sie könnten. Eine US-Studie zeigte 2012, dass ein **»Ich werde nicht«** achtmal eher akzeptiert wird als ein »Ich kann nicht«.

auf deren Wünsche nur dann nicht ein, wenn es unmöglich oder unvernünftig wäre, sie zu erfüllen.

Falls Schuldgefühle in Ihnen aufsteigen, wenn Sie Nein sagen, rufen Sie sich ins Gedächtnis, dass das Ringen um ein faires Ergebnis nicht aggressiv, sondern angemessen ist.

Selbsterkenntnis

Sie wirken auf andere wahrscheinlich weniger aggressiv, als Sie glauben. Das gilt vor allem, wenn Sie nur mit Bauchschmerzen auf Ihre Bedürfnisse pochen. So wurden beispielsweise Teilnehmer einer 2014 durchgeführten amerikanischen Studie, die befürchteten, übermäßig aggressiv zu wirken, von anderen als »angemessen selbstbewusst« eingestuft. Allerdings hielten 64 Prozent der übermäßig selbstbewussten Teilnehmer sich für angemessen selbstbewusst oder gar für nicht selbstbewusst genug. Es erscheint also ratsam, ein paar enge Freunde oder Kollegen zu fragen, wie selbstbewusst man auf andere wirkt.

DIE PERFEKTE BALANCE

Stellen Sie sich vor, jemand bittet Sie um einen Gefallen, den Sie nicht erfüllen möchten, etwa darum, Ihre Pläne zu ändern, um abends beim Heimwerken zu helfen. Wie ziehen Sie sich aus der Affäre, ohne zu schwach oder gar aggressiv zu wirken? Schließlich sollten beide Parteien am Ende zufrieden sein. Eine selbstbewusste Antwort erzeugt am wenigsten Stress.

SELBSTBEWUSST
Ich gewinne – du gewinnst

Beispiel: »Tut mir leid, ich würde gerne helfen, aber es geht heute Abend nicht.«
Mögliches Ergebnis: Sie haben eine vernünftige Grenze gesetzt.

AGGRESSIV
Ich gewinne – du verlierst

Beispiel: »Du machst Witze, nicht nach einem solchen Tag!«
Mögliches Ergebnis: Sie verletzen Ihr Gegenüber und werden in Zukunft vielleicht weniger unterstützt.

PASSIV
Ich verliere – du gewinnst

Beispiel: »Also gut – wenn du mich wirklich brauchst.«
Mögliches Ergebnis: Sie fühlen sich überfordert, gestresst und sind wütend.

PASSIV-AGGRESSIV
Ich verliere – du verlierst

Beispiel: »Ich bin so müde, aber wenn es sein muss. Ich habe ja zugesagt, also tue ich es.«
Mögliches Ergebnis: Ihr Gegenüber ist genervt, Ihnen fehlt Wertschätzung.

Üben, üben, üben

Wie lässt sich das Durchsetzungsvermögen verbessern?
- Fangen Sie klein an. Lernen Sie zunächst, sich bei unwichtigen Dingen zu behaupten.
- Üben Sie laut vor einem Spiegel oder mit einem guten Freund, um sich an die neuen Formulierungen zu gewöhnen (siehe oben rechts).

- Denken Sie daran, dass Sie das Recht haben, Ihre Bedürfnisse durchzusetzen.

Durchsetzungsvermögen ist eine Fähigkeit, die sich durch Üben verbessern lässt. Im Lauf der Zeit sollte Ihnen das Neinsagen leichter fallen, sodass Sie seltener in entsprechende Situationen geraten oder sich im Fall des Falles besser behaupten können. Beides wirkt entlastend.

MIT DEN RICHTIGEN WORTEN

Wie formuliert man eine selbstbewusste Antwort? Schwache Sätze klingen nicht überzeugt, starke Sätze sind höflich und schließen Diskussionen über das Gesagte aus.

SCHWACH
- ✖ Ich bin mir nicht sicher, ob ich einverstanden bin …
- ✖ Muss ich wirklich …
- ✖ Ich würde lieber nicht …

STARK
- ✔ Ich kann deine Perspektive nachvollziehen, finde aber, dass …
- ✔ Ich denke, das wird schwierig werden – lass uns einen Termin festlegen, um andere Möglichkeiten zu erörtern …
- ✔ Ich schätze Ihr Angebot, aber das ist wirklich nicht mein Ding …

DREI SCHRITTE ZUM NEIN

Um sich gegen jemanden zu wehren, dessen Verhalten Sie missbilligen, senden Sie drei Ich-Botschaften, anstatt eine Anklage zu formulieren.

1 **Beschreiben Sie** das Verhalten Ihres Gegenübers.

2 **Beschreiben Sie** die Gefühle, die das bei Ihnen auslöst.

3 **Äußern Sie eine Bitte** (höflich, aber bestimmt).

Beispiel: »Wenn du dich über meinen Akzent lustig machst, ist mir das unangenehm. Bitte hör auf, mich damit zu ärgern.«

SAG, WAS DU WILLST
BEDÜRFNISSE FORMULIEREN

Stress kann durch zu hohe Anforderungen ausgelöst werden – aber auch durch unerfüllte Wünsche. Eigene Vorstellungen und Bedürfnisse benennen zu können ist für das Wohlbefinden von grundlegender Bedeutung.

Sind Sie ausreichend selbstbewusst, um Ihre Bedürfnisse auch dann zu artikulieren, wenn Ihr Gegenüber mauert oder Sie kritisiert, oder versetzt schon der Gedanke an eine entsprechende Situation Sie in Stress?

Andere herausfordern

Manchen Menschen fällt es schwer, für ihre eigenen Bedürfnisse einzutreten. Der amerikanische Psychologe Nando Pelusi ist der Ansicht, dass menschliche Interaktionen sich immer im Spannungsfeld von Über- und Unterordnung abspielen und die meisten Menschen sich hierbei in die untergeordnete Position begeben. Einen Wunsch zu artikulieren kann uns vorkommen wie ein Angriff auf den Status unseres Gegenübers. Pelusi nennt das »Neanderthink« – ein primitiver Instinkt, der in der modernen Welt keinen Platz mehr hat.

Sein Rat für das Vorgehen in solchen Momenten:

- Akzeptieren Sie, dass es Ihnen vielleicht peinlich ist, genau das zu tun, was Sie für richtig halten, oder um etwas zu bitten. Üben Sie sich darin, dieses Unbehagen auszuhalten.
- Seien Sie sich klar über Ihre Vorlieben.
- Seien Sie höflich und vernünftig: Bitten sollten nicht zu aggressiv formuliert werden.
- Akzeptieren Sie, dass es Ihnen zusteht, um etwas zu bitten, und dass andere das Recht haben, Ihre Bitte abzulehnen.
- Lassen Sie sich genug Zeit, um über Fragen, die an Sie gerichtet werden, nachzudenken.

Tricks aus dem Arbeitsleben

In einer 2015 publizierten ägyptischen Studie wurde untersucht, wie sich Selbstbehauptungstrainings auf Psychiatriepflegekräfte auswirkten. Dieser Beruf erfordert das Ausbalancieren eigener und fremder Bedürfnisse sowie einen ruhigen Umgang mit Kritik. Als nützlich erwiesen sich zum Beispiel diese Techniken:

- Ein schlichtes Nein ruhig wiederholen, und zwar unabhängig davon, was gesagt wurde.
- Bei unklaren oder unangenehmen Situationen um mehr Informationen bitten.
- Darauf bestehen, aggressive Diskussionen abzubrechen und sie erst fortzuführen, wenn sich alle Beteiligten beruhigt haben.

- Bei konstruktiver Kritik selbstbewusst eigene Fehler einräumen.
- Bei feindseligen Attacken jenen Teil der Kritik, den man akzeptieren kann, bejahen, ohne irgendein Versprechen zu machen.

Die Pflegekräfte setzten dieses Konzept im Arbeitsalltag ein. Sie stellten fest, dass ihr Selbstwertgefühl signifikant stieg und ihr Stresslevel sank.

ANGST VOR DER EIGENEN COURAGE?

Manchmal kostet Schweigen mehr Kraft, als für die eigenen Wünsche einzutreten. Dennoch trauen sich viele nicht zu sagen, was sie wollen. Üben Sie in einfachen Situationen, in denen wenig auf dem Spiel steht, sich Gehör zu verschaffen.

	Sagen Sie einer Freundin, dass Sie ein Talent oder eine Tugend an ihr schätzen.	»Dass du an Spendenläufen teilnimmst, finde ich wirklich beeindruckend.«
	Bitten Sie bei einer Bestellung im Restaurant um eine kleine Extrawurst.	»Eis, aber keine Zitrone, bitte.«
	Wenn Ihnen an einem Fremden etwas positiv auffällt, sagen Sie es ihm.	»Hey, toller Hut! Wo haben Sie den her?«
	Schildern Sie einer Buchhändlerin selbstbewusst Ihre Lesevorlieben und bitten Sie um eine Empfehlung.	»Ich liebe historische Thriller. Können Sie mir ein Buch empfehlen?«
	Denken Sie daran, Ihre Kollegin zu loben, wenn Sie eine Aufgabe gut gemacht hat.	»Dem schwierigen Kunden hast du wirklich elegant den Wind aus den Segeln genommen.«
	Wenn Sie jemandes Geschmack oder Talent bewundern, bitten Sie um nähere Hinweise.	»Ich würde gerne mehr von der Musik hören, die du gestern gespielt hast – womit fange ich da am besten an?«

Indem Sie Dinge beschreiben, die Sie mögen, schulen Sie Ihre Fähigkeit, auf entspannte Weise über Ihre Vorlieben und Wünsche zu sprechen – eine gute Ausgangsbasis, um für sich einzustehen.

DARF ICH SIE UM EINEN GEFALLEN BITTEN?

2016 bat die Psychologin Vanessa Bohns Freiwillige, Fremde zu fragen, ob sie ihnen ihr Handy ausleihen würden, und zu schätzen, wie viele Versuche nötig sein würden, um drei positive Antworten zu bekommen.

3 von 10

Die Freiwilligen schätzten, dass sie zehn Personen fragen müssten – sie gingen also von einer **70-prozentigen Ablehnungsrate** aus.

3 von 6

Sie mussten aber nur sechs Leute fragen – eine **50-prozentige Zustimmungsrate**.

BLEIB MIR VOM LEIB!

MIT UMGEBUNGSSTRESS UMGEHEN

Ob Sie an einer lauten Straße wohnen oder täglich in einen überfüllten Bus steigen – jede Verletzung der Privatsphäre verursacht Stress. Wie lassen sich Auswirkungen von Umgebungsstress in den Griff kriegen?

Mehr als volle Zugabteile, dicht bevölkerte Stadtviertel, Großraumbüros und verstopfte Straßen: Immer häufiger finden wir uns inmitten von Menschen wieder, deren Nähe wir nicht gesucht haben. Das zerrt an unseren Nerven.

Zur Ruhe kommen

Die amerikanische Psychologin Sally Augustin hält es für wichtig, zu kontrollieren, wie nahe wir die Außenwelt an uns heranlassen. Um Distanz zu gewinnen, empfiehlt sie folgende Maßnahmen:

- **Gehen Sie in die Natur** – und wenn es der Stadtgarten, der Zoo oder ein Park ist –, um Ihre Batterien wieder aufzuladen.
- **Sorgen Sie für Privatsphäre am Arbeitsplatz.** Lärm stört die Konzentration und erhöht die Anspannung. Arrangieren Sie Möbel, Pflanzen und Gegenstände im Hinblick auf optimalen Sicht- und Schallschutz.
- **Verbessern Sie die Raumakustik zu Hause,** indem Sie den Schall mit Kissen, Vorhängen und Teppichen dämpfen.

Leider besetzt!

Laut einer amerikanischen Studie aus dem Jahr 2012 wenden wir in

> **Privatsphäre** ist ein wesentliches menschliches Bedürfnis.
>
> **Sally Augustin**
> Amerikanische Psychologin

ZU ENG, ZU NAH

Warum fühlen wir uns so unwohl, wenn wir mit vielen anderen Menschen zusammengepfercht sind? Der amerikanische Psychologe Robert Feldman bietet drei Erklärungsansätze an, aus denen sich drei Lösungsmöglichkeiten ergeben.

Worin besteht das Problem?	Mögliche Lösung
Zu viele Eindrücke prasseln auf mich ein. In überfüllten Räumen nehmen wir Stimmen, Körperwärme und Gerüche besonders intensiv wahr. Da unsere Sinne sehr viele unkontrollierbare Informationen auf einmal verarbeiten müssen, fühlen wir uns gestresst.	**Versuchen Sie,** möglichst viele Informationen auszublenden. Schließen Sie die Augen, setzen Sie Kopfhörer auf, hören Sie Musik oder tragen Sie ein Duftsäckchen bei sich.
Ich fühle mich schutzlos. Kommen fremde Menschen uns zu nah, fühlen wir uns bedroht, denn würden sie uns angreifen, wären wir ihnen ausgeliefert.	**Wenn Sie sich verkrampfen** oder Panik verspüren, lassen Sie den Atem ganz ruhig fließen (siehe S. 128–129). Wirkt das Gegenüber nicht bedrohlich, fokussieren Sie sich auf Entspannung.
Jemand rückt mir auf die Pelle. Wir halten gerne Abstand zu Menschen, die wir nicht gut kennen, denn körperliche Nähe schafft Intimität – in diesem Fall mehr, als uns lieb ist.	**Kommt Ihnen jemand zu nah,** umgeben Sie sich mit einem imaginären Schutzschild (siehe rechts).

öffentlichen Verkehrsmitteln allerlei Tricks an, um andere davon abzuhalten, sich neben uns zu setzen.

Passiv
- Augenkontakt vermeiden.
- Musikhören über Kopfhörer und vorgeben, nichts zu hören, wenn jemand fragt, ob der Platz neben einem noch frei ist.
- So tun, als würde man schlafen.

Aggressiv
- Sich ausstrecken, um mehr Raum einzunehmen.

- Den Nachbarsitz mit Gepäck vollstellen.
- Behaupten, der Platz sei schon besetzt.

Es zeigte sich, dass Menschen jeden Alters, jeder Rasse und Schicht sich manchmal so verhalten. Wenn Sie erschöpft sind und Ruhe brauchen, greifen Sie bevorzugt zu einer passiven Methode. Und lenken Sie ein, wenn jemand sich neben Sie setzen möchte. Wenn Sie auf Konfrontation gehen, müssen Sie mit einer eher harschen Reaktion rechnen.

⊘ DER IMAGINÄRE SCHUTZSCHILD

Laut der amerikanischen Psychotherapeutin Deb Elkin können wir uns in überfüllten Räumen besser entspannen, wenn wir den Körper mit einem imaginären Schutzschild umgeben, den wir je nach Situation unterschiedlich ausgestalten. Probieren Sie es aus!

- Ist der Schild aus Licht, Marmor oder Ketten?

- Ist er schwer und fest oder dünn und flexibel?

- Ist er aus Gold oder Silber oder aus Eisen?

- Ist er verziert?

- Hat er Stacheln?

Lassen Sie der Fantasie bei der Gestaltung Ihres Schilds freien Lauf; er stärkt Ihre Kontrollüberzeugung.

ERHOLUNG IM GRÜNEN
RAUS IN DIE NATUR

Viele der Menschen, die in überfüllten Städten leben oder in einem lauten Umfeld arbeiten, leiden unter Umgebungsstress. Bei einem Waldspaziergang können sie zur Ruhe kommen.

In den 1970er-Jahren machte ein Krankenhaus in Pennsylvania eine berühmt gewordene Entdeckung. In bestimmten Räumen hatten frisch operierte Patienten weniger Schmerzen und genasen schneller als in anderen Zimmern. Wie ließ sich das erklären? Durch den heilsamen Einfluss der Natur: Jene Patienten, denen es besser ging, sahen auf Bäume, wenn sie aus dem Fenster schauten. Ganz egal, wo wir leben: Die Natur kann positive Wirkung auf unser Wohlbefinden haben.

Heilsame Effekte

Bewegung im Grünen ist gesund, und zwar für Körper und Psyche gleichermaßen (siehe S. 152–155). Doch schon das Betrachten einer natürlichen Landschaft hat nachweislich heilsame Effekte:

- Die Herzgesundheit verbessert sich. Eine kanadische Studie aus dem Jahr 2015 ergab, dass Bäume sich extrem positiv auf die Gesundheit von Stadtbewohnern auswirkten. Die Häufigkeit von Herz-Kreislauf-Erkrankungen sank signifikant.
- Kinder, die gemobbt wurden oder in schwierigen Verhältnissen aufwuchsen, bekamen es laut einer amerikanischen Studie aus dem Jahr 2003 mit stressbedingten Gesundheitsproblemen zu tun – es sei denn, sie lebten im Grünen.
- An Brustkrebs erkrankte Frauen litten laut einer amerikanischen Studie aus dem Jahr 2003 weniger unter Stress und waren psychisch stabiler, wenn sie sich zweimal pro Woche zwei Stunden lang in der Natur aufhielten.

DER KLANG DER NATUR

2013 bat die schwedische Psychologin Matilda Annerstedt Freiwillige zu einem Stressinterview. Sie erlaubte ihnen dann, sich in einem schlichten Raum, einem virtuellen Wald ohne Geräusche oder einem virtuellen Wald mit natürlichen Klängen zu erholen. Bei den Probanden, die sich im dritten Raum aufhielten, sanken Stresshormonspiegel und Herzfrequenz am schnellsten auf Normalwerte. Statt einen Waldspaziergang zu unternehmen, können Sie also auch die Augen schließen und einer Aufnahme mit Klängen aus der Natur lauschen.

Baden in Waldluft

Eine populäre japanische Stresstherapie aus den 1980er-Jahren empfiehlt »shinrin-yoku« – das »Baden in Waldluft«. Denn das Spazieren im Wald senkt laut Versuchsergebnissen beispielsweise den Cortisolspiegel. Wenn Sie unter Stress leiden, halten Sie sich öfter zwischen Bäumen, im Park oder Garten auf.

Die amerikanischen Umweltpsychologen Rachel und Stephen Kaplan entwickelten ebenfalls in den 1980er-Jahren die sogenannte Attention Restoration Theory. Sie besagt, dass wir in Städten immerfort wachsam sein müssen und unsere Aufmerksamkeit ständig zwischen unterschiedlichen Informationsquellen oder Gegenständen wie Ampeln, heranfahrenden Autos und Neonreklame hin und her springt. In der Natur hingegen können wir Muße oder »sanfte Faszination« erfahren und unsere Energiespeicher auffüllen.

Kontemplation

Neuere Forschungsergebnisse bestätigen die langfristigen positiven Auswirkungen der Natur auf die psychische Gesundheit. Im schottischen Edinburgh wurden 2013 gesunde Probanden gebeten, für eine Studie eine halbe Stunde lang mit einem mobilen EEG-Gerät entweder durch die Stadt oder durch einen Park zu spazieren. Während die Gehirne der Stadtspaziergänger Stress- und Frustrationssignale sendeten, ließ die Gehirnaktivität der Parkspaziergänger auf einen Zustand unangestrengter Aufmerksamkeit schließen, wie man ihn beim Meditieren erreicht (siehe S. 132–135). Dieses Ergebnis wurde durch eine ganz ähnliche amerikanische Studie aus dem Jahr 2015 bestätigt.

Fazit: Sich in der Natur aufzuhalten beruhigt den Geist. Ob dabei das Aufrechterhalten der psychischen Gesundheit oder die Flucht vor Reizüberflutung im Vordergrund steht, spielt keine Rolle.

✓ THEMENSPAZIERGÄNGE

Eine amerikanische Studie von 2015 zeigte, dass gestresste Erwachsene sich nach mehreren Gehmeditationen in einem Ziergarten, bei denen sie an bestimmten Stellen über ein bestimmtes Heilungskonzept nachsannen, signifikant wohler fühlten. Vielleicht haben Sie Lust, bei Ihrem nächsten Spaziergang im Grünen über eines der genannten Themen nachzudenken.

ACHTSAMKEIT

REFLEXION

MÖGLICHKEIT

VERGEBUNG   FREUDE   WANDEL

DANKBARKEIT   VERBUNDENHEIT

REISE   FREIHEIT

VERTRAUEN

MUSIK UND STILLE

HEILSAME KLÄNGE

Die Forschung ist sich einig: Entspannende Musik lindert Stress. So bestätigte beispielsweise eine große kanadische Metastudie 2013, dass Musik nicht nur den Stresslevel senkt, sondern auch die Immunabwehr ankurbelt. Schlichtes Musikhören linderte die Angst vor einer Operation besser als Medikamente. Wie können wir die Kraft der Musik für uns nutzen?

✅ WELCHER MUSIKSTIL?

In der Forschung schwört man auf die beruhigende Wirkung klassischer Musik. Amerikanische Studien aus den Jahren 2004 und 2008 ergaben, dass Probanden sich bei klassischer Musik besser entspannten als bei Jazz, Pop oder Heavy Metal. Am wichtigsten war jedoch, dass sie selbst auswählten, was sie hören wollten. Psychologen sind sich einig, dass es bereits entspannend wirkt, selbst in der Hand zu haben, welche Musik es im Moment sein soll.

Wenn Sie das Bedürfnis nach Ruhe oder Ablenkung verspüren, versuchen Sie es einmal mit Musik: Hören Sie einen Lieblingssong. Oder genießen Sie einen Moment der Stille. Beide Varianten sind ideale Stresspuffer.

> Wenn ich Musik höre, **fürchte ich keine Gefahr.** Ich bin unverwundbar.
>
> **Henry David Thoreau**
> Amerikanischer
> Schriftsteller, 1857

WELCHES TEMPO?

Laut einer deutsch-amerikanischen Studie aus dem Jahr 2015 gibt es mehrere ideale Tempi. Damit das Gehirn in einen Zustand der Ruhe und Entspannung gelangen kann, dürfen wir ihm nur eine begrenzte Anzahl komplexer Informationen pro Zeiteinheit zumuten. Welches Tempo am beruhigendsten wirkt, hängt von der Komplexität des Rhythmus ab. Besonders entspannend wirken laut der Studie die folgenden Tempi:

- Bei einfachen Rhythmen: 160,8 Beats pro Minute
- Bei moderat komplexen Rhythmen: 125,0 Beats pro Minute
- Bei komplexen Rhythmen: 113,6 Beats pro Minute

Die meisten Menschen nehmen instinktiv wahr, ob eine Musik sie entspannt oder nicht. Wenn Sie nach passenden Titeln suchen, halten Sie sich an folgende Faustregel: Je komplexer der Rhythmus, desto langsamer das Tempo.

60 %

Bei **Sportlern,** die 2010 an einer indischen Studie teilnahmen, **sank** der Spiegel des Stresshormons **Cortisol um 60 Prozent,** wenn sie vor einem Wettkampf beruhigende Musik hörten.

DIE KRAFT DER STILLE

Wie aber wirkt die Stille auf uns? Ein paar Studien ergaben, dass einige Musikarten die Entspannung mehr fördern als Stille. 2005 stellte der italienische Arzt Luciano Bernardi aber fest, dass Herzfrequenz, Blutdruck und Atmung von Probanden, die er mit unterschiedlichsten Musikstilen beschallt hatte, in den Pausen zwischen den Stücken besser zur Ruhe kamen als während der Musik – und dass der Kontrast zwischen Schall und Stille die Wirkung der Stille noch verstärkte.

SELBST MUSIZIEREN

Wirkt es auch beruhigend, selbst zu musizieren? Die Antwort der Forschung auf diese Frage ist ein klares Ja. Auf das Können kommt es dabei allerdings nicht an. Wenn Sie Musik machen, um abzuschalten, überlassen Sie sich ohne jedweden Erwartungsdruck einfach ganz Ihrer Kreativität. Anstatt ein schwieriges Instrument zu erlernen oder komplexe Stücke zu erarbeiten, improvisieren Sie lieber zum Spaß auf einem Instrument, das sich leicht spielen lässt, zum Beispiel einem digitalen Keyboard. So können Sie sich entspannen, ohne einen Gedanken an Ihre Leistung zu verschwenden.

IM CHOR SINGEN

Wenn Sie gerne singen, treten Sie einem Chor bei: Eine britische Studie kam 2016 zu dem Ergebnis, dass aktive Chormitglieder einen niedrigeren Cortisolspiegel und ein gesünderes Immunsystem hatten als die Teilnehmer der Vergleichsgruppe. Die Chormitglieder, die 2005 bei einer kanadischen Studie untersucht wurden, profitierten unabhängig von ihrer Erfahrung oder Übung vom gemeinsamen Singen. Suchen Sie sich also einen Chor, der Ihnen zusagt, und haben Sie Spaß.

STRESS- PROPHYLAXE

Musik kann die Stressbelastung vor einem wichtigen Ereignis – zum Beispiel vor einer Rede oder einer Prüfung – verringern. Im Jahr 2013 wurden im Rahmen einer internationalen Studie 60 gesunde Freiwillige einem standardisierten Stresstest (dem Trier Social Stress Test; TSST) unterzogen, nachdem sie sich entweder bei Stille, beim Klang plätschernden Wassers oder bei klassischer Musik (bei Allegris berühmtem meditativem Choral »Miserere«) hatten entspannen können. Während des Stresstests mussten sie schwierige Aufgaben vor desinteressiert wirkenden Prüfern lösen. Im Verlauf dieser Prüfungssituation gerieten alle Probanden unter Druck, doch diejenigen, die zuvor Musik gehört hatten, entspannten sich nach dem Test schneller als die anderen.

STRESS UND ALTER
DIE SPÄTEN LEBENSABSCHNITTE

Sind ältere Menschen gelassener als jüngere? Sie müssen ja ebenso mit Stress fertigwerden. Das Wichtigste sind zuverlässige Bewältigungsstrategien, die auch dann funktionieren, wenn sich die Perspektive ändert.

Je älter wir werden, umso mehr machen uns körperliche Gebrechen zu schaffen. Emotionale Fähigkeiten bleiben uns normalerweise erhalten. Es ist sogar belegt, dass wir mit zunehmendem Alter resilienter werden.

Bei Verstand bleiben
Die Alterungsprozesse beeinflussen unser Gehirn: Durchschnittlich verliert es nach dem 40. Lebensjahr alle zehn Jahre etwa fünf Prozent an Gewicht. Sinkt folglich mit zunehmendem Alter auch unsere Problemlösungskompetenz?

Das ist laut einer 2011 publizierten Studie offenbar nicht so. Im Fokus standen die problem- und emotionsfokussierten Copingstrategien von 20- bis 90-Jährigen. Zwar arbeitete bei den älteren Teilnehmern das Arbeitsgedächtnis etwas langsamer und auch die Geschwindigkeit der mentalen Verarbeitung war herabgesetzt, doch die Teilnehmer waren – außer im Fall klinischer Demenz – immer noch in der Lage, problemfokussierte Bewältigungsstrategien einzusetzen. Das Alter wirkte sich nicht negativ auf ihre Fähigkeit aus, Probleme zu bewältigen.

11,5 %

2016 gaben bei einer Studie ein Drittel der über 50-Jährigen an, sie würden im Alter wohl **einsam** sein. Acht Jahre später fühlten sich auch **11,5 Prozent so.** Fazit: Das Risiko für Einsamkeit im Alter sinkt, wenn statt einer solchen Annahme eine **positivere** Haltung besteht.

Eine brasilianische Studie von 2009 ergab, dass ältere Probanden mehr problemfokussierte als emotionsfokussierte Copingstrategien einsetzten. Sie wollten ein Problem eher lösen, statt es hinzunehmen. Beide Methoden erwiesen sich als effektiv bei der Bewältigung von Stress.

Weniger Stress?
1996 wurde in den USA eine Studie über das Altern und Copingstrategien durchgeführt. Die älteren Probanden berichteten über weniger Probleme im Umgang mit Stress. Ihr Leben verlief relativ ruhig und sie hatten mehr chronischen als episodischen Stress, etwa nach einer Krankheit. Der ließ sich mit emotionsfokussierten Copingstrategien (»Was man nicht heilen kann, muss man ertragen«) besser bewältigen als mit Klagen. Ältere sind zudem geübter darin, Probleme vorab zu vermeiden.

Forschungen belegen, dass wir im Alter resilienter werden. Wenn aber ein Problem zu lösen ist, setzen ältere Menschen ihr Urteilsvermögen genauso effektiv ein wie jüngere.

⊘ SELBSTFÜRSORGE IM ALTER

Ärzte und Psychologen stimmen überein, dass die folgenden Strategien ein entspannteres Altern ermöglichen:

- **Pflegen Sie soziale Kontakte.** 2014 bestätigte ein wissenschaftlicher Artikel aus Indien, dass Einsamkeit im Alter zu einer starken Belastung werden kann. Der amerikanische Psychologe John Cacioppo fand heraus, dass sich das Risiko eines vorzeitigen Todes durch gute soziale Unterstützung halbierte.

- **Finden Sie neue Ziele** im Leben. Was bleibt, wenn wir in Rente gehen und die Kinder aus dem Haus sind? Politisches Engagement, Mentoring oder Kreativprojekte können dem Leben neuen Sinn verleihen. Sinnerleben lindert Stress signifikant.

- **Versuchen Sie unabhängig** zu bleiben. Planen Sie für die Zeit, in der Sie hilfsbedürftiger werden, voraus: Ziehen Sie gegebenenfalls in eine barrierefreie Wohnung und/oder eine Wohngegend mit guter Anbindung an öffentliche Verkehrsmittel.

- **Achten Sie auf Ihre Gesundheit.** Mit leichtem Sport, gesunder Ernährung und guter ärztlicher Betreuung können Menschen lange fit und aktiv bleiben.

- **Wenn Sie Ihren Partner/Ihre Partnerin pflegen,** achten Sie darauf, dass Ihre eigenen Bedürfnisse nicht zu kurz kommen.

DEN RUHESTAND PLANEN

Der amerikanische Soziologe Robert Atchley entwickelte eine der wichtigsten psychologischen Theorien für das Alter: Er betrachtet den Ruhestand als fortlaufenden Prozess, nicht als einmaliges Ereignis. Wie jede andere Phase des Lebens geht auch er mit spezifischen Belastungen einher. Sie sind leichter zu bewältigen, wenn wir wissen, was auf uns zukommt.

Phase	Aufgaben	Taktiken zur Stressminderung
1. Kurz vor der Rente	■ Vorkehrungen zur Sicherung der Zukunft treffen ■ Emotionale Loslösung von gewohnten Tagesabläufen	✔ Nehmen Sie eine Finanzberatung in Anspruch. ✔ Schmieden Sie Pläne. ✔ Bleiben Sie mit Ihren Kollegen in Kontakt.
2. Ruhestand	Laut Atchley gibt es drei typische Haltungen zum Ruhestand: ■ Der Ruhestand löst Euphorie aus – wie ein Urlaub. ■ Das Leben im Ruhestand wird sofort zur Routine. ■ Der Ruhestand dient als Anlass, eine Verschnaufpause einzulegen.	✔ Geben Sie nicht zu viel Geld aus, denn wahrscheinlich ist Ihr Einkommen geringer. ✔ Seien Sie sich bewusst, dass diese Phase nicht ewig dauern wird.
3. Ernüchterungsphase	■ Langeweile ■ Verlust der früheren Identität	✔ Entwickeln Sie neue Interessen, und sehen Sie sich als Teil einer Gemeinschaft.
4. Umorientierungsphase	■ Schmieden neuer Zukunftspläne	✔ Informieren Sie sich vor wichtigen Entscheidungen, etwa einem Umzug, über alle Vor- und Nachteile.
5. Stabilitätsphase	■ Einleben in die neue Alltagsstruktur	✔ Stellen Sie sich auf Alltagsprobleme ein.
6. Endphase	■ Nachlassen der Gesundheit	✔ Organisieren Sie eine gute medizinische Versorgung.

ICH BIN FÜR DICH DA

STRESS DURCH HÄUSLICHE PFLEGE

Einen anderen Menschen zu Hause zu pflegen, ob Kind, Elternteil oder Partner, ist sehr belastend. Gefragt sind gute Organisation und psychische Stabilität. Wichtig für die Pflegenden: die eigenen Bedürfnisse nicht vergessen.

Mit der Pflege chronisch Kranker und Behinderter sind viele Menschen beschäftigt, bezahlt oder unbezahlt: In Großbritannien waren es 2015 schätzungsweise sieben Millionen, in den USA 43,5 Millionen. Wer davon betroffen ist, muss eigene Wege finden, die damit einhergehenden Belastungen zu bewältigen.

Überforderung in der Pflege

Pflege ist körperlich und emotional belastend. 2009 zeigten mehrere Studien, dass Mütter autistischer Jugendlicher und junger Erwachsener genauso hohe Cortisolspiegel aufwiesen wie Kampfsoldaten.

Pflegende Angehörige fühlen sich oftmals frustriert. Das ist ganz normal und heißt nicht, dass sie ihre Sache schlecht machen. Im Jahr 2001 berichtete die amerikanische National Family Caregivers Association, dass 90 Prozent der von ihr befragten pflegenden Angehörigen sich engagierter um finanzielle und professionelle Unterstützung bemühten, nachdem sie sich mit ihrer Rolle als Pflegekraft identifiziert hatten (anstatt sich lediglich als »helfende Familienmitglieder« zu betrachten).

83 %

Laut Erkenntnissen der gemeinnützigen Organisation Carers UK empfinden **83 Prozent der Pflegenden** ihre Rolle als belastend.

✅ WAS KANN ICH TUN?

Psychologen und Ärzte empfehlen diese Maßnahmen, um den mit der Pflege verbundenen Stress zu verringern:

- ✔ **Informieren Sie sich über das Krankheitsbild** und finanzielle Unterstützungangebote. Ihre Krankenkasse gibt Ihnen Auskunft darüber.
- ✔ **Teilen Sie Ihre Gefühle mit.** Freunde, Angehörige und Selbsthilfegruppen bieten emotionale Unterstützung, vor allem wenn sie ebenfalls gut informiert sind und nicht urteilen.
- ✔ **Schätzen Sie Ihre Kräfte** und Fähigkeiten realistisch ein und setzen Sie angemessene Grenzen. Sie werden besser mit der Situation fertig, wenn Sie nichts Unmögliches von sich verlangen.
- ✔ **Organisieren Sie sich.** Tragen Sie Termine in einen Kalender ein, setzen Sie Prioritäten und deponieren Sie wichtige Informationen dort, wo sie für alle Beteiligten zugänglich sind.
- ✔ **Nehmen Sie sich Auszeiten.** In Deutschland besteht für Pflegende ein Anspruch auf Urlaub. Die Pflegeversicherung übernimmt während dieser Zeit die Kosten für eine Ersatzpflege.
- ✔ **Praktizieren Sie Entspannungstechniken** wie Meditation (siehe S. 132–135) und/oder Yoga (siehe S. 156–157). Damit stärken Sie Geist und Körper, fördern die Emotionskontrolle und lindern Frustration.

❓ WARNSIGNALE

Stehen Sie kurz vor der totalen Erschöpfung und brauchen dringend eine Ruhepause? Pflegekräfte sind anfällig für Burnout. Experten raten, auf folgende Warnzeichen zu achten:

1 Erschöpfung
»Ich bin zu müde, um das zu erledigen.«

2 Schlaflosigkeit
»Was, wenn sie nachts aufsteht und sich **verletzt?**«

3 Reizbarkeit
»Geh weg und lass mich einfach in Ruhe.«

4 Verleugnung
»Nächstes Jahr wird alles besser.«

5 Wut
»Du könntest mehr, wenn du dich bemühen würdest.«

6 Angst
»Was bringt die Zukunft? Vielleicht schaffe ich das nicht.«

7 Depression
»Das war's im Leben für uns beide.«

8 Sozialer Rückzug
»Ich fühle mich nicht danach, Freunde zu treffen.«

9 Vergesslichkeit
»Oh nein, der Termin war schon gestern, oder?«

10 Gesundheitsprobleme
»Ich fange mir jeden Virus ein, der herumfliegt.«

Sie pflegen jemanden und diese Reaktionen kommen Ihnen bekannt vor? Dann lassen Sie sich vom Arzt untersuchen und informieren Sie sich bei einer Pflegeberatungsstelle oder bei der Pflegekasse über Hilfsangebote.

ALTES LOSLASSEN
WIE VERGEBUNG ENTLASTET

Viele Religionen lehren die Kunst der Vergebung. Auch die Psychologie erkennt darin etwas Heilsames: Unter den richtigen Voraussetzungen kann sie erheblich zu unserer psychischen Entlastung beitragen.

Warum sollten wir jemandem verzeihen, der uns Unrecht getan hat? Ganz einfach: Laut der American Psychological Association trägt Vergebung zu unserer Gesundheit bei. Wer sie aus freien Stücken gewährt, kann Stress signifikant lindern.

Das Vergebensprojekt

Ein Meilenstein auf dem Gebiet der Psychologie des Vergebens ist das Stanford Forgiveness Project, bei dem 1999 eine Reihe von Experimenten durchgeführt wurde. Alle Probanden litten unter einem ungelösten Beziehungskonflikt. Um die heilsamen Effekte von Vergebung zu erleben, mussten sie die Frage »Können Sie sich vorstellen zu lernen, das Problem, das Sie in diese Studie einbringen, anders zu bewerten?« mit Ja beantworten können.

Wenn auch Sie an die Kraft der Vergebung glauben, gehen Sie folgendermaßen vor:

1 Werden Sie sich klar darüber, welche Gefühle das Unrecht, das Ihnen angetan wurde, in Ihnen ausgelöst hat. Vertrauen Sie sich einem verlässlichen Menschen an.

2 Verpflichten Sie sich, der Person, die Ihnen Unrecht getan hat, zu

> Wut ist die **Voraussetzung** für Vergebung.
>
> **Judith Orloff**
> Amerikanische Psychologin

vergeben – im Wissen, dass es dabei um Sie geht, nicht um andere.

3 Begreifen Sie, dass Verzeihen nicht bedeutet, das Verhalten anderer zu billigen.

4 Erkennen Sie, dass das Leid, das Sie erfahren, primär aus Ihren aktuellen Gedanken und Gefühlen resultiert und nicht aus dem geschehenen Unrecht.

5 Wenn Sie sich grämen, praktizieren Sie Stressmanagementtechniken wie Atemübungen (siehe S. 128–129) oder Achtsamkeitsmeditation (siehe S. 132–135).

6 Akzeptieren Sie, dass Sie das Verhalten anderer nicht kontrollieren können. Das Pochen auf allgemeinverbindliche Grundsätze erzeugt nur noch mehr Stress.

7 Denken Sie über Ihre Ziele im Leben nach: Was wollen Sie erreichen? Statt Zeit und Energie in Grübeleien über schlechte Erfah-

DIE KUNST DES VERGEBENS

Vergebung lässt sich nicht erzwingen. Wer noch nicht bereit dazu ist, gerät durch entsprechenden Druck nur noch mehr in Stress. Ein amerikanischer Fachartikel von 2015 formulierte einige Richtlinien für Therapeuten, die ihren Klienten die Kunst des Vergebens vermitteln möchten:

1

Vergebung erfordert eine emotionale Anstrengung. Ein schlichtes »Ich verzeihe« führt kaum dazu, dass sich die Betreffenden besser fühlen.

2

Vergeben heißt nicht vergessen. Auch wenn wir einer Person verzeihen, können wir die Auswirkungen des von ihr verursachten Leids noch spüren. Das Ziel besteht darin, mit diesem Leid Frieden zu schließen.

3

Vergeben bedeutet nicht, auf Wiedergutmachung zu verzichten. Auch wenn Sie jemandem vergeben, können Sie ihn zur Rechenschaft ziehen, etwa indem Sie ihn anzeigen.

4

Vergebung erfordert Zeit. Warten Sie damit, bis Sie sich dazu bereit fühlen.

5

Wut und Groll sind gesunde und normale Reaktionen auf erlittenes Unrecht. Durch Vergebung können sie überwunden werden.

rungen zu stecken, versuchen Sie lieber, Ihre Vorhaben umzusetzen.

8 Denken Sie an die Kraft des Guten, um Verletzungen oder Verluste zu überwinden. Konzentrieren Sie sich auf Liebe, Freundlichkeit und Schönheit, die Sie in der Welt wahrnehmen.

9 Wechseln Sie die Perspektive. Sehen Sie sich nicht als Opfer, sondern als Sieger: Sie haben eine schwierige Situation bewältigt und aus dieser Erfahrung gelernt.

Dieses Konzept funktioniert sogar bei Menschen, die tiefe persönliche Verletzungen erlitten haben. So sank laut einer 2000 publizierten Studie der Stresslevel katholischer und protestantischer Frauen, die im Nordirlandkonflikt Angehörige verloren hatten, innerhalb von sechs Monaten nach dem Erlernen der Technik um 50 Prozent.

Die politischen Konflikte auf der Welt zeigen nur zu gut, dass Rache lediglich zur Eskalation führt. Kein Wunder also, dass schon der chinesische Philosoph Konfuzius zu dem Schluss kam: »Ehe du dich auf einen Rachefeldzug begibst, hebe zwei Gräber aus.«

Anderen zu verzeihen ist nicht einfach. Doch wenn Wut und Missgunst Sie belasten, kann ein systematisches Vergebungstraining Sie stärker und glücklicher machen.

DANKBARKEIT IM ALLTAG

HEILSAM BEI STRESS

Dankbarkeit ist eine echte Tugend – und sie unterstützt bei der Selbstfürsorge. Sie kann uns vor allem dann stärken, wenn die Last, die auf unseren Schultern liegt, einfach zu schwer wird.

Wofür sollen wir dankbar sein, wenn uns der Stress mal wieder übermannt? Es ist schließlich kein Vergnügen, mehr Probleme zu haben, als man bewältigen kann. Doch die Positive Psychologie hat stichhaltige Beweise dafür gefunden, dass das Kultivieren von Dankbarkeit beitragen kann, Stress zu lindern.

Mehr Wohlbefinden

Der amerikanische Psychologe Robert Emmons ist ein führender Dankbarkeitsforscher. Für eine im Jahr 2003 veröffentlichte Studie teilte er Freiwillige in drei Gruppen ein. Dann forderte er sie auf, entweder über neutrale Ereignisse, Alltagsprobleme oder Erfahrungen, für die sie Dankbarkeit empfanden, Buch zu führen. Es zeigt sich, dass die Teilnehmer der »Dankbarkeitsgruppe« sich durch das Aufschreiben wohler fühlten als die Teilnehmer der beiden Vergleichsgruppen.

2008 untersuchte eine britische Studie das emotionale Befinden von

> Gerade in **Krisensituationen** können wir von einer **dankbaren Einstellung zum Leben** am meisten profitieren.
>
> **Robert Emmons**
> Amerikanischer Psychologe
> und Dankbarkeitsforscher

Probanden in einer biografischen Übergangsphase (Studierende im ersten Studienjahr). Diejenigen, die die höchsten Dankbarkeitswerte aufwiesen, fühlten sich sozial besser unterstützt und litten weniger unter Stress und Depressionen als andere Teilnehmer – und das unabhängig von ihren Persönlichkeitsmerkmalen gemäß der Big-Five-Skala (siehe S. 30–31).

Stress überwinden

Dankbarkeit hat noch weitere stressmindernde Effekte:

- **Bei Schlafstörungen** (siehe S. 162–165): Eine britische Studie zeigte 2009, dass dankbare Menschen besser schlafen.

- **Bei quälenden Erinnerungen:** 2008 baten Forscher im Rahmen einer amerikanischen Studie Freiwillige, sich an ein unangenehmes Erlebnis zu erinnern. Sie sollten dann aufschreiben, welche positiven Erkenntnisse sie daraus gewonnen hatten, für die sie dankbar waren. Die Probanden fühlten sich anschließend emotional stabiler (siehe S. 40–41).

- **Bei Beziehungsproblemen:** Das ergab eine amerikanische Studie aus dem Jahr 2011. Die Teilnehmer, die gegenüber einer dritten Person Dankbarkeit für ihren Partner/ihre Partnerin zum Ausdruck gebracht hatten, taten sich leichter als andere, Sorgen anzusprechen und mit ihrem Partner zu kommunizieren (siehe S. 70–73).

✓ DAS RICHTIGE MASS

Dankbarkeit ist natürlich kein Allheilmittel. Die amerikanische Psychologin Amie Gordon warnt vor Übereifer:

- ✖ Setzen Sie sich nicht selbst unter Druck: Sie müssen nicht ständig dankbar sein.

- ✖ Verschwenden Sie Ihre Dankbarkeit nicht an Menschen, die Sie schlecht behandeln.

- ✖ Schieben Sie nicht unter dem Deckmäntelchen der Dankbarkeit Probleme weg, die Sie angehen sollten (siehe S. 140–141).

- ✖ Hüten Sie sich davor, aus lauter Dankbarkeit eigene Erfolge kleinzureden.

- ✖ Verwechseln Sie Dankbarkeit nicht mit Dankesschuld. Sie können dankbar sein, ohne jemandem Dankbarkeit zu schulden.

Kurz: Seien Sie dankbar für das Gute, das Ihnen widerfährt, aber vergessen Sie nicht, Ihre Probleme zu lösen, angemessene Grenzen zu setzen und sich selbst wertzuschätzen.

✏ DAS DANKBARKEITS-TAGEBUCH

Psychologen und Dankbarkeitsforscher empfehlen, ein Dankbarkeitstagebuch zu führen, um auch in Stressphasen das Wohlbefinden aufrechtzuerhalten:

1 **Planen Sie Zeit** für Ihr Tagebuchprojekt ein, aber übertreiben Sie es nicht. Die Dankbarkeitsforscherin Sonja Lyubomirsky stellte fest, dass ein Eintrag pro Woche glücklicher macht als drei Einträge.

2 **Entscheiden Sie sich** bewusst für mehr Dankbarkeit. Je stärker Sie sich Ihrem Projekt verpflichtet fühlen, umso positiver wird sich Ihr Tagebuch auswirken.

3 **Qualität geht über Quantität.** Beschreiben Sie lieber ein Ereignis, das Sie mit Dankbarkeit erfüllt, in allen Details, anstatt viele Erlebnisse kurz zu kommentieren.

4 **Bringen Sie für Menschen mehr Dankbarkeit** auf als für Dinge.

5 **Lassen Sie sich positiv überraschen:** Unvorhergesehenes hinterlässt einen tieferen Eindruck als vorhersehbare Ereignisse.

Denken Sie daran, Probleme zu lösen.

Bringen Sie **Menschen** mehr Dankbarkeit entgegen als Dingen.

KAPITEL 3
STRESS IM MOMENT

STRATEGIEN BEI AKUTER BELASTUNG

PLÖTZLICH IST ALLES ANDERS

STRESS IN ZEITEN DER VERÄNDERUNG

Es leuchtet ein, dass wir unter Druck geraten, wenn sich unser Leben zum Schlimmeren verändert. Überraschenderweise können aber auch erfreuliche Ereignisse Stress erzeugen.

Alles, was den Fluss unseres Lebens unterbricht und Anpassungen erfordert – ob praktischer Art oder in unserer Haltung –, ist eine Herausforderung. Wenn wir glauben, den damit verbundenen Anforderungen nicht gewachsen zu sein, können uns auch positive Ereignisse belasten.

Selbstwertgefühl und Stress

Wer starkem Stress entgehen will, muss davon überzeugt sein, dass das eigene Leben größtenteils so ist, wie es sein sollte. Wenn wir über ein gutes Selbstwertgefühl verfügen, glauben wir im Allgemeinen, dass es uns zusteht, positive Dinge zu erleben; ein schwach ausgeprägtes Selbstwertgefühl führt hingegen dazu, dass es uns schwerfällt zu glauben, dass wir Glück verdienen – so kann auch Gutes zur Stressquelle werden.

Um die Auswirkung von Lebensereignissen auf die Gesundheit zu untersuchen, stellte der amerikanische Psychologe Timothy Strauman Studierenden 2004 drei Fragen:

1 Was für ein Mensch glauben Sie zu sein?

2 Was für ein Mensch wären Sie gern?

3 Was für ein Mensch sollten Sie Ihrer Meinung nach sein?

Anschließend maß er die Menge der für die Infektionsabwehr zuständigen weißen Blutkörperchen, die unter chronischem Stress normalerweise sinkt. Die Antworten einiger Studierender wiesen starke Widersprüche (sogenannte Selbstdiskrepanz) auf, etwa wenn jemand auf die dritte Frage mit »Ich sollte hart arbeiten«, auf die erste aber mit »Ich bin faul« geantwortet hatte. Diese Teilnehmer hatten weniger weiße Blutkörperchen im Blut. Fazit: Der Stress wegen der Selbstdiskrepanz beeinträchtigte ihr Wohlbefinden.

Wenn Ihre Antwort auf Frage 3 lautet: »Ich verdiene keinen Erfolg«, bedeutet jeder tatsächliche Erfolg, dass Sie die erste Frage mit »Ich bin erfolgreich« beantworten müssten. Dadurch entsteht Selbstdiskrepanz, die genauso viel Stress erzeugen kann wie ein Versagen. Studierende, die sowohl ein gutes Selbstvertrauen hatten als auch erfolgreich waren, hatten ein stärkeres Immunsystem als erfolgreiche Studierende mit weniger Selbstwertgefühl.

Was kann ich tun?

Wenn Ihr Selbstwertgefühl fragil ist, empfiehlt es sich, daran zu arbeiten (siehe S. 42–43). Kurzfristig sind folgende Methoden hilfreich:

- **Knüpfen** und pflegen Sie mehr unterstützende Beziehungen.
- **Investieren** Sie Energie in Menschen und Aktivitäten, die Ihre Werte widerspiegeln.
- **Suchen Sie** nach Aktivitäten, die Ihnen helfen, Ihre Gefühle zum Ausdruck zu bringen.
- **Sorgen Sie** dafür, dass Sie ausreichend Schlaf, Nährstoffe und Erholung bekommen.
- **Erinnern Sie sich** an Situationen, die Sie erfolgreich bewältigt haben, und ermitteln Sie Ihre besten Copingstrategien.

⌕ DIE DREI Cs

Der amerikanische Psychologe Salvatore Maddi, Gründer des Hardiness Institutes, glaubt, dass Veränderungen uns zu drei positiven Haltungen auffordern:

Challenge.
Herausforderung: Akzeptieren Sie, dass Stress zum Leben dazugehört, und betrachten Sie Veränderungen als Lernchancen.

Commitment.
Engagement: Bleiben Sie auch in Stresssituationen innerlich beteiligt.

Control.
Kontrolle: Glauben Sie an Ihre Fähigkeit, in jeder Situation das Positive für sich selbst zu sehen.

EINE GESUNDE EINSTELLUNG

1989 veröffentlichten die amerikanischen Psychologen Jonathan Brown und Kevin McGill eine einflussreiche Studie, für die sie 261 Studierende über vier Monate beobachteten. Deren Antworten auf 33 Fragen zeigten, dass positive Lebensereignisse – abhängig vom Selbstwertgefühl – entgegengesetzte Effekte haben können: Die Gesundheit von Studierenden mit positivem Selbstbild verbesserte sich, während Studierende mit mangelndem Selbstwertgefühl häufiger krank wurden.

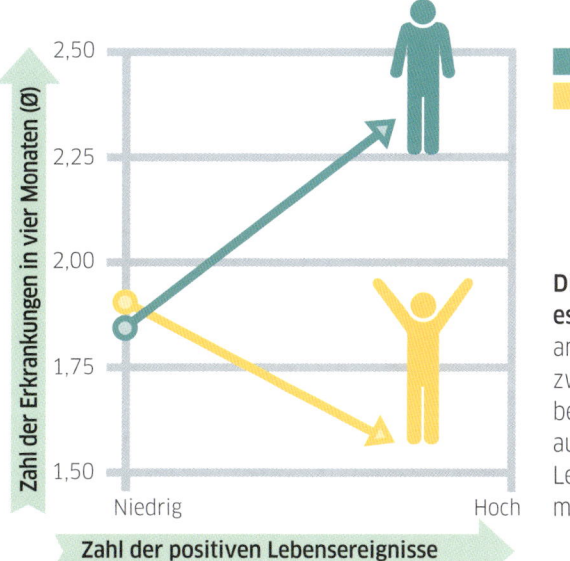

Zahl der Erkrankungen in vier Monaten (Ø)

Zahl der positiven Lebensereignisse

Niedrig — Hoch

2,50 / 2,25 / 2,00 / 1,75 / 1,50

■ Geringes Selbstwertgefühl
■ Hohes Selbstwertgefühl

Die Ergebnisse legen es nahe: Wenn Sie an Ihrem Selbstwert zweifeln, sollten Sie besonders auf sich aufpassen, wenn das Leben es gut mit Ihnen meint.

ANGST ZU VERSAGEN

WENN DER GROSSE TAG NAHT

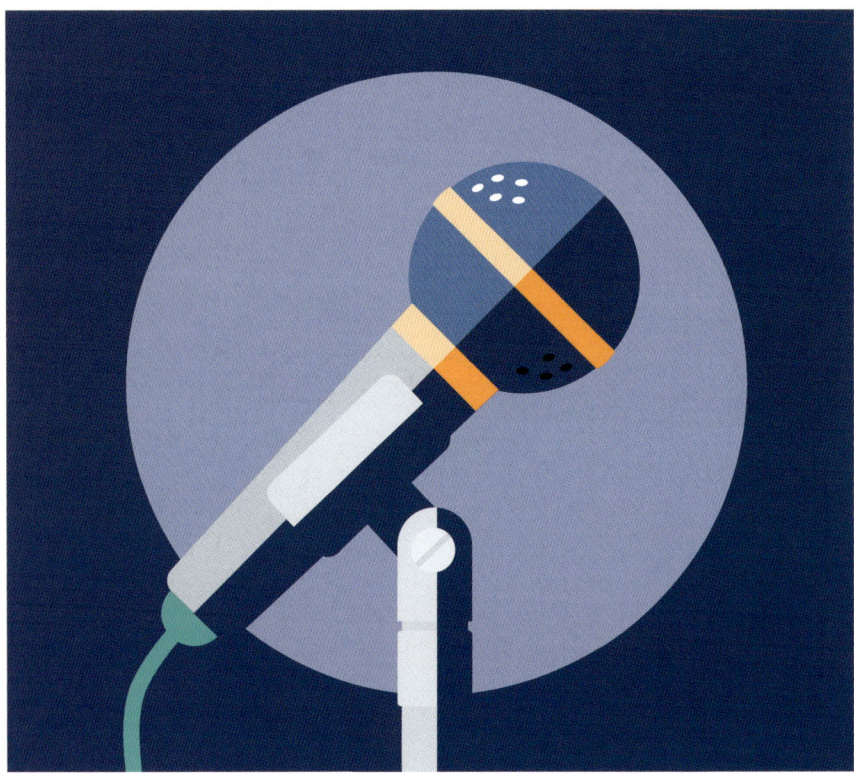

Kennen Sie das Gefühl, im Boden versinken zu wollen, wenn Sie eine Rede halten sollen? Damit sind Sie nicht allein. Auch wenn Versagensangst weit verbreitet ist, sie muss kein Hindernis auf dem Weg zum Ziel sein.

Wohl kaum jemand ist vor einem öffentlichen Auftritt vollkommen entspannt. Manchmal wird die Angst aber so überwältigend, dass sie die Leistung schmälert. Glücklicherweise gibt es Mittel und Wege, die Nerven zu beruhigen und sich zu sammeln.

Die eigene Mitte finden

In den 1970er-Jahren entwickelte der amerikanische Sportpsychologe Robert Nideffer das »Zentrieren«, eine Technik, die sein Kollege Don Greene für Künstler abwandelte. Sie basiert auf der Idee, dass unser Gehirn in zwei Hemisphären aufgeteilt ist: Die linke Hälfte befasst sich mit Logik, Sprache, Planen und Urteilen, die rechte mit Geräuschen, Sinnesempfindungen, Bildern und Gefühlen.

Wenn wir für einen öffentlichen Auftritt üben, nutzen wir den Planungsbereich der linken Hälfte. Um jedoch eine mitreißende Performance abzuliefern, brauchen wir die kreative rechte Gehirnhälfte. Diese lässt sich leider oft von der kritischen linken Hälfte behindern, was Ängste auslösen kann. Wie findet man die richtige Balance?

25 %

Laut einer Umfrage von 2016 fürchten sich 25 Prozent der Amerikaner davor, **vor Publikum** zu sprechen.

Die beste Vorbereitung

Gehen Sie vor, wie im Folgenden dargestellt.

1 Positive Selbstgespräche: Formulieren Sie das, was Sie erreichen wollen, in ermutigenden Sätzen. Statt »Ich hoffe, meine Rede gefällt dem Publikum« sagen Sie sich »Meine Rede wird Klarheit und Kompetenz vermitteln«.

2 Proben vor vertrauten Personen: Üben Sie Ihren Vortrag, ohne ablenkende Laute wie »ähm« zu benutzen.

3 Mentale Bilder (klatschende Zuhörer) oder Merksätze (»Sei mutig«) erinnern Sie daran, dass Sie sich gründlich vorbereitet haben und Ihre Sache gut machen werden.

4 Visualisieren Sie Ihren Auftritt von Anfang bis Ende, um sich auf ihn vorzubereiten.

5 Wenn Sie vor dem Publikum stehen, suchen Sie sich einen Punkt etwas unterhalb Ihrer Augenhöhe, den Sie gut fixieren können. So werden Sie weniger abgelenkt.

6 Bevor Sie beginnen, nehmen Sie einen tiefen Atemzug. Bei Nervosität hält man oft die Luft an, was die Angst noch verstärkt.

7 Nutzen Sie Ihr mentales Bild oder Ihren ermutigenden Satz.

8 Setzen Sie um, was Sie visualisiert haben. Sie haben es schon einmal geschafft und Sie können es wieder schaffen.

 ## WERDEN SIE IHR GRÖSSTER FAN

Versagensangst wird durch negative Selbstgespräche nicht besser. Beobachten Sie, wie Sie mit sich selbst reden. Wenn Sie zu kritisch sind, versuchen Sie, Ihre Gedanken positiv umzuformulieren.

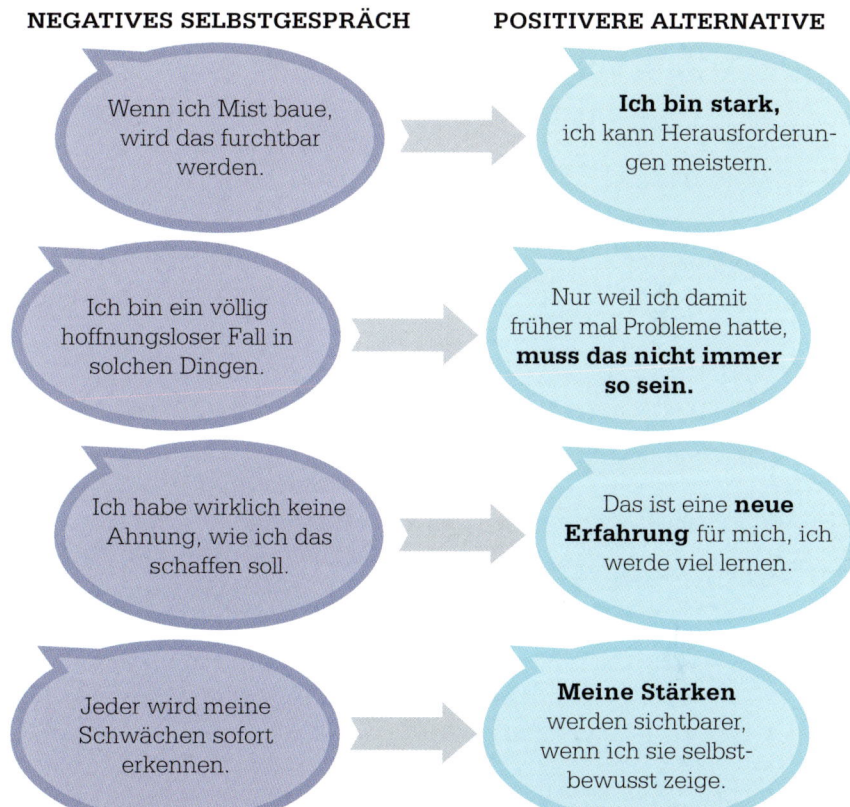

NEGATIVES SELBSTGESPRÄCH   **POSITIVERE ALTERNATIVE**

Wenn ich Mist baue, wird das furchtbar werden. → **Ich bin stark,** ich kann Herausforderungen meistern.

Ich bin ein völlig hoffnungsloser Fall in solchen Dingen. → Nur weil ich damit früher mal Probleme hatte, **muss das nicht immer so sein.**

Ich habe wirklich keine Ahnung, wie ich das schaffen soll. → Das ist eine **neue Erfahrung** für mich, ich werde viel lernen.

Jeder wird meine Schwächen sofort erkennen. → **Meine Stärken** werden sichtbarer, wenn ich sie selbstbewusst zeige.

Wie viel Angst wir vor öffentlichen Auftritten haben, hängt nicht unbedingt damit zusammen, wie gut uns ein Auftritt tatsächlich gelingt. Auch die Großen dieser Welt – von Mahatma Gandhi bis zu Hugh Grant – kennen die aufsteigende Panik, wenn ein Auftritt naht. Mit Übung und entsprechenden Techniken können Sie lernen, Ihre Angst zu meistern und sich selbstbewusst zu präsentieren.

AUFSCHREIBEN!

2011 baten amerikanische Psychologen Studierende, ihre Gedanken und Gefühle zu einer bevorstehenden Prüfung zu notieren. Ergebnis: Die Leistungen aller verbesserten sich, besonders aber die der stark unter Prüfungsstress leidenden Teilnehmer. Versagensangst auf Papier zu bannen, kann eine gute Bewältigungsstrategie sein.

ANDERER MEINUNG
BELASTENDE KONFLIKTE BEWÄLTIGEN

Niemand kommt ohne Auseinandersetzungen und Zusammenstöße mit anderen Menschen durchs Leben. Dabei entsteht Stress. Wie können wir in Konfliktsituationen ruhig und zuversichtlich bleiben?

In einer idealen Welt würden wir ohne Reibereien und Konflikte zusammenleben, doch in der Wirklichkeit ist das unmöglich. Unsere Chancen auf Stressbewältigung stehen deutlich besser, wenn wir auch in Auseinandersetzungen unser Selbstvertrauen bewahren.

OBJEKTIVER BLICK

Wenn wir mit anderen aneinandergeraten, ist Ehrlichkeit gegenüber uns selbst der Schlüssel zur Stressbewältigung. Eine amerikanische Studie von 2015 testete, wie Probanden mit Konflikten fertigwurden. Diejenigen, die ein klares Bewusstsein ihrer Selbst hatten, das heißt, auch objektiv auf ihre Fehler und Schwächen schauen konnten, zeigten deutlich bessere Stressbewältigungsfertigkeiten.

Authentizität

Forschungsergebnisse lassen den Schluss zu, dass Authentizität eines der besten Instrumente ist, um konfliktbedingten Stress zu bewältigen. Laut der Definition, die die amerikanischen Psychologen Michael Kernis und Brian Goldman 2006 entwickelten, besteht Authentizität aus vier Dimensionen:

- **Bewusstsein.** Die eigenen Gedanken, Gefühle, Motive und Bedürfnisse kennen.
- **Ehrlichkeit.** Feedback und Konsequenzen akzeptieren, ohne eine Verteidigungshaltung einzunehmen.
- **Konsequenz.** In Übereinstimmung mit den eigenen Werten und Neigungen handeln.
- **Aufrichtigkeit.** Sein wahres Selbst zeigen.

Wenn wir eine in diesem Sinne authentische Beziehung zu uns selbst bewahren, lässt der Druck nach, der durch das Verhalten und die Meinungen anderer auf uns entsteht.

Integrität

Wie gehen Sie mit Meinungsverschiedenheiten um? 1983 arbeitete ein amerikanisches Forscherteam unter der Leitung von Alan Sillars drei Hauptstrategien heraus:

- **Durchsetzung.** Kämpfen, um zu gewinnen. Aggressives Verhalten, Ausüben von Druck, Beleidigungen.
- **Vermeidung.** Indirekte Kommunikation oder passive Akzeptanz, um die Meinungsverschiedenheit zu entschärfen.
- **Integration.** Sagen, was man denkt, und an einer Lösung des Problems arbeiten.

Im Jahr 2010 erforschten amerikanische Wissenschaftler diese drei Strategien unter der Fragestellung, wel-

WAS HÄLT SIE ZURÜCK?

Ein guter Umgang mit Konflikten erfordert Fähigkeiten, die nicht jedem in die Wiege gelegt wurden. Eine amerikanische Studie von 2014 identifizierte Hindernisse für eine gute Kommunikation in Konflikten – und passende Lösungen.

Kommunikationsproblem	Lösung	Beispiel
Ein familiäres, kulturelles oder institutionelles Tabu	Sprechen Sie das Tabu offen an.	»Es ist mir ein bisschen unangenehm, das anzusprechen, aber …«
Mangelnde Konfliktmanagementfähigkeiten	Gehen Sie Meinungsverschiedenheiten respektvoll und ruhig an.	»Die Debatte wird hitzig. Machen wir eine Pause und beruhigen uns erst.«
Schwierigkeiten, andere zu verstehen	Arbeiten Sie an Ihrer sozialen Kompetenz und Empathiefähigkeit.	»Ich weiß, das hier ist nicht einfach für dich.«
Ungelöste emotionale Probleme aus früheren Konflikten	Übernehmen Sie Verantwortung für Ihr Handeln.	»Ich rege mich zu sehr auf. Ich weiß, ich hätte das nicht tun sollen.«
Mangelnde Problemlösefertigkeiten	Gehen Sie Probleme gemeinschaftlich an.	»Wir wollen doch beide das Beste für alle; lass uns eine Lösung finden.«
Mangelndes Selbstwertgefühl	Erlauben Sie sich, gekränkt zu sein. Betrachten Sie die Situation dann objektiv.	»Das zu hören ist nicht leicht für mich, aber ich versuche es.«
Mangel an Selbstkenntnis	Bitten Sie Personen Ihres Vertrauens um Rat.	»Die Leute sagen, ich bin oft zu aggressiv – findest du, dass das stimmt?«

che am meisten Stress erzeugt und die Gesundheit am stärksten beeinträchtigt. Ergebnis: Alle Teilnehmer waren nach einem Streit aufgewühlt und mussten anschließend immer wieder daran denken – aber bei den »integrativ« streitenden Konfliktpartnern hatten diese Gedanken keine negativen Auswirkungen auf die Gesundheit.

Aufrichtige Kommunikation und die Bereitschaft, Konflikte zu lösen, machen Streitigkeiten nicht weniger unangenehm, aber weniger belastend. Denn man kann das eigene Verhalten ohne Bedauern reflektieren.

Q THEORIE ZU SELBSTBESTIMMUNG

Das Konzept der Authentizität ist Bestandteil der Selbstbestimmungstheorie, die ab den 1980er-Jahren von den amerikanischen Psychologen Edward Deci und Richard Ryan entwickelt wurde. Demnach sind unsere drei größten Bedürfnisse diese:

Autonomie. Das Bedürfnis, die Kontrolle über das eigene Leben zu behalten.

Kompetenz. Das Bedürfnis, sich als fähig und wirksam zu erleben.

Soziale Eingebundenheit. Das Bedürfnis nach positiven Beziehungen zu anderen.

Ist eines dieser drei Bedürfnisse bedroht, kommt Stress auf. Konflikte mit anderen sind daher vor allem in den folgenden drei Situationen auf einer sehr tiefen Ebene belastend: wenn wir um Kontrolle kämpfen, unsere Kompetenz infrage gestellt wird und sich die Beziehung (zumindest zeitweise) feindselig gestaltet. Das sichere Empfinden für die persönliche Authentizität ist am wichtigsten, um sich dann mit sich selbst im Reinen zu fühlen. Aber: Wir können niemals kontrollieren, was andere denken.

ICH HALTE DAS NICHT AUS!

FRUSTRATION BEWÄLTIGEN

Es ist zermürbend, immer wieder gegen Hindernisse anzurennen oder mit Menschen umzugehen, die uns aufhalten wollen. Doch wir können lernen, unsere Frustrationstoleranz zu verbessern und gelassener zu sein.

Im Kern ist Frustration das Missbehagen, das wir empfinden, wenn das, was gerade geschieht, sich davon unterscheidet, was unserer Ansicht nach geschehen *sollte*. Ein gewisses Maß an Frustration ist unvermeidbar, doch wenn es uns gelingt, unsere Toleranzschwelle anzuheben, können wir die Auswirkungen auf uns selbst lindern.

Frustrationstoleranz

Der Stress, den wir angesichts unüberwindlicher Hindernisse erleben, steht in enger Beziehung zu unserer allgemeinen Fähigkeit, unangenehme Gefühle zu ertragen. Der britische Psychologe Neil Harrington empfiehlt folgende Methoden, um unsere Frustrationstoleranz zu steigern:

- **Gehen Sie Risiken ein.** Setzen Sie sich Situationen aus, die noch sicher, aber unangenehm sind, etwa einer Achterbahnfahrt oder einem Horrorfilm.
- **Halten Sie dem Druck stand.** Trainieren Sie es, eine Situation nicht schon beim ersten Unbehagen zu verlassen, etwa indem Sie ein langweiliges Buch weiterlesen oder eine ärgerliche Talkshow zu Ende sehen.
- **Trainieren Sie Ihren Unbehaglichkeitsmuskel.** Stellen Sie sich in die langsamste Kassenschlange, um Geduld zu üben, oder tragen Sie einen albernen Hut, um Angst vor Scham abzubauen.

Wenn wir uns so verhalten, erkennen wir, dass wir unangenehme

> Frustrationsin-
> toleranz [ist] die
> Unfähigkeit, den
> **Unterschied**
> zwischen unseren
> **Erwartungen**
> und der **Realität**
> zu akzeptieren.
>
> **Meghan Keough**
> Amerikanische Psychologin

Situationen überleben können. Wir lernen, Frustrationen als kurzzeitiges Ärgernis zu erleben statt als Katastrophe.

Angehörige aushalten

Wie der amerikanische Arzt Alex Lickerman feststellt, frustrieren uns oftmals die Menschen am meisten, die uns am nächsten stehen – unsere Partner, Kinder oder Eltern. Die Kombination aus engem Kontakt und großen Erwartungen im privaten Bereich birgt viele Konflikte: Häufig unterscheidet sich das, was unsere Liebsten unserer Ansicht nach tun sollten, sehr von dem, was sie tatsächlich tun.

Lickerman zufolge ist die beste Strategie Ablenkung und die beste Ablenkung Dankbarkeit (siehe S. 108–109). Stellen Sie sich vor, der Mensch, über den Sie sich gerade ärgern, wäre plötzlich nicht mehr Teil Ihres Lebens. Was würden Sie vermissen? Wenn Sie daran denken, wie Sie sich ohne diese Person fühlen würden, löst sich die Frustration, die sie kurzfristig in Ihnen auslöst, vermutlich schnell auf.

? WIE SCHNELL SIND SIE FRUSTRIERT?

Frustration ist eine komplexe Emotion. Der britische Psychologe Neil Harrington entwickelte 2005 eine »Frustration Discomfort Scale«, mit der sich messen lässt, wie stark unterschiedliche Arten von Frustration uns unter Stress setzen. Wie vielen der folgenden Aussagen stimmen Sie zu? Wer seine Stressauslöser kennt, findet leichter Wege, gut mit ihnen umzugehen.

1
- Ich finde es furchtbar, mich an schwierigen Aufgaben abzuarbeiten.
- Ich gehe immer den einfachsten Weg, um Probleme zu lösen.
- Ich ertrage es nicht, etwas tun zu müssen, wozu ich keine Lust habe.

2
- Ich finde es unerträglich, auf etwas warten zu müssen.
- Ich hasse Kritik, vor allem wenn ich weiß, dass mir kein Fehler passiert ist.
- Ich kann es nicht leiden, wenn meine Zustimmung vorausgesetzt wird.

3
- Unbehagliche Gefühle muss ich möglichst schnell loswerden.
- Ich ertrage es nicht, meine Gefühle nicht unter Kontrolle zu haben.
- Wenn sich die Situation nicht ändert, kann ich nicht glücklich sein.

4
- Ich kann meine Ansprüche nicht senken, auch wenn das hilfreich wäre.
- Ich finde es furchtbar, mein Potenzial nicht verwirklichen zu können.
- Ich hasse es, etwas nicht oder nicht perfekt beenden zu können.

FRUSTRATIONSTYP	COPINGSTRATEGIE
1 = Unvermögen, Unannehmlichkeiten auszuhalten: Stress bei alltäglichen Ärgernissen.	✔ Entwickeln Sie mehr Beharrlichkeit (siehe S. 192–193), um sich nicht aus der Spur bringen zu lassen.
2 = Bestehen auf Ansprüchen: Stress bei Ungerechtigkeiten, wenn Ansprüche nicht erfüllt werden oder Belohnungen ausbleiben.	✔ Eine philosophischere Haltung den Ungerechtigkeiten des Lebens gegenüber (siehe S. 124–125) macht Frustrationen dieser Art erträglicher.
3 = Unvermögen, psychische Spannung auszuhalten: Stress durch schwierige Emotionen.	✔ Regelmäßige Achtsamkeitspraxis (siehe S. 132–135) kann helfen, Ihre Copingfähigkeiten zu verbessern.
4 = Leistungsbezogene Intoleranz: Stress, wenn man daran gehindert wird, Ziele zu erreichen.	✔ Mit weniger Perfektionismus (siehe S. 34–35) sind Sie produktiv, ersparen sich aber viel Frustration.

WENN DIE LIEBE ENDET
TRENNUNG UND SCHEIDUNG

Wohl jeder kennt den Schmerz, den das Zerbrechen einer Liebesbeziehung verursacht. Doch wem es gelingt, nach einer Trennung gut für sich zu sorgen, wird feststellen, dass die Verletzungen rascher heilen.

Scheidung, Trennung und Beziehungsabbruch gehören zu den traurigen Tatsachen des Lebens: Wenn die Liebe endet, stehen wir vor schmerzhaften Anpassungsprozessen.

Werde ich das überleben?

Keine Frage: Das Zerbrechen einer Beziehung schmerzt. Doch wie berechtigt ist die Sorge, den mit einer Trennung verbundenen Stress nicht aushalten zu können? Eine amerikanische Überblicksstudie von 2015 stellte Widersprüche fest: So legten einige Studien den Schluss nahe, dass die meisten Menschen Trennungen gut verkraften, während andere zu dem Ergebnis kamen, dass eine Trennung das Risiko für Alkoholmissbrauch, stressbedingte Erkrankungen und Depressionen erhöht.

Die Autoren der Studie folgerten, dass die meisten Menschen eine Trennung als belastend erleben, aber auch wieder auf die Beine kommen. Für etwa 15–20 % jedoch ist die Erfahrung so schmerzhaft, dass ihr Wohlbefinden ernsthaft beeinträchtigt bleibt.

> Die meisten Menschen sind **belastbar** und verkraften eine Scheidung relativ gut.
>
> **David Sbarra, Karen Hasselmo und Kyle Bourassa**
> Amerikanische Psychologen

Gesund und stabil bleiben

Wer zu den 80–85 % der Menschen zählen möchte, die mit Trennungen gut fertigwerden, sollte die folgenden Empfehlungen der Forscher beherzigen:

- **Fragen Sie sich nicht** immer wieder, warum die Beziehung geendet hat. Das erhöht nur Ihren Stresslevel.
- **Versuchen Sie nicht,** die Trennung rückgängig zu machen. Das Wissen, dass es vorbei ist, schmerzt, doch wenn Sie sich weigern, Tatsachen zu akzeptieren, verlängern Sie diesen Schmerz lediglich (S. 124–125).
- **Kognitive Umstrukturierung:** Statt sich einzureden, dass die Zukunft ohne den Partner nicht lebenswert ist oder dass Sie nie wieder einen Partner finden, konzentrieren Sie sich auf das, was Anlass zur Hoffnung gibt (S. 26–29).
- **Überlegen Sie, wer Sie sind –** jenseits Ihrer Beziehung. Je klarer Sie Ihren Wert erkennen (S. 42–43), desto leichter fällt es Ihnen, eine Zukunft ohne Ihren Partner ins Auge zu fassen.
- **Sorgen Sie dafür, dass Sie genügend Schlaf bekommen.** Ausgeruht bekommen Sie Ihre Gefühle besser in den Griff (S. 162–165).
- **Achten Sie auf Ihre seelische Gesundheit.** Wenn Sie bereits an einer Depression leiden oder gelitten haben, kann Trennungsstress zu einer Verschlimmerung führen. Suchen Sie sich Unterstützung und therapeutische Begleitung (S. 202–203, 208–209).

✅ ALLE BRAUCHEN FÜRSORGE

 ### GUT FÜR DIE KINDER SORGEN

Kinder leiden oft sehr unter einer Trennung, deshalb sollten Sie ihr emotionales Wohlbefinden besonders im Auge behalten:

- **Besonders wichtig ist,** dass Sie sich Ihrem Expartner gegenüber nicht feindselig verhalten. Die Forschung bestätigt, dass Kinder, deren Eltern einander schlechtmachen oder attackieren, unter starkem Stress leiden.
- **Belasten Sie sich nicht** mit Schuldgefühlen. Wie eine spanische Studie von 2016 feststellte, geht es Kindern, deren Eltern sich nach einer konfliktreichen Beziehung trennen, anschließend besser. Liebevolle und unterstützende Eltern zu sein, ist das Beste, was Sie für Ihre Familie tun können.

 ### SELBSTFÜRSORGE

Ob Sie Kinder haben oder nicht, bereiten Sie sich vor:

- **Selbstmitgefühl** ist eine gute Hilfe, um schlimme Momente zu überstehen (S. 38–39). Lassen Sie nicht zu, dass Ihre Trauer über die zerbrochene Beziehung Sie davon abhält, gut für Ihre Seele und Ihren Körper zu sorgen.

Ein neues Leben liegt vor Ihnen. Betrachten Sie Stressmanagement als Ihre Verantwortung, und schenken Sie sich und Ihren Kindern die Fürsorge, die Sie brauchen.

✅ RESSOURCEN KLUG EINSETZEN

Laut einer israelischen Studie von 2011 gibt es drei ressourcenbasierte Möglichkeiten, Trennungsstress in Grenzen zu halten:

- **Sozioökonomische Ressourcen.** Die finanzielle Situation zu klären ist oft harte Arbeit, dennoch sollten Sie Ihr Möglichstes tun, um schnell wieder auf eigenen Füßen zu stehen. Stabile Finanzen geben Sicherheit.
- **Kognitive Ressourcen.** Erzählen Sie sich Ihre Situation so, dass sie sinnvoll und handhabbar erscheint (S. 44–45).
- **Emotionale Ressourcen.** Je mehr soziale Unterstützung Sie haben, desto mehr Selbstvertrauen werden Sie aufbauen (S. 176–179).

45 %

Wenn Ihre Ehe zerbrochen ist, macht Sie das nicht zu einem Versager: Das Statistische Bundesamt der USA schätzte 2011, dass 40–45 % aller **ersten Ehen** in einer Scheidung enden.

UMGANG MIT TRAUER

EINEN TODESFALL BEWÄLTIGEN

Psychologen definieren Trauer als Phase der Traurigkeit nach dem Tod eines geliebten Menschen. Sie ist eine normale emotionale Reaktion, der Schmerz kann jedoch so stark sein, dass er einen zu überwältigen droht. In dieser besonders belastenden Phase ist es sehr wichtig, Geduld mit sich zu haben, denn Heilung braucht Zeit.

Häufige Reaktionen

Trauer ist ein schmerzhafter, aber gesunder Prozess. Mit folgenden Reaktionen ist zu rechnen:

- **Betäubung,** Schock oder Unglauben, vor allem, wenn der Tod überraschend kam.
- **Angst,** ohne den geliebten Menschen nicht weiterleben zu können.
- **Verzweiflung und Tränenausbrüche:** Gefühle kommen oft in Wellen. Träume von der verstorbenen Person oder der Eindruck, sie sehen oder hören zu können, sind ebenfalls häufig.
- **Wut** auf das Schicksal oder auf den Verstorbenen, der einen verlassen hat.
- **Schwierigkeiten,** Alltagsaktivitäten wiederaufzunehmen, weil alles unwichtig erscheint oder weil wir glauben, den Schmerz nicht überleben zu können.

Auch die Robustesten unter uns empfinden tiefen Schmerz, wenn ein geliebter Mensch stirbt. Leid ist unvermeidlich, doch mit Geduld und Selbstmitgefühl können wir den Sturm der Verzweiflung überstehen.

> **Kummer** ist der Preis, den wir für die **Liebe** zahlen.
>
> **Königin Elizabeth II.**
> bei einem Gedenkgottesdienst für die Opfer vom 11. September 2001

Geduld haben

Es gibt keine richtige Art zu trauern. Verurteilen Sie sich nicht für Ihre Gefühle, auch wenn sie Ihnen irrational oder würdelos vorkommen.

Sie trauern zwei Jahre nach einem Todesfall immer noch sehr intensiv? Dann könnten Sie nach Ansicht einiger Forscher an einer Depression leiden und therapeutische Hilfe benötigen (siehe S. 202–203, S. 208–209). Bei den meisten Menschen lässt der Schmerz mit der Zeit aber nach und das Leben erscheint wieder lebenswert.

Positive Gefühle begrüßen

Manch ein Hinterbliebener fühlt sich schuldig, wenn er das Leben genießt, obwohl er einen geliebten Menschen verloren hat. Doch laut der amerikanischen Psychiaterin

6-12 Monate

Den meisten Studien zufolge endet die besonders stressbelastete **erste Trauerphase** in der Regel nach einem Zeitraum von **6 bis 12 Monaten.**

M. Katherine Shear sind positive Gefühle auch in dieser Phase »etwas Natürliches und sollten behutsam unterstützt werden«.

Trauer ist ein Lernprozess: Wir gestalten Schritt für Schritt ein neues Leben, in dem auch die leere Stelle einen Platz findet. Sie begehen keinen Verrat an der geliebten Person und machen sich die Last der Trauer ein wenig leichter, wenn Sie sich über schöne Momente freuen.

DIE WELLEN REITEN

Die kanadische Psychiaterin Diane McIntosh (die uns bei diesem Buch beraten hat) nutzt bei der Arbeit mit Trauernden das Bild des »Trauer-Tsunamis«. Der Tod eines geliebten Menschen trifft uns so heftig wie eine Riesenwelle, die uns zerschmettern will. Danach kommt der Schmerz häufig in Wellen aus Stress und Traurigkeit, unterbrochen von Momenten relativer Ruhe. Diese Wellen können sich bilden, solange wir leben – vor allem an Geburts- und Feiertagen sind wir anfällig. Sie werden aber mit der Zeit seltener und treffen uns weniger hart. Wenn sich eine Welle

aufbaut, denken Sie daran, dass Sie auf ihr reiten können.

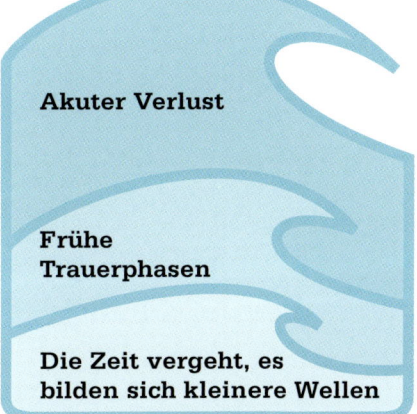

Akuter Verlust

Frühe Trauerphasen

Die Zeit vergeht, es bilden sich kleinere Wellen

DER TRAUERPROZESS

Die amerikanische Psychiaterin M. Katherine Shear beschreibt Trauer als einen instinktiven Prozess, der mit dem akuten Stadium des Schocks beginnt und schließlich mit einer weniger stressbelasteten Phase endet. In ihr erlebt man den Verlust nicht mehr als niederschmetternd, sondern als bittersüß.

AKUTER SCHMERZ

ENTWICKELT SICH:

❯ **Verarbeitung** der neuen Welt, in der man sich jetzt befindet, und des eigenen Ortes darin.
❯ **Auseinandersetzung** mit dem Schmerz im Wechsel mit seiner Vermeidung.
❯ **Suche** nach einem persönlichen Weg, die eigene Trauer zum Ausdruck zu bringen.

AM ENDE STEHT: INTEGRIERTE TRAUER

❯ **Akzeptieren** des Todesfalls und seiner Konsequenzen.
❯ **Zulassen,** dass die Gefühle zur Ruhe kommen und sich ein weniger stressbelastetes Erinnerungsmuster bildet.
❯ **Erkennen,** dass das Leben wieder sinnvoll erscheint.

DAS LEBEN IST, WIE ES IST

AKZEPTANZ UND ENGAGEMENT

Stress ist ein unvermeidlicher Bestandteil des Lebens. Die Akzeptanz-und-Commitment-Therapie (ACT) kann uns helfen, diese Realität anzuerkennen. Dadurch wiederum verringert sich das Risiko, verletzt zu werden.

Wenn Sie gestresst sind, nehmen Sie vielleicht an, dass Sie nun mal einen bestimmten Stresslevel haben, und die Situation, in der Sie sich befinden, keine Rolle spielt. Wer akzeptiert, dass Stress zum Leben gehört, und trotz aller Ängste und Rückschläge das Leben lebt, das er sich wünscht, fördert seine innere Stärke.

Akzeptanz und Commitment

ACT, eine 1986 von dem amerikanischen Verhaltenstherapeuten Steven Hayes entwickelte Therapieform, verfolgt zwei zentrale Ziele:

- **Akzeptanz** bedeutet, unerwünschte, aber unvermeidliche Erfahrungen anzunehmen.
- **Commitment** bedeutet, dass wir allen Widrigkeiten zum Trotz unsere Werte leben.

Laut ACT-Mitbegründer Kirk Strosahl blühen Menschen auf, wenn sie »mit ihren persönlichen Werten in Kontakt sind und ihr Leben in seiner ganzen Fülle ausschöpfen«. Wenn wir uns auf ein Leben voller Sinn konzentrieren statt auf Ärgernisse, stellen wir womöglich fest, dass der Stress von selbst weniger wird.

42 %
WENIGER STRESS

Eine schwedische Studie aus dem Jahr 2011 ergab, dass durch ACT der **Stresslevel** bei 42 Prozent der Teilnehmer signifikant **sank.**

 IN BILDERN DENKEN

ACT-Begründer Steven Hayes nutzt oft Metaphern, um den Umgang mit Stress zu beschreiben:

- **Buspassagiere.** Stressoren sind wie rüpelhafte Fahrgäste. Lassen Sie sich von ihnen nicht in Diskussionen verstricken, sondern fahren Sie weiter in die Richtung, die Ihr Leben nehmen soll.

- **Wasserball.** Der Versuch, Stressoren zu ignorieren, ist so wirkungsvoll, wie einen Wasserball unter Wasser zu drücken: Auch die Probleme kommen immer wieder hoch.

- **Treibende Blätter.** Stellen Sie sich vor, Sie sitzen an einem Fluss. Ihre unangenehmen Gefühle treiben auf der Oberfläche wie Blätter. Irgendwann geraten sie außer Sicht.

- **Treibsand.** Gegen unangenehme Gefühle anzukämpfen lässt Sie nur tiefer einsinken: Akzeptieren Sie, wie Sie sich in diesem Moment fühlen.

- **Gedankenzug.** Stellen Sie sich vor, ein Zug fährt vorbei, und jeder Waggon ist mit einem negativen Gedanken oder Gefühl beschriftet. Steigen Sie nicht ein. Beobachten Sie, wie der Zug vorbeifährt.

Q »SAUBERER« STRESS

In der ACT werden zwei Arten von Leid unterschieden. Geraten wird dazu, sich an die »saubere« Variante zu halten.

- **Sauberes Leid.** Wir müssen mit einem Problem fertigwerden und geraten in Stress. Solche Momente sind schwierig, aber normal. Da das Leben immer wieder Probleme mit sich bringt, ist diese Form von Leid unvermeidlich und muss akzeptiert werden.

- **Schmutziges Leid.** Wir wehren uns innerlich gegen das »saubere« Leid. Doch indem wir unsere eigenen Gefühle bekämpfen, verstärken wir sie. Wenn wir den Kampf aufgeben, vermeiden wir den Stress, den das »schmutzige« Leid verursacht.

KERNSTRATEGIEN

Wie entwickeln wir Akzeptanz und Engagement? Die ACT empfiehlt sechs Kernstrategien, mit denen wir uns selbst helfen und unseren Stresslevel senken können.

Kernstrategie	Was das bedeutet	Beispielformulierungen
Kognitive Defusion	Gedanken wahrnehmen, ohne sie als objektive Wahrheit zu sehen (S. 53).	Statt »Ich bin ein Versager«: »Ich habe Gedanken, die mich verunsichern.«
Akzeptanz	Geben Sie Ihren Gefühlen Raum, aber fixieren Sie sich nicht auf sie.	»Ich bin jetzt wirklich nervös. Das ist okay, ich mache einfach weiter.«
Kontakt zum gegenwärtigen Augenblick	Entwickeln Sie die Fähigkeit zur Achtsamkeit (S. 132–135).	»Ich kann meine Gefühle beobachten, ohne sie analysieren zu müssen.«
Beobachter-Selbst	Ihre momentanen Gefühle sind nur ein vorübergehender Teil von Ihnen.	»Ich bin immer ich, ob gestresst oder nicht.«
Werte	Was liegt Ihnen wirklich am Herzen? Leben Sie dafür (S. 44–45).	»Großzügigkeit. Ich kann großzügig sein, auch wenn ich mich schlecht fühle.«
Engagiertes Handeln	Setzen Sie sich wertbezogene Ziele und arbeiten Sie darauf hin (S. 192–193).	»Trotz Stress: Ich werde die Schulaufführung meiner Kinder ansehen.«

WER SOLL IN IHREM LEBEN DIE ENTSCHEIDUNGEN TREFFEN – IHRE ANGST, IHRE DEPRESSION, IHRE WUT ODER SIE?

KIRK STROSAHL, PSYCHOLOGE UND MITBEGRÜNDER DER AKZEPTANZ-UND-COMMITMENT-THERAPIE

EINATMEN, AUSATMEN
WIRKUNGSVOLLE ATEMTECHNIKEN

Kommt Stress auf, reagiert der Körper darauf mit einer flacheren und schnelleren Atmung. Bewusstes Atmen ist eine gute Methode, um das Gefühl der Kontrolle zurückzugewinnen.

Eine beschleunigte Atmung ist eine natürliche Reaktion auf eine Bedrohung, die uns in den »Kampf-oder-Flucht«-Modus versetzt. Der Körper glaubt, er würde mehr Sauerstoff brauchen, und wir beginnen zu keuchen. Wenn wir jedoch nicht fliehen müssen, kann schnelles Atmen unseren Zustand verschlimmern und sogar zu einer echten Panikattacke führen (siehe S. 204–207). Mit ein paar einfachen Atemübungen (siehe S. 129) bekommen Sie Ihre Atmung leicht wieder in den Griff.

Seien Sie sanft zu sich

Tiefes Atmen erfordert entspannte Bauchmuskeln, damit die Lunge sich komplett mit Luft füllen kann. Das Anspannen dieser Muskeln – etwa beim Einziehen des Bauchs, damit er flacher wirkt – beeinflusst den Atemrhythmus, was den wahrgenommenen Stress verstärken kann. Am besten verschwenden Sie bei der folgenden Atemübung keinen Gedanken darauf, wie Sie dabei aussehen. Konzentrieren Sie sich nur auf das Ein- und Ausströmen der Luft.

40 %

Laut einer belgisch-kanadischen Studie aus dem Jahr 2002 beeinflussen unsere freiwilligen **Atemmuster** – die Art, wie wir unseren Atem regulieren – zu **40 Prozent unsere emotionalen Reaktionen.**

Eine Warnung vorab

Wenn Sie extrem verspannt sind und kurz vor einer Panikattacke stehen, kann tiefes Einatmen die falsche Maßnahme sein. Denn in solchen Zuständen kann es zur Hyperventilation kommen, das heißt, der Körper scheidet zu viel Kohlendioxid aus. Das führt möglicherweise zu Benommenheit und Ohnmacht. Sehr tiefes Einatmen senkt die Kohlendioxidkonzentration im Blut weiter und verschlimmert den Verlauf noch.

Die amerikanische Psychologin Alicia Meuret nutzte im Jahr 2010 bei einer Studie ein Kapnometer, um zu messen, wie viel Kohlendioxid die Ausatemluft der Probanden enthielt. Dann zeigte sie ihnen, wie sie ihr Atemmuster entsprechend dem Feedback der Geräte abwandeln sollten. Ihr Ergebnis: Wer kurz vor einer Panikattacke steht, sollte zunächst flach atmen und dabei immer langsamer werden.

Kurz: Versuchen Sie, bei Stress langsam und tief zu atmen, doch wenn Sie Panik verspüren, atmen Sie langsam und flach. Damit können Sie sowohl Ihren Körper als auch Ihren Geist beruhigen.

Q RUHIG BLEIBEN

Die Teilnehmer einer amerikanischen Studie von 2006 sollten 15 Minuten lang entweder sorgenvolle Gedanken wälzen, an nichts Besonderes denken oder eine Atemübung machen. Anschließend zeigte man ihnen angenehme, neutrale und unangenehme Bilder aus dem International Affective Picture System. Ergebnis: Die Teilnehmer, die achtsames Atmen praktiziert hatten, erlebten bei unangenehmen Bildern weniger Stress.

ATEMÜBUNG

Kontrolliertes Atmen kann als Meditationstechnik eingesetzt werden, aber auch zur Vermeidung von Stress. Wenn Sie diese von vielen Ärzten und Psychologen empfohlene Atemtechnik in Stresszeiten regelmäßig praktizieren, werden Sie sich schon bald leichter entspannen können.

5
Wenn das tiefe Atmen sich angenehm anfühlt, atmen Sie zehn bis 20 Minuten auf diese Art weiter. Sagen Sie sich beim Einatmen, dass Sie Ruhe und Frieden einatmen, und beim Ausatmen, dass Sie Stress und Anspannung ausatmen.

1
Nehmen Sie eine bequeme Sitz- oder Liegehaltung ein. Wenn Sie Zeit haben, beginnen Sie mit Progressiver Muskelentspannung (siehe S. 130–131), um Ihren Körper optimal zu entspannen.

3
Atmen Sie nun bewusst langsam und tief. Erlauben Sie Ihrer Bauchdecke, sich zu heben.

2
Atmen Sie normal ein und aus und beobachten Sie, wie tief Ihr Atem geht.

4
Wenn es Ihnen hilft, atmen Sie noch eine Weile abwechselnd flach und tief. So lernt Ihr Körper, wie sich tiefes Atmen anfühlt.

LOSLASSEN LERNEN
PROGRESSIVE MUSKELENTSPANNUNG

Stress bewirkt Anspannung in unserem Körper, die eine Vielzahl von Schmerzreaktionen auslösen kann. Glücklicherweise gibt es eine erprobte Entspannungstechnik, die sich gut in den Alltag integrieren lässt.

Muskelverspannungen zählen zu den typischen körperlichen Auswirkungen von Stress. Bei einer akuten Bedrohung ist dies eine gesunde Reaktion, weil die Muskelspannung uns dabei hilft zu kämpfen oder zu fliehen (siehe S. 20–21). Langfristig jedoch können chronische Verspannungen zu Krämpfen und Schmerzen führen, etwa Kopf- und Rückenschmerzen, sowie Schlafstörungen begünstigen (siehe S. 162–163). Das wiederum verstärkt den Stress. Wer zu Muskelverspannungen neigt, kann von einer Technik profitieren, die sich Progressive Muskelentspannung (PME) nennt.

Ein Selbstfürsorge-Ritual
PME wurde 1929 von dem amerikanischen Arzt Dr. Edmund Jacobson entwickelt und wird bis heute angewendet, um Verspannungen und Schlafstörungen zu behandeln. Auch moderne Forschungsergebnisse sprechen für die Wirksamkeit dieser Methode. So stellte etwa eine malaysische Studie aus dem Jahr 2011 fest, dass PME junge Fußballspieler beruhigen konnte.

Eine 2006 in Hongkong durchgeführte Studie ergab, dass PME die Lebensqualität von Patienten mit

> In einem **entspannten** Körper kann kein ängstlicher Geist wohnen.
>
> **Edmund Jacobson**
> Amerikanischer Arzt und
> Begründer der PME

Herzerkrankungen verbesserte und ihren Blutdruck senkte, und eine amerikanische Studie von 1992 zeigte, dass Epileptiker, die die Technik regelmäßig anwendeten, 29 Prozent weniger Anfälle erlitten. PME ist eine schnelle und einfache Entspannungsmethode. Eine typische Übungseinheit dauert keine zehn Minuten (wer Zeit hat, kann natürlich länger üben).

🔍 BEDROHUNG ODER NICHT?

Kommt diese Figur auf Sie zu oder entfernt sie sich? Sie ist so gezeichnet, dass beide Deutungen möglich sind. Ängstliche Menschen vermuten eher, dass sich die Figur nähert, weil jemand, der auf uns zukommt, bedrohlich wirkt. Für eine kanadische Studie von 2014 übten Probanden PME, bevor man ihnen die Figur zeigte. Danach sahen deutlich weniger Teilnehmer die Figur auf sich zukommen.

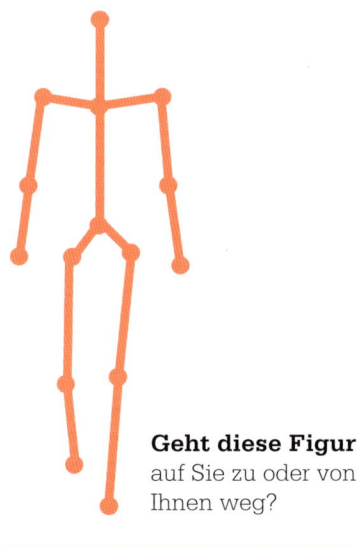

Geht diese Figur auf Sie zu oder von Ihnen weg?

✓ DIE TECHNIK DER PROGRESSIVEN MUSKELENTSPANNUNG

Wenn wir zu Muskelverspannungen neigen, kann echte Entspannung schwierig sein. »Progressive Muskelentspannung« bedeutet, dass einzelne Muskelgruppen erst angespannt und dann entspannt werden, was zu einem tiefen Gefühl der Entspannung führt. PME kann im Sitzen oder Liegen geübt werden (Letzteres nur, wenn nichts dagegen spricht, dass Sie einschlafen).

Muskel-Mantra

› Anspannen und einatmen.
› Fünf bis zehn Sekunden halten.
› Entspannen und ausatmen.
› Zehn bis 20 Sekunden ausruhen.
› Für jede Körperregion wiederholen.

Spannen Sie jeden Teil Ihres Körpers an, dann entspannen sie ihn. Darauf folgt jeweils eine kurze Pause, bevor Sie Schritt für Schritt fortfahren. So lösen Sie Verspannungen auf und finden zu einem angenehmen Gefühl der Ruhe.

1 **Erster Fuß:** Spannen Sie die Fußmuskulatur an, indem Sie die Zehen kräftig einrollen und wieder entspannen.

2 **Unterschenkel:** Ziehen Sie die Zehen Richtung Schienbein, um den Wadenmuskel anzuspannen. Entspannen.

3 **Oberschenkel-, Waden- und Fußmuskeln** zugleich anspannen. Wieder entspannen.

4 **Dies** mit dem anderen Fuß/Bein wiederholen.

5 **Eine Hand** zur Faust ballen. Wieder entspannen.

6 **Den Bizeps** anspannen, zugleich den Unterarm beugen und die Faust ballen. Entspannen.

7 **Schritt 5 und 6** mit der anderen Hand/Arm wiederholen.

8 **Gesäßmuskeln** anspannen und wieder entspannen.

9 **Die Bauchdecke** fest Richtung Wirbelsäule ziehen. Entspannen.

10 **Tief einatmen** und die Brustmuskeln anspannen, dann entspannen.

11 **Schultern** Richtung Ohren ziehen. Wieder entspannen.

12 **Den Mund** weit aufreißen. Wieder entspannen.

13 **Die Augen** fest zukneifen. Wieder entspannen.

14 **Die Augenbrauen** hochziehen. Wieder entspannen.

IM HIER UND JETZT SEIN

ACHTSAMKEIT UND MEDITATION

Achtsamkeit ist fester Bestandteil traditioneller Religionen, beispielsweise des Buddhismus. Seit einiger Zeit erforscht auch die westliche Wissenschaft dieses Konzept – und hat sehr positive Ergebnisse gewonnen.

Nachdem der Medizinprofessor Jon Kabat-Zinn 1979 an der University of Massachusetts die Methode der Mindfulness-Based Stress Reduction (MBSR) eingeführt hatte, entwickelte sich Achtsamkeit zu einem großen Forschungsthema. Die Wirksamkeit von MBSR wurde bereits für so unterschiedliche Bereiche wie die Verringerung von Ängsten, Steigerung der Resilienz und Umgang mit Schmerzen nachgewiesen. Die Integration von Achtsamkeitsübungen in den Alltag ist ein effektiver Weg, um den Stresslevel zu senken.

Was Achtsamkeit bewirkt

Einfach ausgedrückt, geht es darum, sich der eigenen Gefühle und Erfahrungen gewahr zu werden, ohne sie zu bewerten. Eine kanadisch-amerikanische Studie von 2004 stellte den Nutzen so dar:

- **Anhaltende Aufmerksamkeit** die uns im Hier und Jetzt hält und uns hilft, ruhiger und konzentrierter zu werden.
- **Reizselektion.** Während der Meditation beginnt der Geist

> Achtsam sein heißt aufzuwachen und zu **erkennen,** was in **diesem Moment** geschieht.
>
> **Christopher Germer**
> Amerikanischer Psychologe und Psychotherapeut

unweigerlich zu wandern. Achtsamkeit bedeutet, dieses Abschweifen wahrzunehmen und die Aufmerksamkeit wieder zur Meditation zurückzuführen. So lernen Sie, Ihren Geist von einem Objekt abzuziehen und auf ein anderes zu richten – das ist hilfreich, um aus Sorgenspiralen auszusteigen (siehe S. 48–49).

- **Die eigenen Gedanken beobachten.** Durch achtsames Gewahrsein lernen Sie, diese genauer wahrzunehmen. Das hat zur Folge, dass Sie auch außerhalb der Meditation Gedanken, die Sie beunruhigen, leichter erkennen und infrage stellen können (siehe S. 52–53).
- **Gefühle mit Neugier betrachten,** statt sie zu bekämpfen. Das nimmt dem Stress einiges von seiner Macht, da Sie ihn nicht länger durch den »Stress des Gestresstseins« verstärken.

Diese Effekte sorgen für eine verbesserte Aufmerksamkeitssteuerung und eine tiefere Einsicht in die eigenen Gefühle. Beides ist sehr hilfreich bei der Stressbewältigung. Eine britische Metaanalyse aus dem Jahr 2015 stellte außerdem fest, dass Achtsamkeit die Stressreaktivität senkt. Das heißt, man kann Stress erleben, ohne sich hineinzusteigern.

Achtung: Bei einer Meditation kann in seltenen Fällen »entspannungsinduzierte Angst« auftreten. Wenn Sie also beim Meditieren Angst verspüren, versuchen Sie zunächst, die Meditationssitzung abzukürzen. Falls das unangenehme Gefühl dennoch nicht nachlässt, empfiehlt sich eine

EINFACHE ACHTSAMKEITSMEDITATION

Beginnen Sie mit der Basisübung, auf der die meisten Meditationstechniken aufbauen: einer einfachen Atemmeditation. Nehmen Sie sich täglich Zeit, um an einem Ort, an dem Sie ungestört sind, in Stille zu üben.

1 **Finden Sie eine bequeme Sitzposition.** Legen Sie sich nicht hin, denn Sie möchten ja wach bleiben. Sitzen Sie aufrecht, aber nicht starr, schließen Sie die Augen.

2 **Lassen Sie Ihren Geist zur Ruhe kommen.** Registrieren Sie Geräusche, Körperempfindungen und Gedanken. Versuchen Sie nicht, sie zu unterdrücken, aber verfolgen Sie sie auch nicht weiter. Lassen Sie all diese Wahrnehmungen einfach kommen und gehen.

3 **Lenken Sie Ihre Aufmerksamkeit auf den Atem.** Spüren Sie, wie die Luft in Ihren Körper hinein- und hinausströmt. Nehmen Sie den Rhythmus Ihres Atems und die Empfindungen dabei wahr.

4 **Wenn Ihre Aufmerksamkeit zu wandern beginnt** – was sicher passiert –, tadeln Sie sich nicht dafür. Bringen Sie Ihren Geist einfach immer wieder zum Atem zurück. Meditieren Sie so fünf bis zehn Minuten oder länger, bevor Sie Ihre Aufmerksamkeit loslassen und die Augen öffnen.

Schon kurze Achtsamkeitsmeditationen können dabei helfen, ruhiger und sich der eigenen Gefühle und der Umgebung bewusster zu werden – allerdings nur bei regelmäßiger Praxis. Es gibt kein Ziel außer der Achtsamkeit selbst, also bemühen Sie sich nicht, es »richtig« zu machen. Genießen Sie das Meditieren und lassen Sie geschehen, was geschieht.

✓ EINE ACHTSAME HALTUNG

Das Zentrum für Achtsamkeit in Medizin, Gesundheitswesen und Gesellschaft der Universität von Massachusetts nennt sieben wichtige Aspekte einer guten Achtsamkeitspraxis:

4
Vertrauen
Sie kennen Ihre Gefühle besser als jeder Lehrer oder Guru: Hören Sie auf Ihre Intuition und seien Sie Sie selbst.

1
Nichturteilen
Nehmen Sie Ihre Erfahrungen wahr wie ein unparteiischer Zeuge.

5
Nichtstreben
Der Gedanke »Ich bin gestresst, gleich werde ich entspannt sein« erzeugt Druck, weil es darum geht, ein bestimmtes Ziel zu erreichen. Es ist wirkungsvoller, einfach geschehen zu lassen, was geschieht.

2
Geduld
Ihre Aufmerksamkeit wird umherwandern, Ihre Gefühle werden sich verändern. Erwarten Sie nicht, es durchgängig »richtig« zu machen.

6
Akzeptanz
Sehen Sie die Dinge, wie sie sind, auch wenn sie das nicht glücklich macht. Wenn Sie etwas an sich nicht mögen, warten Sie nicht, bis sich etwas geändert hat, bevor Sie beginnen, sich selbst zu akzeptieren.

3
Anfängergeist
Die Erwartung, dass alle Sitzungen gleich ablaufen, kann Sie von der Meditation, die Sie in diesem Moment erleben, ablenken. Nehmen Sie jeden Augenblick der Achtsamkeit wahr, als wäre es der erste, den Sie erleben.

7
Loslassen
Klammern Sie sich nicht an bestimmte Geisteszustände und weisen Sie andere nicht zurück. Sie alle gehören zum Menschsein. Lassen Sie sie kommen und gehen.

Diese offene, akzeptierende Haltung bewirkt, dass Ihre Achtsamkeitspraxis keinen Stress erzeugt. Und sie erhöht die Wahrscheinlichkeit, dass Sie tatsächlich profitieren.

Q HÄUFIG KRANK?

Neben den vielen anderen schädlichen Effekten beeinflusst Stress auch unser Immunsystem negativ. Die gute Nachricht: Regelmäßige Achtsamkeitpraxis kann dem entgegenwirken. Eine amerikanische Studie von 2003 mit Probanden, die kurz zuvor gegen Grippe geimpft worden waren – eine Belastung für den Organismus –, ergab, dass das Immunsystem der Teilnehmer, die in den acht Wochen vor der Impfung Achtsamkeitsmeditation praktiziert hatten, eine deutlich stärkere Reaktion zeigte.

» Methode zur Körperentspannung wie etwa die PME (siehe S. 130–131) oder ein sanftes Körpertraining (siehe S. 152–153).

Die richtige Haltung

Das von Jon Kabat-Zinn gegründete Zentrum für Achtsamkeit an der Universität von Massachussetts empfiehlt: Um von den vielen Vorteilen der Achtsamkeitspraxis zu profitieren, sollten Sie an die Übungen mit einer Mischung aus gesunder Skepsis und Offenheit herangehen. Die Annahme, dass Achtsamkeit sowieso nicht helfen wird, könnte eine sich selbst

⊘ GEGEN DEN STRESS

Finden Sie es schwierig, regelmäßige Achtsamkeitspraxis in Ihren durchgetakteten Alltag zu integrieren? Der amerikanische Psychologe Elisha Goldstein hat eine einfache Kurzübung entwickelt, die Sie immer machen können, auch während Sie duschen, spazieren gehen oder essen.

S	Stop (stoppen)	Halten Sie inne, was auch immer Sie gerade tun. Schließen Sie die Augen, wenn die Situation es zulässt.
T	Take (nehmen)	Nehmen Sie ein paar tiefe Atemzüge. Richten Sie Ihre Aufmerksamkeit auf die Luft, die in Ihre Lunge hinein- und wieder hinausströmt.
O	Observe (feststellen)	Registrieren Sie, wie Sie sich gerade fühlen – körperlich, emotional und geistig.
P	Perceive (wahrnehmen)	Nehmen Sie die Geräusche in Ihrer Umgebung wahr und lauschen Sie, ohne zu werten.

Goldstein zufolge bewirken bereits fünf Minuten Achtsamkeit täglich, dass wir uns weniger gestresst fühlen und mit unserem Leben zufriedener sind.

erfüllende Prophezeiung sein, und die Annahme, dass auf magische Weise alles Übel beseitigt wird, führt wahrscheinlich zu Enttäuschungen. Bleiben Sie einfach interessiert dran, was geschieht, und akzeptieren Sie, dass Achtsamkeit eine Fähigkeit ist, die konsequentes Training erfordert.

Zudem gibt das Zentrum für Achtsamkeit diesen Hinweis: Meditation ist auch für sich genommen wirksam, doch ihre wahre Wirkung entfaltet sie erst durch eine persönliche Vision. Fragen Sie sich, wer Sie sein könnten, wenn es Ihnen gelänge, all den Stress loszulassen. Achtsamkeit wird Sie nicht zu einem anderen Menschen machen, kann jedoch eine positive Entwicklung hin zu Ihrem bestmöglichen Selbst fördern.

Regelmäßige Achtsamkeitspraxis schenkt Ihnen einen Ort der Ruhe inmitten Ihres stressbelasteten Alltags. Hier können Sie Ihre Gefühle erleben, anstatt sie zu bekämpfen. Und Sie können einfach der Mensch sein, der Sie sind.

Achtsamkeit ist **Gewahrsein,** das entsteht, wenn man auf eine bestimmte Art aufmerksam ist: bewusst, **im gegenwärtigen Moment** und ohne zu urteilen.

Jon Kabat-Zinn
Begründer der Achtsamkeitsbasierten Stressreduktionstherapie

STRESSFREIE FEIERTAGE

WIE (FAMILIEN-)FESTE GELINGEN

Bereitet Ihnen der Gedanke an Weihnachten oder andere Festtage Stress? Nicht jeder kann die damit verbundenen Ereignisse genießen. Belasten Sie sich nicht mit Erwartungen – sorgen Sie für sich.

Bei Familienfesten wird oft beste Laune vorausgesetzt, dabei können solche Zusammenkünfte extrem anstrengend sein. Wenn Sie zu den Menschen gehören, die sich vor Festen fürchten, bereiten Sie sich rechtzeitig vor.

8 von 10

Laut einer Umfrage der American Psychological Association von 2008 rechnen **acht von zehn Amerikanern** mit **Stress zu Weihnachten.**

Feiern ohne Stress

Hier einige Expertentipps, wie Sie dem schlimmsten Stress entgehen:

✔ **Vorausplanen.** Die amerikanische Psychologin Janet Frank rät dazu, Weihnachtsgeschenke schon während des Jahres Stück für Stück zu besorgen. So verteilen sich die Ausgaben auf mehrere Monate, und Sie müssen sich nicht kurz vor dem Fest ins Gewühl stürzen.

✔ **Gewohnheiten treu bleiben.** Die amerikanische Bloggerin Gretchen Rubin, Autorin von *Das Happiness-Projekt,* findet es nicht überraschend, dass wir uns gestresst fühlen, wenn wir von unserer gewohnten Routine abweichen. Behalten Sie also auch an Feiertagen Ihre Schlafens- und Aufstehzeiten

> Erwachsene Geschwister benehmen sich plötzlich **wie Achtjährige.**
>
> **Pamela Regan**
> Amerikanische
> Psychologieprofessorin

bei, treiben Sie Sport wie immer und essen Sie – von besonderen Leckereien abgesehen – im Großen und Ganzen so wie immer.

✔ **Grenzen setzen** (siehe S. 92–95). Weihnachten heißt manchmal auch, Nein zu sagen. Es kann darum gehen, Ihren Kindern die Grenzen Ihres Budgets zu erklären oder entfernten Verwandten mitzuteilen, dass Sie sie dieses Jahr nicht besuchen werden.

Machen Sie sich bewusst, was Sie bewältigen können und was nicht. Wappnen Sie sich innerlich dafür, Ihre Vorstellungen auch anderen gegenüber zu behaupten.

5 %

Eine amerikanische Studie aus dem Jahr 2010 schätzt, dass jährlich rund **fünf Prozent** der Amerikaner an einer **saisonal-affektiven Störung** (SAD, »Winterdepression«) erkranken. Die Häufigkeit nimmt mit der Entfernung vom Äquator zu, doch unabhängig davon ist mehr Selbstfürsorge im Winterhalbjahr immer angezeigt.

Kampf dem Winterblues

Auf der Nordhalbkugel fallen wichtige Feiertage wie Weihnachten in den Winter. Das kann zu noch mehr Stress führen, denn bei manchen Menschen bewirkt der Mangel an Tageslicht eine saisonal-affektive Störung (SAD), auch »Winterdepression« genannt. Sie bessert sich meist von selbst, wenn die Tage wieder länger werden. SAD wird wie eine normale Depression (siehe S. 202–203) behandelt. Hinzu kommt eine »Lichttherapie« mit hellem Kunstlicht, die das Gehirn anregt, Serotin – einen antidepressiv wirkenden Neurotransmitter – und Melatonin – ein Hormon, das den Schlaf-Wach-Zyklus reguliert – auszuschütten. Die British Seasonal Affective Disorder Association schätzt, dass die Lichttherapie in 85 Prozent der Fälle die Symptome innerhalb von zwei Wochen lindert, auch wenn die volle Wirkung erst später eintritt.

Sprechen Sie mit Ihrem Arzt, wenn Sie im Winter unter einer sehr gedrückten Stimmung leiden.

⊘ FRÖHLICHE FAMILIENBANDE?

Viele Festtage werden im Familienkreis begangen. Was landläufig als Grund zur Freude gilt, kann Stress bedeuten, wenn man keine Bilderbuchfamilie hat – und wer hat die schon? Hier ein paar Tipps:

REALISTISCH BLEIBEN

»Das Beste, was Sie tun können, ist, Ihre Erwartungen zu zügeln und realistisch zu bleiben, so werden Sie nicht enttäuscht«, rät die amerikanische Soziologin Terri Orbuch. Egal wie die traditionelle Vorstellung von einem Familienfest aussieht: Die Menschen, mit denen Sie feiern, sind nicht vollkommen – das Fest wird es auch nicht sein (siehe S. 34–35).

VORSICHT, ALTE MUSTER!

Gemeinsam Zeit zu verbringen kann alte familiäre Rollen wiederbeleben. Laut der amerikanischen Psychologin Pamela Regan greifen wir dann häufig auf längst überwunden geglaubte Verhaltensweisen zurück. Bleiben Sie geduldig und sagen Sie sich, dass Sie ja erwachsen sind.

SEINE GRENZEN KENNEN

Ken Duckworth, ärztlicher Direktor der amerikanischen National Alliance on Mental Illness, rät, sich zu fragen: »Warum tue ich Dinge, die dafür sorgen, dass es mir schlecht geht?« Niemand zwingt Sie dazu, Zeit mit Menschen zu verbringen, die Ihnen nicht guttun.

PRIORITÄTEN SETZEN

Wenn Sie Zeit mit Menschen verbringen müssen, mit denen Sie eine schwierige Beziehung haben, rät die amerikanische Psychologin Pamela Wiegartz: »Müssen persönliche oder ideologische Differenzen ausgetragen werden, suchen Sie am besten nach einem geeigneteren Zeitpunkt, um solche Dinge unter vier Augen besprechen zu können.«

ICH MUSS WAS TRINKEN

STRESS UND ALKOHOL

Viele Menschen trinken Alkohol, die meisten haben keine Probleme damit. Bei Stress wird Alkohol jedoch leicht als Ausweg benutzt. Wer unter Druck steht, ist gut beraten, sich der Risiken bewusst zu sein.

Jeder weiß, dass exzessives Trinken ungesund ist. Doch in anstrengenden Zeiten ist die Versuchung oft groß, sich ein Glas einzuschenken und alle Sorgen für eine Weile zu vergessen.

Ein gesundes Maß halten

In einer niederländischen Studie von 2011 hatten Teilnehmer, die mehr als drei alkoholische Getränke täglich zu sich nahmen, nachts und morgens beim Aufwachen einen erhöhten Cortisolspiegel und zeigten tagsüber stärkere körperliche Reaktionen auf Stress – unabhängig davon, ob eine Alkoholabhängigkeit bestand oder nicht.

Menschen, die gelegentlich und in Maßen Alkohol tranken, erlebten zwar weniger Stress als Abstinenzler, doch ein höherer Konsum beeinträchtigte die Stressverarbeitung des Körpers. Sie nehmen regelmäßig mehr als drei alkoholische Getränke täglich zu sich? Dann könnte es sich auch positiv auf Ihren Stresslevel auswirken, wenn Sie diesbezüglich kürzertreten.

ALKOHOLMISSBRAUCH

8 %

Der amerikanische National Council on Alcohol and Drug Dependence schätzt, dass etwa **acht Prozent der** Erwachsenen Erfahrung mit **Alkoholmissbrauch oder -abhängigkeit** hat. Falls Ihr Alkoholkonsum Ihnen Sorgen macht, scheuen Sie sich nicht, sich ärztliche Hilfe zu suchen.

Stress und Alkoholkonsum

Stress kann zu exzessivem Trinken führen, wie der folgende Tierversuch einer amerikanischen Studie aus dem Jahr 2016 vermuten lässt: Die Wissenschaftler setzten Ratten eine Stunde lang unter akuten Stress und gaben ihnen dann mit Alkohol versetztes Zuckerwasser. Die Ratten der Kontrollgruppe, die keinen Stress erlebt hatten, tranken bedeutend weniger als die gestressten Ratten – Letztere tranken auch einige Wochen später noch mehr. Die Forscher stellten fest, dass sich die Gehirne der Ratten verändert hatten: Der Stress hatte sozusagen einen Schalter umgelegt und die Reaktion auf Dopamin – einen Neurotransmitter, der für Belohnungsgefühle sorgt – heruntergefahren. Das heißt, die Ratten verspürten den Drang, mehr zu trinken, erlebten aber weniger Genuss. Anders gesagt: Je mehr Stress Sie haben, desto mehr Alkohol brauchen Sie, um sich zu entspannen, und desto härter kann es sein, mit dem Trinken aufzuhören.

Heben Sie sich alkoholische Getränke für weniger anstrengende Zeiten auf und nutzen Sie wirksamere Methoden, um Ihren Stress zu mindern (siehe S. 128–135). Wenn Sie vermuten, dass Sie zu viel trinken (siehe rechts), suchen Sie sich zusätzlich ärztliche Unterstützung.

Andere Suchtprobleme?

Zahlreiche Studien bestätigen, dass Stress uns anfälliger für alle Formen der Sucht macht und auch die Rückfallwahrscheinlichkeit erhöht. Sollten Sie sich angesprochen fühlen, ist es wichtig, dass Sie weni-

---

? WIRD ALKOHOL ZUM PROBLEM?

Nicht jeder, der zu viel trinkt, ist ein Alkoholiker. Diese Fragen helfen, eine Gefährdung zu erkennen:

- **Fällt es Ihnen** schwer aufzuhören, wenn Sie einmal mit dem Trinken begonnen haben?

- **Werden Sie** wütend oder rechtfertigen Sie sich, wenn andere sich über Ihre Trinkgewohnheiten äußern?

- **Haben Sie** Blackouts oder werden Sie »ein anderer Mensch«, wenn Sie trinken?

- **Fühlen Sie sich** schuldig, weil Sie zu viel trinken?

- **Trinken Sie** heimlich oder lügen Sie, wenn es um Ihren Alkoholkonsum geht?

- **Wäre** eine Phase der Abstinenz schwierig für Sie?

- **Machen Sie sich** jemals Sorgen wegen Ihres Trinkens?

Auch Fragebögen wie CAGE und AUDIT sind geeignet, um diesbezügliche Probleme aufzudecken.

---

ger Stress erleben. Hier kann das Ergebnis einer iranischen Studie aus dem Jahr 2013 hilfreich sein: Süchtige Probanden nutzten seltener problemfokussiertes Coping (siehe S. 26–29) und verfügten über eine geringere Stresstoleranz (siehe S. 118–119) als die Nichtsüchtigen. Die eigenen Copingstrategien zu verbessern kann also die Heilung unterstützen.

✓ WENIGER TRINKEN

Stress kann das Verlangen nach Alkohol verstärken und der Versuch, den Alkoholkonsum einzuschränken, kann den Stress erhöhen. Dieser Teufelskreis macht eine Reduktion des Alkoholkonsums so schwierig. Tipps des britischen Suchtexperten Mark Griffiths:

- ✔ **Tun Sie sich mit anderen zusammen,** die auch weniger trinken wollen (siehe S. 176–179).

- ✔ **Meiden Sie** das Trinken in »Runden«. Solche Arrangements enden häufig damit, dass sich alle dem Tempo des schnellsten Trinkers anpassen.

- ✔ **Ordern Sie** kleinere Gläser, mit Wasser verdünnte Getränke oder gleich etwas Alkoholfreies.

- ✔ **Meiden Sie Versuchungen.** Finden Sie heraus, was Ihren Alkoholkonsum triggert – etwa das Vorbeigehen an Ihrer Lieblingskneipe – und finden Sie eine Strategie, um solche Auslöser zu umgehen.

- ✔ **Denken Sie an die Vorteile** (siehe S. 170–171): Wenn Sie weniger trinken, werden Sie besser schlafen, weniger Kalorien zu sich nehmen und sich insgesamt gesünder fühlen.

- ✔ **Belohnen Sie sich.** Führen Sie Buch über Ihre Ausgaben (siehe S. 88) und erfüllen Sie sich mit dem Geld, das Sie normalerweise für Alkohol ausgegeben hätten, einen Wunsch.

VERMEIDUNG VERMEIDEN

DEM STRESS DIE MACHT NEHMEN

Wenn uns etwas stresst, haben wir oft das instinktive Bedürfnis, dem Auslöser auszuweichen. Doch Vermeidung kann unseren Stress langfristig verstärken. Viel effektiver ist es, sich den Problemen zu stellen.

Stresssituationen zu vermeiden kann einen Teufelskreis in Gang setzen, durch den wir am Ende immer nur noch mehr Stress erleben.

Sich vor etwas drücken

Die neuseeländische Psychologin Alice Boyes beleuchtet, wie Vermeidung funktioniert:

- **Auseinandersetzung verweigern.** »Meine Steuererklärung ist überfällig. Ich gehe ins Kino.«
- **Vermeiden** schmerzhafter Erlebnisse. »Ich bin in der Schule für meine dummen Fragen getadelt worden. Ich frage nicht nach, was mein Chef gemeint hat.«
- **Nicht prüfen,** ob Befürchtungen berechtigt sind. »Dieser Knoten könnte Krebs sein. Ich gehe lieber nicht zum Arzt.«
- **Meiden sozialer Situationen.** »Ich gehe nicht zu der Party – da mache ich mich nur lächerlich.«
- **Herausforderungen meiden.** »Ich werde mich mies fühlen, wenn ich bei dem Wettbewerb schlecht abschneide. Ich nehme besser gar nicht erst daran teil.«

> **Vermeidung** ist verzwickt, weil sie funktioniert, irgendwie … Aber auf **lange Sicht** hat sie einen **Preis.**
>
> **Ellen Hendriksen**
> Amerikanische Psychologin

In solchen und ähnlichen Situationen verschlimmert das geschilderte Verhalten womöglich die Situation. Und selbst wenn nicht: Ihre Furcht bleibt bestehen.

Ein Problem, das Stress bereitet, nicht anzugehen, führt zu einem Phänomen, das Behavioristen »negative Verstärkung« genannt haben (siehe unten). Die Wahrscheinlichkeit, dass die betreffende Person das Thema auch weiterhin vermeidet, hat sich erhöht und sie wird nicht lernen, mit dem Stressor umzugehen.

Negative Verstärkung

Das Konzept der negativen Verstärkung wurde von B. F. Skinner, einem Vertreter des Behaviorismus, entdeckt und spielt auch beim Vermeidungsverhalten eine Rolle:

1 Eine Situation setzt mich unter Stress.

2 Ich reagiere darauf mit einem bestimmten Verhalten.

3 Das Problem wird dadurch aktuell gelöst.

4 Wenn mich wieder etwas stresst, reagiere ich vermutlich auf dieselbe Weise.

Negative Verstärkung kann nützlich sein: So erhöht beispielsweise der Warnton in Auto, der erst aufhört, wenn Sie den Sicherheitsgurt anlegen, die Wahrscheinlichkeit, dass Sie sich angurten und sicherer unterwegs sind.

Manchmal jedoch muss ein Problem angeschaut und gelöst wer-

 TEUFELSKREIS DER VERMEIDUNG

Stressoren zu meiden bedeutet, dass man nicht lernt, mit ihnen fertigzuwerden. Es ist besser, Probleme anzugehen. So erhöhen wir gleichzeitig unsere Stresstoleranz.

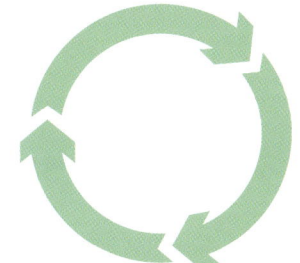

VERMEIDUNG

> Etwas stresst Sie.
> Sie meiden den Stressor.
> Ihr Stresslevel sinkt zunächst.
> Sie meiden den Stressor weiterhin.
> Sie lernen nicht, mit dem Stressor umzugehen.
> Sie können ihn nicht bewältigen.

PROBLEMLÖSUNG

> Etwas stresst Sie.
> Sie halten das Unbehagen aus.
> Sie gehen das Problem an.
> Sie überstehen das Unbehagen.
> Sie lernen, mit dem Stressor umzugehen.
> Der Stressor wird schwächer.

den. Es zu vermeiden reduziert den damit verbundenen Stress vielleicht kurzzeitig, doch mit der Zeit wird es immer schwieriger, sich dem Stressor zu stellen.

Es gibt viele Copingstrategien, die den Umgang mit Stresssitu-

✓ IN KLEINEN SCHRITTEN

Mit der Expositionstherapie lässt sich Vermeidungsverhalten schrittweise verringern. Nehmen wir an, Sie hatten eine Panikattacke in einem Geschäft. Nun betreten Sie es nicht mehr, weil Sie Angst vor einer weiteren Attacke haben.

1 Nähern Sie sich dem Laden in Begleitung. Bleiben Sie davor stehen, bis Sie sich entspannen.

2 Gehen Sie allein dort hin und bleiben Sie davor stehen.

3 Betreten Sie das Geschäft in Begleitung. Warten Sie, bis Ihre Angst nachlässt, dann gehen Sie.

4 Betreten Sie das Geschäft ohne Begleitung.

5 Betreten Sie das Geschäft und kaufen Sie eine Kleinigkeit.

6 Halten Sie sich bei jedem weiteren Besuch ein bisschen länger im Laden auf, bis dieser Ort Sie nicht mehr beunruhigt.

ationen erleichtern, wie wir auf den Seiten 26 bis 29 und an vielen anderen Stellen im Buch zeigen. Je öfter wir solche Strategien nutzen, desto leichter fällt uns das und umso schneller gehen sie uns in Fleisch und Blut über.

BLEIBEN SIE GESUND
STRESS UND KRANKHEIT

Krank zu sein erzeugt Stress – und Stress erhöht die Wahrscheinlichkeit, dass wir krank werden. In beiden Fällen ist Selbstfürsorge der beste Schutz für das seelische und körperliche Wohlbefinden.

Eine Erkrankung kann zudem bewirken, dass wir stressanfälliger sind – und umgekehrt. Machen Sie sich bewusst, dass und wie Psyche und Körper einander beeinflussen, um gesundheitliche Risiken besser vorauszusehen und Ihre Selbstfürsorge entsprechend anzupassen.

Post-Krankheits-Blues

Dass wir uns oft auch psychisch elend fühlen, wenn wir krank sind, hat biologische Gründe: Der Körper setzt sogenannte Zytokine frei – Eiweiße, die an der Regulation des Immunsystems beteiligt sind, aber auch zu einer Dämpfung der Stimmung beitragen können.

Eine amerikanische Studie aus dem Jahr 2001 zeigte, dass 45 Prozent der Patienten, die mit synthetischen Zytokinen behandelt wurden,

Depressionssymptome entwickelten, wenn sie nicht bereits Antidepressiva einnahmen. Achten Sie also während und kurz nach einer Erkrankung besonders auf Ihre seelische Gesundheit.

FREIZEITKRANKHEIT

3 %

Der niederländische Psychologe Ad Vingerhoets schätzt, dass drei Prozent der Menschen an **»Leisure Sickness«** leiden – einer plötzlichen Erkrankung nach einer Stressphase. Sein Rat: Gehen Sie nach einer Stressphase **langsam vom Gas,** statt eine Vollbremsung hinzulegen.

Der »Let-down«-Effekt

Sind Sie schon einmal gleich nach einer Stressphase krank geworden? Das hatte vermutlich mit dem Phänomen zu tun, das der amerikanische Psychologe Marc Schoen als »Let-down-«Effekt bezeichnet. Bei akutem Stress aktivieren Stresshormone unser Immunsystem. Dabei werden jedoch auch schlafende Viren »geweckt«, sodass eine Infektion entsteht, sobald das Immunsystem wieder herunterfährt.

Auch Arthritis und andere chronische Schmerzerkrankungen können sich in der »Let-down«-Phase verschlimmern. Das liegt daran, dass Botenstoffe wie Cortisol und Noradrenalin während einer Stressreaktion die Schmerzwahrnehmung unterdrücken – daher überanstrengen sich manche Menschen in dieser Zeit. Die Auswirkungen machen sich dann bemerkbar, wenn die Stresshormone wieder auf Normalniveau sinken.

Schoens Empfehlung: Wechseln Sie nach einer Stressphase nicht zu abrupt in den Entspannungsmodus.

GUTE GRÜNDE FÜR EINE KRANKMELDUNG

Wenn Sie zu krank sind, um zu arbeiten – sind Sie zu krank, um zu arbeiten. Belasten Sie sich dann nicht auch noch mit Schuldgefühlen. Es gibt gute Gründe für eine Krankmeldung, an die Sie Ihren Arbeitgeber bei Bedarf erinnern können:

> Ich brauche einen Tag Pause, um **wieder auf die Beine zu kommen.**

> **Ich möchte verhindern,** dass alle sich bei mir anstecken.

> **Ich verliere weniger Arbeitszeit,** wenn ich mich jetzt ein oder zwei Tage auskurieren kann.

> Ich kann heute einfach nicht arbeiten, **ich bin zu krank, um zu denken.**

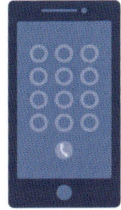

Gönnen Sie sich stattdessen eine »Abkühlungsphase« (siehe rechts), um die Stressantwort Ihres Gehirns langsam herunterzuregeln; so bleibt Ihr Immunsystem aktiv genug, um Infektionen abzuwehren. Gehen Sie Schritt für Schritt wieder zu Ihrem normalen Alltag über.

Hilfreiche Freunde

Wer an einer chronischen Krankheit leidet, macht oft die Erfahrung, dass andere mit Plattitüden reagieren, etwa: »Nichts passiert ohne Grund.« Die meisten kranken oder behinderten Menschen erleben, dass solche Kommentare ihren Stress eher vergrößern, weil sich dahinter die unausgesprochene Botschaft verbirgt, dass der Sprecher keine Klagen hören möchte. Da kann es tröstlich sein, zu wissen, dass Ärzte davon abraten, Symptome herunterzuspielen. Eine indische Studie von 2007 zeigte, dass Menschen, die den Ernst einer Erkrankung herunterspielten, oft auch die Behandlung verzögerten, vermieden oder sabotierten.

Unterstützung aus dem sozialen Umfeld kann hilfreich sein (siehe S. 176–179). Bevorzugen Sie die Gesellschaft von Menschen, die Sie nicht nur aufheitern möchten, sondern auch zulassen, dass Sie ehrlich sind, wenn es Ihnen schlecht geht.

Symptome beachten

Wenn wir Stress haben, fühlen wir uns manchmal auch dann krank, wenn körperlich alles in Ordnung ist. Ob Kopfschmerzen oder Ausschlag: Emotionale Belastungen können zu echten physischen Beschwerden führen (siehe S. 196–197). Fragen Sie Ihren Hausarzt, ob Stress die Ursache sein könnte, wenn Symptome ohne erkennbare Ursache auftreten. Das heißt keineswegs, dass sich alles »nur in Ihrem Kopf« abspielt. Ihr Stresslevel ist Bestandteil Ihres Allgemeinbefindens.

 # ABKÜHLPHASE NACH DEM STRESS

Wer vermeiden will, unmittelbar nach einer Stressphase krank zu werden, folgt dem Rat des amerikanischen Psychologen Marc Schoen:

 **Fordern Sie sich** mehrmals täglich mit fünf bis sechs Minuten moderater Bewegung wie Joggen oder Treppensteigen.

 **Fordern Sie Ihren Geist** einmal täglich für 30 bis 60 Minuten mit Denksport oder einer Schachpartie.

Wenn Sie sich drei Tage lang – laut Schoen der kritische Zeitraum – an diese Empfehlung halten, haben Sie gute Chancen, gesund zu bleiben.

KAPITEL 4

ENTSTRESSEN SIE IHR LEBEN

WEGE ZU EINEM GELASSENEREN DASEIN

ZU VIEL UM DIE OHREN?

SO SETZEN SIE PRIORITÄTEN

Für viele Menschen gehört das ständige Jonglieren mit unterschiedlichsten Aufgaben zum Alltag. Doch wie können wir vernünftige Entscheidungen treffen, wenn wir so viele Erwartungen erfüllen müssen?

Stress kann nervös machen und wenn wir nervös sind, treffen wir nicht immer die besten Entscheidungen. Der erste Schritt besteht darin, Aufgaben weniger emotional, sondern möglichst objektiv zu betrachten.

Vernünftige Wahl

Mit konkurrierenden Zielen umzugehen fällt uns leichter, wenn wir die damit verbundenen Aufgaben auf bestimmte Weise interpretieren. Bei einer britisch-australischen Studie von 2016 sollten zwei Projekte fertiggestellt werden: Eines war bereits in gutem Zustand, das andere nicht. Die Versuchsleiter versprachen den Probanden sechs Pence, wenn sie beide Projekte abschlossen, und die Hälfte, wenn sie nur ein Projekt beendeten. Weil bei dem »schlechten« Projekt nur eine 20-prozentige Erfolgschance bestand – verglichen mit einer 80-prozentigen bei dem »guten« Projekt –, war zu erwarten, dass diejenigen, die hier ansetzten, keines der Vorhaben zu Ende bringen würden. Die Forscher wählten zwei verschiedene Varianten bei der Aufgabenstellung: Einigen Teilnehmern sagte man, dass sie für den Abschluss der Projekte Geld bekommen würden, anderen, dass sie Geld verlieren würden, wenn sie nicht fertig werden.

Ergebnis: Die Teilnehmer, denen eine Erfolgsprämie versprochen worden war, gingen auf Nummer sicher und verdienten mehr. Die Probanden hingegen, die glaubten, es ginge darum, einen Verlust zu vermeiden, fingen häufiger mit dem »schlechten« Projekt an und vollendeten keines der Projekte.

AUF DISTANZ GEHEN

Wie eine israelisch-amerikanische Studie aus dem Jahr 2008 zeigte, planen wir unter Stress oft weniger effektiv. Das lässt sich verbessern, indem wir eine emotionale »Distanz« zwischen uns und die Situation bringen. In der Studie werden dazu vier Möglichkeiten benannt:

- **Zeitliche Distanz.** Welche Priorität würden Sie wohl in zehn Jahren setzen?

- **Räumliche Distanz.** Was hätte Priorität, wenn sich diese Situation am anderen Ende der Welt abspielen würde?

- **Soziale Distanz.** Was hätte für Sie Priorität, wenn ein Fremder in dieser Situation wäre?

- **Imaginäres Geschehen.** Was hätte Priorität, wenn es nicht um eine reale, sondern um eine vorgestellte Situation ginge?

Diese Methoden halfen Menschen, ihre Gedanken in einer Stress-situation zu klären. Versuchen Sie also, in Ihrer Vorstellung eine Distanz herzustellen, wenn ein Problem Sie zu überrollen droht.

Auf Gewinn setzen

Wir sind Wesen mit einer Verlust-aversion: Weil wir ein negatives Ergebnis unbedingt vermeiden wollen, gehen wir mehr Risiken ein. Versuchen Sie, in Gewinnen statt in befürchteten Verlusten zu denken – das ist ein logischer Ansatz und mit weniger Stress verbunden.

DRÜCKEN ODER ZIEHEN?

Psychologen definieren zwei verschiedene Kategorien von Zielen:

Annäherungsziele

Orientierung an positivem Ergebnis: »Ich schaffe das Examen mit Bravour.«

Vermeidungsziele

Orientierung an negativem Ergebnis: »Ich mache keine Schulden mehr.«

Laut einer britischen Studie aus dem Jahr 2014 fühlen wir uns gestresster und ängstlicher, wenn wir uns auf Vermeidungsziele konzentrieren. Formulieren Sie Ihre Vermeidungsziele daher zu positiven Zielen um – das hilft dabei, zuversichtlich zu bleiben.

ANSTRENGUNGSBUDGET

Da wir weder Zeit noch Energie haben, uns jeder Aufgabe mit 100 Prozent Krafteinsatz zuzuwenden, ist eine entsprechende Planung ratsam. Durch eine gut strukturierte To-do-Liste lässt sich Stress reduzieren. Der amerikanische Psychologe Jeff Szymanski hat dafür ein einfaches Rankingsystem entwickelt:

Rangfolge	Was fällt darunter?	Erforderlicher Einsatz
A-Aufgaben ★★★★	Aufgaben, die unbedingt gut erledigt werden sollten.	Wählen Sie drei Aufgaben, für die Sie vollen Einsatz bringen.
B-Aufgaben ★★★	Aufgaben, bei denen ein akzeptables Ergebnis genügt.	Etwa 80 Prozent Einsatz: Bemühen Sie sich, »gut genug« reicht.
C-Aufgaben ★★	Einfache Aufgaben, die minimalen Aufwand erfordern.	Setzen Sie nur so viel Energie ein wie unbedingt nötig.
Anderes ★	Zeitaufwendig, aber unwichtig.	Wenden Sie jetzt keine Kraft auf, sondern erst später.

Ob bei der Arbeit, im Studium oder privat – Szymanski rät, sich zu fragen: »Wofür soll mein Leben stehen?« Wenn wir dem, was uns am wichtigsten ist, Priorität geben, werden wir nicht nur effizienter, sondern erleben auch weniger Stress.

SCHWIERIGER BALANCEAKT
BERUF UND FAMILIE VEREINBAREN

Familiäre und berufliche Verpflichtungen unter einen Hut zu bekommen ist eine Herausforderung. Auch wenn sich eine perfekte Balance wohl nur selten erreichen lässt: Ein unterstützendes Netzwerk hilft sehr.

Heutzutage kann fast keine Familie von nur einem Einkommen leben: Meistens sind beide Eltern berufstätig, Alleinerziehende schultern eine besonders schwere Last. Eine Balance zwischen Beruf und Familie zu finden ist schwierig, doch mit gegenseitiger Unterstützung, Flexibilität und Kreativität lässt sich vieles schaffen.

Kampf mit der Überforderung

Wenn sich sowohl am Arbeitsplatz als auch zu Hause die Arbeit stapelt, sind laut einer kanadischen Studie aus dem Jahr 2010 folgende Strategien verbreitet:

- **Reduzierung** des eigenen Zeitbudgets für Beruf, Haushalt und Schlaf.

- **Rückgriff auf Freunde und Angehörige** oder der Einkauf von Dienstleistungen, beispielsweise Hilfe beim Putzen.
- **Umstrukturierung** oder Eingrenzung beruflicher Aufgaben.
- **Umstrukturierung der familiären Rollenverteilung** durch Einbeziehung der Kinder oder des Partners in die Hausarbeit, gute Planung der Familienzeit und bei Bedarf wechselseitige Übernahme von Pflichten.

Frauen sind der genannten Studie zufolge am ehesten bereit, auf Freizeit und Erholungspausen zu verzichten. Berufliche Aufgaben umzustrukturieren erwies sich nur als hilfreich, wenn dies freiwillig geschah – Männer zeigten sich hier weniger bereitwillig. Als effektivste Methode erwies sich die innerfamiliäre Umverteilung von Aufgaben.

Optimale Zeitnutzung

Geschlechterrollen können einschränken: So stellte eine wichtige kanadische Studie 1984 fest, dass

Laut einer US-Statistik von 2016 sind die meisten Eltern berufstätig. Kinder, die geliebt werden, lernen so, wie sich eine gute Work-Life-Balance erreichen lässt.

48 %
Bei knapp der Hälfte aller Paare **arbeiteten beide Partner.**

70,5 %
Zwei von drei **Frauen** und neun von zehn **Männern** mit **Kindern unter 18 Jahren** waren berufstätig.

die erfolgreichsten Alleinerziehenden in ihren Familien eine eher »androgyne« Rolle einnahmen: Sie ließen sich weder in ihrer Autorität noch in ihrer Fürsorge von Rollenklischees einschränken.

Männern, die Schwierigkeiten mit ihrer Work-Life-Balance haben, gab der amerikanische Managementprofessor Scott Behson folgende Ratschläge; sie sind sicher auch für berufstätige Mütter hilfreich:

- **Nutzen Sie Arbeitspausen,** zum Beispiel die mittags, um kleinere familiäre Aufgaben wie Telefonate oder das Begleichen von Rechnungen zu erledigen.
- **Vereinbaren Sie flexible Arbeitszeiten,** wenn Ihr Arbeitgeber diese Möglichkeit vorsieht. Gehen Sie bei Bedarf früher nach Hause oder kommen Sie später zur Arbeit, um Ihren familiären Verpflichtungen nachzukommen.
- **Füllen Sie »Zeitlöcher«,** um früher nach Hause gehen zu können.

Einen wirklich befriedigenden Ausgleich zwischen familiären und beruflichen Verpflichtungen zu finden wird immer eine Herausforderung bleiben. Ob diese Aufgabe Sie unter starken Stress setzt, hängt auch davon ab, wie viel Unterstützung Sie haben und wie souverän Sie Ihr Zeitbudget managen. Nutzen Sie jede Gelegenheit, um mit Ihrem Partner zu kommunizieren und ihn oder sie bestmöglich zu unterstützen, und wertschätzen Sie gegenseitig die Anstrengungen, die Sie beide unternehmen.

STRATEGIEN GEGEN ÜBERLASTUNG

Manchmal setzt uns das Jonglieren mit familiären und beruflichen Pflichten so unter Stress, dass wir nicht mehr wissen, wie wir alles bewältigen sollen. Die amerikanische Psychologin Gloria W. Bird erstellte 2005 eine hilfreiche Übersicht von Copingstrategien – vielleicht finden Sie hier die Lösung, nach der Sie gesucht haben.

Copingstrategie	... bei der Arbeit	... zu Hause
Individuelles problemfokussiertes Coping	✔ Unterteilen Sie eine große Aufgabe in viele kleinere. ✔ Bereiten Sie sich gut vor. ✔ Arbeiten Sie schneller. ✔ Bitten Sie um Informationen und Rat. ✔ Akzeptieren Sie Ihre Grenzen.	✔ Sprechen Sie über Ihre Bedürfnisse. ✔ Reservieren Sie Zeit für die Familie – keine Anrufe, Mails, Gäste oder andere Ablenkungen. ✔ Setzen Sie realistischere Maßstäbe.
Individuelles emotionsfokussiertes Coping	✔ Führen Sie positive Selbstgespräche. ✔ Beschäftigen Sie sich nicht mit unlösbaren Problemen. ✔ Setzen Sie Entspannungstechniken ein. ✔ Zeigen Sie sich beherrscht.	✔ Zügeln Sie Ihr Temperament. ✔ Akzeptieren Sie andere Persönlichkeiten und Vorstellungen. ✔ Treiben Sie Sport. ✔ Ruhen Sie sich aus.
Coping als Paar	✔ Nehmen Sie sich gegenseitig Aufgaben ab. ✔ Sprechen Sie mit einer Stimme. ✔ Beraten Sie einander. ✔ Reagieren Sie auf Anzeichen von Stress.	✔ Nehmen Sie sich Zeit zum Reden. ✔ Bilden Sie eine gemeinsame Front. ✔ Gehen Sie schwierigen Angehörigen aus dem Weg.
Coping als Team (Kollegen und Angehörige)	✔ Bauen Sie gute Beziehungen zu Ihren Kollegen auf. ✔ Lenken Sie gestresste Kollegen ab. ✔ Sprechen Sie Probleme an, wenn nötig. ✔ Hören Sie zu.	✔ Unterstützen Sie Ihre Familie. ✔ Akzeptieren Sie Hilfsangebote. ✔ Pflegen Sie eine Familienkultur, in der sich jeder auf jeden verlassen kann.

DER WERT VON FREIZEIT

HOBBYS UND ERHOLUNG

Manchmal sind wir vor lauter Stress so erschöpft, dass wir nur noch die Beine hochlegen möchten. Die Forschung zeigt jedoch, dass ein anspruchsvolles Hobby besser geeignet sein könnte, um wieder aufzutanken.

Malen Sie gern? Klettern Sie oder spielen Sie Schach? Hobbys, die unsere ganze Aufmerksamkeit fordern, können uns dabei helfen, stressresistenter zu werden.

Verhaltensaktivierung

In den 1970er-Jahren entwickelte ein Team um den amerikanischen Psychologen Peter Lewinsohn die Theorie der Verhaltensaktivierung (VA). Ursprünglich zur Therapie von Depressionen gedacht, kann dieser Ansatz auch dazu beitragen, dass wir selbst in Stresszeiten eine positive Einstellung bewahren.

Stress kann bewirken, dass wir das Leben als weniger lebenswert empfinden. Greift dieses Gefühl auf weitere Lebensbereiche über, geben wir womöglich Aktivitäten auf, die uns bislang Freude gemacht haben – und das wiederum kann den Stress verschlimmern.

Die Verhaltensaktivierung arbeitet mit einem Außen-innen-Ansatz:

⌕ VERGNÜGEN UND MEISTERSCHAFT

»Rumhängen« kann gelegentlich eine gute Idee sein. Doch eine herausfordernde Aufgabe, die Freude macht, ist oft besser geeignet, um Stress auszugleichen und neue Kraft zu tanken. Psychologen halten »Vergnügen« und »Meisterschaft« für entscheidende Faktoren, wenn es um unser Wohlbefinden geht. Eine Aktivität, der Sie mit Spaß nachgehen (Vergnügen) und bei der Sie sich als kompetent erleben (Meisterschaft), fördert die Resilienz, also die Widerstandsfähigkeit in schwierigen Zeiten.

LASSEN SIE SICH VON STRESS NICHT AUSBREMSEN

In anstrengenden Lebensphasen sind wir schnell überzeugt davon, nicht genug Zeit oder Energie für Aktivitäten zu haben, die uns normalerweise entspannen und aufheitern. Wie Peter Lewinsohn, Begründer der Verhaltensaktivierung, beobachtete, kann daraus ein Teufelskreis entstehen: Wenn wir uns durch unseren Stress von Aktivitäten abhalten lassen, die uns sonst Freude machen, erzeugen wir ein neues Verhaltensmuster, das weniger belohnend ist, sprich: uns mit weniger angenehmen und ausgleichenden Erfahrungen versorgt.

Wir erleben Stress, der uns Motivation und Energie raubt.

Wir hören auf, zu tun, was uns Freude macht.

Wir erleben weniger Vergnügen und Meisterschaft.

GEFANGEN IM TEUFELSKREIS

Wir tun weniger, um unser Leben zu meistern.

Wir sind unzufriedener und fühlen uns hilfloser.

Unser Selbstvertrauen nimmt ab, die Selbstkritik hingegen zu.

Wenn wir etwas wirklich gerne tun, erfahren wir eine emotionale Belohnung, die mehr positive Gedanken und Gefühle nach sich zieht. Gerade in Stressphasen ist es also ganz in Ihrem Interesse, weiter bei dem zu bleiben, was Sie erfreut.

Optimale Erfahrungen

Wenn Sie müde sind, gibt Ihnen eine vergnügliche Herausforderung womöglich mehr Energie als das reine Ausruhen. Der ungarische Psychologe Mihaly Csikszentmihalyi spricht hier von »optimalen Erfahrungen«, durch die »Flow« entsteht (siehe S. 174–175) – gemeint sind Momente, in denen man so in seinem Tun aufgeht, dass man sich als kraftvoll und zuversichtlich erlebt und Stress an Intensität verliert.

WAS MACHT SIE GLÜCKLICH UND ZUFRIEDEN?

Wenn Sie Ihre freie Zeit als wenig erfüllend erleben, hilft vielleicht ein Freizeittagebuch: Notieren Sie zwei Monate lang, welche Aktivitäten Ihnen wie viel Vergnügen machen und Erfahrungen der Meisterschaft ermöglichen (siehe links). Dann planen Sie für die lohnendsten Aktivitäten bewusst mehr Zeit in Ihrem Alltag ein – ein ausgezeichneter Weg, um Ihre Stressresilienz zu stärken.

Tag	Aktivität	Vergnügen (Punkte von 10)	Meisterschaft (Punkte von 10)
Freitag	Abendessen gekocht	4	7
	Im Internet gesurft	5	3
Samstag	Joggen gewesen	3	9
	Gitarre geübt	7	8
	Film angeschaut	8	2

MIT FITNESS GEGEN STRESS

WARUM BEWEGUNG WICHTIG IST

Eine der wirksamsten Maßnahmen gegen Stress ist zugleich eine der einfachsten: Bewegung. Sport macht nicht nur fit, sondern auch gelassener und widerstandsfähiger gegenüber den Herausforderungen des Lebens.

S tress aktiviert Körper und Geist, er lässt zum Beispiel die Herzfrequenz steigen und macht uns wach. Sport hat den gleichen Effekt, was auch erklärt, warum er bei der Stressbewältigung hilft: Wird der Körper gefordert, kann er üben, mit Belastungen fertigzuwerden und sich wieder von ihnen zu erholen.

Die Stresschemie besiegen

Bei Bedrohungen schüttet unser Körper zur Vorbereitung auf Kampf oder Flucht (siehe S. 20–21) vermehrt die Stresshormone Cortisol und Noradrenalin aus. Bei sportlicher Aktivität benötigt er diese beiden Hormone ebenfalls. Wenn wir den Cortisolspiegel nun durch regelmäßige Bewegung senken, mindern wir zugleich unser Risiko, chronische Krankheiten zu entwickeln, die mit Stress in Zusammenhang stehen, wie Herz-Kreislauf-Erkrankungen und Depressionen.

Sport für die Psyche

Von regelmäßiger Bewegung profitiert auch unser seelisches Wohlbefinden, denn Sport stimuliert die stetige Ausschüttung zweier wichtiger Botenstoffe: Serotonin hebt die Stimmung und wirkt antidepressiv, Noradrenalin reduziert Schmerzen und Angst.

Der Zusammenhang zwischen regelmäßiger körperlicher Aktivität und der Verringerung von Depressionssymptomen ist inzwischen gut belegt. Daher raten viele Ärzte und Therapeuten ihren Patienten mit leichten bis mittleren Depressionen dazu, Sport zu treiben. Eine britische Metastudie, die 39 Einzelstu-

✔ WIE OFT UND WIE LANGE TRAINIEREN?

Gesunden Erwachsenen empfehlen Ärzte allgemein Bewegung im unten angegebenen Maß. Natürlich kann man auch anstrengenden und sanfteren Sport in einem wöchentlichen Trainingsplan kombinieren: Dabei entspricht eine Minute intensives Training ungefähr zwei Minuten moderatem Training. Wer gesundheitliche Probleme hat, sollte unbedingt ärztlichen Rat einholen, bevor er loslegt.

1. MINIMUM/WOCHE ODER 2. MINIMUM/WOCHE

150 Minuten
Moderates aerobes Training
wie schnelles Gehen, Schwimmen,
Radfahren oder Gartenarbeit
2 ✕ pro Woche
Kräftigungsübungen
wie Yoga, Sit-ups oder
Krafttraining

75 Minuten
Intensives aerobes Training
wie Joggen, Kampfsport, Fußball
und andere schnelle Sportarten
2 ✕ pro Woche
Kräftigungsübungen
(siehe links)

◉ EMOTIONALE RESILIENZ

Sport kann die emotionale Resilienz stärken, wie eine Studie der Universität Princeton 2013 zeigte: Mäuse, die sechs Wochen lang ein Laufrad im Käfig gehabt hatten, wurden kurz einem Stressor (kaltes Wasser) ausgesetzt. Die Forscher stellten fest, dass Bewegung sich zweifach positiv auf das Gehirn auswirkte:

- **Mittel- und langfristig** förderte sie das Wachstum neuer Gehirnzellen in Arealen, die für die Emotionsregulation und die Dämpfung der Stressreaktion zuständig sind.

- **Kurzfristig** bewirkte sie die Ausschüttung von GABA, einem Neurotransmitter, der wichtig bei der Verringerung von Angst ist.

Bewegung sorgt für einen raschen Anstieg beruhigender Botenstoffe und steigert langfristig unsere Stressbewältigungskompetenz.

---

dien auswertete, bestätigte 2013, dass Sport die Symptome leichterer Depressionen genauso wirksam mindert wie Medikamente und Psychotherapie. Da Depression überdies eng mit chronischem Stress assoziiert ist, trägt regelmäßige sportliche Betätigung dazu bei, die seelische Gesundheit zu fördern.

Schutzschild für die Seele
Sport kann die Auswirkungen von Stresserfahrungen mindern. Eine amerikanische Studie von 2013 untersuchte die Reaktion gesunder

junger Erwachsener auf aufwühlende Bilder, nachdem die Probanden sich entweder ausgeruht oder Sport getrieben hatten. Die Teilnehmer der Ruhegruppe wiesen höhere Stresslevel auf, die aus der Sportgruppe blieben ruhig.

Mehr Effizienz
Mehr Aufgaben zu haben, als man schaffen kann, ist eine verbreitete Stressquelle. Eine neuseeländische Studie von 2012 ergab, dass Sport die sogenannten Exekutivfunktionen wie kritisches Denken, Planen,

Ordnen von Gedanken und Verhaltenssteuerung verbessert. Diese Fähigkeiten sind entscheidend für problemfokussiertes Coping.

Welche Art von Sport eignet sich am besten? Alles, was Ihre Herzfrequenz erhöht und Sie zum Schwitzen bringt (siehe oben). Wichtig ist, dass Sie eine Sportart wählen, die Sie wirklich mögen, damit Sie dranbleiben. Am besten verankern Sie Bewegung fest im Alltag, um Ihre körperliche und geistige Ausdauer ebenso zu stärken wie Ihre emotionale Widerstandskraft.

GEHEN ALS THERAPIE
DEM STRESS DAVONLAUFEN

Bewegung hat sich in vielen Studien bewährt, um Stress zu bewältigen und das Gehen ist eine besonders beruhigende Bewegungsform – Grund genug, öfter spazieren zu gehen.

Während Besuche im Fitnessstudio im Alltag oft schwierig unterzubringen sind, ist Gehen etwas, das sich fast immer und überall durchführen lässt, etwa indem Sie eine Haltestelle früher aussteigen oder in der Mittagspause um den Block laufen.

> Gehen scheint in besonderer Weise mit **Kreativität** in Verbindung zu stehen … ob draußen oder auf dem Laufband.
>
> **Marily Oppezzo und Daniel L. Schwartz**
> Psychologen der Universität Stanford

Vom Nutzen des Gehens

Glaubt man Ärzten und Psychologen, gibt es viele gute Gründe, öfter zu Fuß zu gehen:

✔ **Das schnelle Gehen** ist eine aerobe Aktivität, die sowohl der psychischen als auch der physischen Gesundheit dient (siehe S. 152–153).
✔ **Beim Gehen werden Neurotransmitter ausgeschüttet,** die dazu beitragen, dass der Spiegel von Stresshormonen wie Cortisol sinkt.
✔ **Gehen fördert das Wachstum neuer Gehirnzellen,** was auch positiv auf die Stimmung wirkt.
✔ **Gehen kann eine soziale Aktivität sein,** die den Aufbau unterstützender Beziehungen fördert (siehe S. 176–179).
✔ **Gehen kostet nichts.**

BESSERES GEDÄCHTNIS

20 %

Laut einer US-Studie von 2008 erhöht das Gehen **Gedächtnisleistung und Aufmerksamkeit** um **bis zu 20 Prozent,** egal wo und bei welchem Wetter man unterwegs ist.

Den Geist sammeln

Beim Gehen bietet sich darüber hinaus eine besonders gute Gelegenheit, Achtsamkeit zu praktizieren (siehe S. 132–135). Für eine 2012 veröffentlichte deutsche Studie absolvierten Freiwillige zwischen 18 und 65 Jahren, die unter starkem Stress standen, ein achtsamkeitsbasiertes Gehtraining. Nach vier Wochen gaben die meisten Teilnehmer an, deutlich gelassener zu sein.

Wer achtsames Gehen ausprobieren möchte, sollten folgende Punkte beachten:

- **Richten Sie Ihre Aufmerksamkeit** auf die körperlichen Empfindungen beim Gehen; nehmen Sie sie wahr, ohne sie zu kommentieren oder zu bewerten.
- **Versuchen Sie,** an nichts anderes zu denken als an das Gefühl des Gehens.
- **Taucht ein unangenehmer Gedanke auf,** wenden Sie Ihre Aufmerksamkeit Ihrem Atem zu, bis dieser Moment vorbei ist.

Den Geist freilassen

Das Gehen ist nicht nur eine gute Gelegenheit, sich in Achtsamkeit zu üben – ebenso wohltuend kann es sein, die Gedanken schweifen zu lassen, wie die amerikanischen Psychologen Rebecca McMillan, Scott Barry Kaufman und Jerome Singer 2013 herausfanden. »Positives, konstruktives Tagträumen«, wie sie es nennen, erlaubt dem Geist, die übliche Kontrolle aufzugeben. So können Verbindungen entstehen, die auf bewusstem Weg vielleicht nie zustande gekommen wären. Auf diese Weise finden wir womöglich Lösungen für Probleme oder kommen auf Ideen, die Einsichten fördern, Stress abbauen und uns zufriedener machen.

Tatsächlich kam eine amerikanische Studie von 2014 zu dem Ergebnis, dass Teilnehmer, die vor einem Kreativitätstest spazieren gingen, mehr innovative Einfälle hatten als Teilnehmer, die vor dem Test saßen.

Lärm ausblenden

Laufen in der Natur ist nachweislich besonders wohltuend (siehe S. 98–99). Doch wo immer Sie auch

⊘ DIE PERFEKTE HALTUNG

Gemütlicher Spaziergang oder Power-Walking: Eine korrekte Körperhaltung macht jede Art des Gehens angenehmer und effizienter. Mit folgenden Tipps wird Ihnen eine gute Haltung rasch zur zweiten Natur:

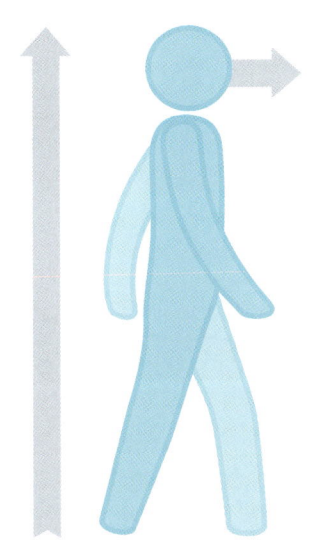

1 **Rücken gerade,** weder nach vorn noch nach hinten geneigt.

2 **Die Augen** blicken etwa sechs Meter vor dem Körper zum Boden.

3 **Kinn parallel** zum Boden halten, um den Nacken zu entlasten.

4 **Schultern entspannen:** einmal hochziehen, dann fallen lassen.

5 **Bauch leicht einziehen,** um Muskelspannung im unteren Rumpfbereich aufzubauen.

6 **Gesäßmuskeln leicht anspannen,** damit der Rücken sich nicht krümmt.

7 **Handy wegstecken,** damit Sie nicht in Versuchung geraten, beim Gehen auf das Display zu starren.

Mit guter Haltung fällt das Gehen leichter und wenn sich der Körper entspannt, entspannt sich auch der Geist.

spazieren gehen: Den Geist frei umherschweifen zu lassen, wie Robert Biswas-Diener, ein Vertreter der Positiven Psychologie, hervorhebt, kann uns vor den schädlichen Auswirkungen des Lebens und Arbeitens in einer überfüllten und lauten Umgebung schützen.

Unabhängig davon, ob Sie im Wald spazieren gehen oder die Straße hinunterlaufen, eine Gehmeditation machen oder in Tagträume versinken: Gehen ist eine anstrengungsarme Bewegungsform, die Ihren Geist ebenso entspannt wie Ihren Körper.

MEHR ENERGIE

20 %

Erschöpft? Laut einer Studie aus den USA von 2008 hebt **regelmäßiges Gehen** den Energielevel um 20 Prozent und **verringert Erschöpfung** um 65 Prozent.

ACHTSAME BEWEGUNG
MIT YOGA UND TAI-CHI ENTSTRESSEN

Gestressten Menschen wird oft empfohlen, einen Kurs zu besuchen, in dem sie ruhige, meditative Bewegungsformen erlernen. Die Forschung bestätigt, dass Yoga, Tai-Chi und Co. tatsächlich beruhigend wirken.

Wer häufig unter Stress steht, sollte sich vielleicht einmal in der Woche Zeit für eine beruhigende Aktivität wie Yoga oder Tai-Chi nehmen. Auch manche Ärzte empfehlen ihren stressgeplagten Patienten diese meditativen Bewegungsformen. Und was sagt die Wissenschaft dazu?

Gesundheitliche Vorteile
Yoga und Tai-Chi sind langsame und vergleichsweise schonende Bewegungsformen – und Bewegung unterstützt nachgewiesenermaßen die Stressbewältigung (siehe S. 152–153). Üblicherweise praktiziert man sowohl Yoga als auch Tai-Chi in Gruppen – eine gute Möglichkeit, Kontakte zu knüpfen und das eigene Netzwerk zu erweitern. Die Forschung hat zudem festgestellt, dass Yoga und Tai-Chi – regelmäßig ausgeübt –,

■ **die Stimmung heben,** indem sie den Spiegel der Neurotransmitter Dopamin und Serotonin erhöhen;

> Manchmal muss man einfach nur **in Bewegung kommen** und den Körper durcharbeiten.
>
> **Melanie Greenberg**
> Amerikanische Psychologin und Yoga-Expertin

- **die Ausschüttung** von Endorphinen (schmerzstillende Hormone) fördern;

- **den Spiegel stressassoziierter Botenstoffe** wie Noradrenalin und Cortisol senken.

Die Hinweise darauf, dass eine regelmäßige Yoga- oder Tai-Chi-Praxis die Reaktion auf Stress tatsächlich verbessern kann, verdichten sich. So kam eine deutsche Metastudie von 2013 zu dem Schluss, dass Yoga die Heilung von Depressionen fördert. Eine internationale Metastudie von 2014 berichtete, dass Tai-Chi bei unterschiedlichen Bevölkerungsgruppen das Stressmanagement unterstützen kann.

Insgesamt ist die Forschung zu Yoga und Tai-Chi vorsichtig optimistisch. Wenn Sie einen Yoga- oder Tai-Chi-Kurs belegen und sich nach dem Training besser fühlen, dann haben Sie wahrscheinlich das Richtige für sich gefunden.

Sicher üben

Tiefes Atmen – im Yoga wie im Tai-Chi von zentraler Bedeutung – wirkt entspannend, doch laut einer amerikanischen Studie von 2005 können in seltenen Fällen Nebenwirkungen wie Benommenheit, Schwindel oder Nervosität auftreten und bestehende psychische Erkrankung sich verschlimmern. Wählen Sie also einen ausgebildeten Lehrer aus und fragen Sie Ihren Arzt, falls Sie unsicher sind.

Yoga- und Tai-Chi-Übungen sollten angenehm, wenn auch ein wenig herausfordernd sein. Üben Sie auf sichere Weise und genießen Sie die entspannende Wirkung.

 TIPPS FÜR ANFÄNGER

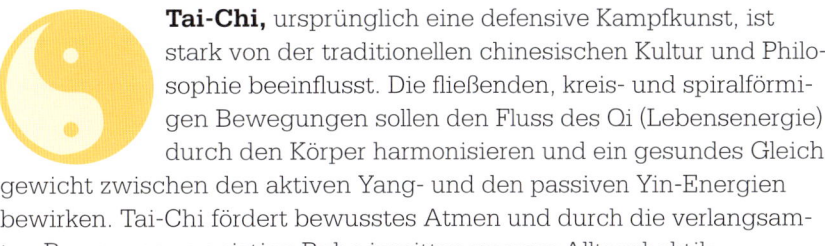

Tai-Chi, ursprünglich eine defensive Kampfkunst, ist stark von der traditionellen chinesischen Kultur und Philosophie beeinflusst. Die fließenden, kreis- und spiralförmigen Bewegungen sollen den Fluss des Qi (Lebensenergie) durch den Körper harmonisieren und ein gesundes Gleichgewicht zwischen den aktiven Yang- und den passiven Yin-Energien bewirken. Tai-Chi fördert bewusstes Atmen und durch die verlangsamten Bewegungen geistige Ruhe inmitten unserer Alltagshektik.

Yoga stammt aus Indien und vereint in seiner traditionellen Form Ethik, Spiritualität, Meditation und Körperübungen. Das moderne westliche Yoga konzentriert sich vor allem auf *asanas* (Haltungen), *pranayama* (Atmung) und *dyana* (Meditation). Die starke Fokussierung auf die Atmung und die geistige Sammlung wirkt energetisierend und entspannend zugleich.

Beide Praktiken fördern die Achtsamkeit (siehe S. 132–135), die erwiesenermaßen Stress sehr wirkungsvoll reduziert. Wenn Sie die Idee reizvoll finden, Bewegung mit Meditation zu verbinden, lohnt sich ein Versuch.

GESUNDER KÖRPER, GESUNDER GEIST

Zum einen ist Sport ein Stresskiller (siehe S. 152–153), zum anderen fällt es leichter, Herausforderungen anzunehmen, wenn man sich fit fühlt. Von Yoga und Tai-Chi profitiert nicht nur Ihre Psyche, sondern auch Ihr Körper:

- **Alle großen Muskelgruppen** und Gelenke werden bewegt.

- **Die Knochendichte nimmt zu,** das Risiko für Osteoporose sinkt.

- **Gelenkbeweglichkeit,** Gleichgewichtsgefühl und Koordination verbessern sich.

- **Vertieftes Atmen** vergrößert das Lungenvolumen und wirkt anregend auf den Kreislauf.

STRESS UND ERNÄHRUNG
WIE DRUCK DAS ESSEN BEEINFLUSST

Die meisten Menschen, die sich ungesund ernähren und zunehmen, fühlen sich nicht gut dabei. In Stressphasen verlieren wir besonders leicht die Kontrolle über unser Essverhalten, was wiederum mehr Stress verursacht.

In einer Kultur, die Schönheit und Schlanksein verknüpft, kann Essen zum Stressfaktor werden. Ein besseres Verständnis unserer Impulse kann helfen, ein positiveres Verhältnis zum Thema Ernährung zu entwickeln.

Sind Sie ein Stressesser?

Dass viele Menschen in Stressphasen dazu neigen, zu viel zu essen, hat biologische Gründe. Stress erhöht die Cortisolausschüttung und Cortisol steigert den Appetit. Die Evolution hat dafür gesorgt, dass der menschliche Organismus auf eine wahrgenommene Bedrohung (etwa ein Raubtier) reagieren kann. Denn Cortisol sorgt dafür, dass unsere Energiespeicher für einen Kampf oder eine Flucht aufgefüllt werden. Vermehrtes Essen bei Stress ist also keine Gier, sondern eine natürliche Reaktion des Körpers.

Cortisol ist auch für den Appetit auf Junkfood verantwortlich. In einer amerikanischen Studie von 2001 aßen Teilnehmer, deren Cortisolspiegel angesichts einer wahrgenommenen Bedrohung besonders stark stieg, unter Normalbedingungen ähnlich wie Teil-

> Bereits **Stress** allein kann bewirken, dass wir **zunehmen,** weil er den Stoffwechsel verändert.
>
> **Denise Cummins**
> Amerikanische Psychologin

UNTER DRUCK

80%

Laut einem amerikanischen Bericht von 2013 verändern **vier von fünf** Menschen **unter Stress** ihre Essgewohnheiten. Manche essen mehr, manche weniger. In anstrengenden Zeiten wird gesunde Ernährung zu einer Herausforderung.

nehmer mit geringerem Cortisolanstieg. Sie nahmen jedoch bei Stress bedeutend mehr Zucker und Fett zu sich.

Die amerikanische Sportwissenschaftlerin Christine Maglione-Garves stellte zudem fest, dass Cortisol die Speicherung überschüssiger Energie in der Bauchregion fördert. Einer amerikanischen Studie aus dem Jahr 2005 zufolge könnte Gewichtszunahme eine Strategie des Körpers sein, um die Stressreaktion abzuschalten. Bei Ratten, die unter Stressbedingungen gehalten wurden, sank der Cortisolspiegel ab einer gewissen Menge Bauchfett. Eine amerikanische Studie aus dem Jahr 2009 ergab, dass Affen, die hochkalorische Kost erhielten, unter Stress mehr Gewicht zulegten als nicht gestresste Affen.

Anders gesagt: Falls Sie wegen Ihrer Ernährung oder wegen Ihres Gewichts oft Schuldgefühle haben, gehen Sie liebevoller mit sich um. Stress ist ein buchstäblich gewichtiger Faktor und Selbsthass trägt nicht dazu bei, dass Sie sich besser und weniger gestresst fühlen.

DER NASCH-IMPULS

»Trostessen« ist eine verbreitete **Stressreaktion.** In der Stressstudie der American Psychological Association von 2017 bekannten sich rund **ein Viertel der Frauen** und **ein Fünftel der Männer** dazu.

26% Frauen

18% Männer

Wie sinnvoll sind Diäten?

Mit einer ausgewogenen Ernährung fördern wir unser körperliches und seelisches Wohlbefinden, es ist deshalb sinnvoll, dass wir uns darum bemühen. Lassen Sie sich bei Bedarf von einem Arzt oder Ernährungsberater unterstützen.

Einseitigen Diäten, die versprechen, dass in kurzer Zeit viele Kilos purzeln, sollten Sie mit Skepsis begegnen: Studien bestätigten, dass solche Crashdiäten die Ursachen der Gewichtszunahme nicht beseitigen. Ihre Wirkung ist daher nicht von Dauer.

Stress nach Zahlen

Ein Problem bei vielen Diäten ist, dass das Kalorienzählen stresst. Die Teilnehmer einer 2010 publizierten amerikanischen Studie sollten drei Wochen lang maximal 1 200 Kilokalorien täglich zu sich nehmen. Diejenigen, die ihren Kalorienver-

Q HUNGERGEFÜHLE?

Bei der von den amerikanischen Ernährungsberaterinnen Evelyn Tribole und Elyse Resch gegründeten »Intuitive-Eating«-Bewegung wird zwischen »Bauchhunger« und »Mundhunger« unterschieden:

BAUCHHUNGER

Das körperliche Verlangen nach Essen, wenn wir Energie benötigen. **Am besten stillbar** durch gesunde Speisen, die bewusst und in Ruhe verzehrt werden.

MUNDHUNGER

Das psychische Bedürfnis, etwas zu schmecken und zu kauen. **Am besten stillbar** durch kleine Mengen von Nahrungsmitteln, die besonders viel Aroma oder eine interessante Konsistenz haben.

Stressessen ist vor allem mit Mundhunger verbunden. Wenn Sie zwischen den Mahlzeiten ein dringendes Essbedürfnis haben, wählen Sie einen kleinen, aber besonders schmackhaften Snack.

brauch aufschreiben sollten, berichteten, sie hätten sich gestresster gefühlt als diejenigen, die weniger aßen, ohne Kalorien zu zählen. Nur weniger zu essen erwies sich allerdings auch nicht als stressfrei. Ob sie nun Kalorien zählen mussten oder nicht: Alle Teilnehmer hatten erhöhte Cortisolspiegel.

Warum Crashdiäten versagen

Vieles spricht dafür, dass uns eine zu stark gesenkte Kalorienzufuhr anfälliger für Binge-Eating (unkontrollierte Essattacken) macht. In einer US-Studie von 2010 wurden Mäuse kurzzeitig auf Diät gesetzt und konnten danach so viel fressen, wie sie wollten. Unter Stress fraßen diese Mäuse deutlich mehr als die Mäuse einer Kontrollgruppe, die durchgehend unbegrenzt fressen durften.

Die Wissenschaftler vermuteten, dass sich wegen der Belastung durch die Diät das Gehirn der Tiere neu »verdrahtet« hatte. Sie reagierten empfindlicher auf Stress und konnten ihr Belohnungsverhalten – in diesem Fall: Trostessen – weniger gut kontrollieren.

Das heißt nicht, dass Sie zwingend immer weiter zunehmen, falls Sie mal eine Diät gemacht haben. Wenn Sie aber dazu neigen, in Stressphasen zuzulegen, wird eine Crashdiät Ihnen mehr schaden als nützen. Kümmern Sie sich zuerst um Ihr Stresslevel und machen Sie eine gute Ernährung zu einem langfristigeren und weniger mit Schuldgefühlen behafteten Ziel.

✔ BESSERE LÖSUNGEN

Was tun, wenn Sie zum Frustessen neigen und mit den Konsequenzen für Ihr körperliches Erscheinungsbild unzufrieden sind? Die Forschung legt nahe, dass ein freundlicher Umgang mit sich selbst die Chancen auf eine nachhaltige Veränderung des Lebensstils verbessern kann.

RESPEKTIEREN SIE IHREN HUNGER
und Ihre Gefühle. Ernährungswissenschaftler und Therapeuten der »Intuitiv-essen«-Bewegung betonen: Der Kampf gegen die eigenen Gefühle verstärkt das Verlangen nach Nahrung. Essen Sie, wenn Sie hungrig sind, hören Sie auf, wenn Sie satt sind, und finden Sie neue und andere Wege, um sich zu trösten und zu nähren (siehe unten).

AKZEPTIEREN SIE IHREN KÖRPER
und überprüfen Sie Ihre Maßstäbe. Eine amerikanische Studie von 2008 zeigte, dass Menschen, die im Hinblick auf ihren Körper zu ausgeprägtem Perfektionismus neigen, häufig in einen Teufelskreis aus Diäten und Essattacken geraten. Mehr Toleranz sich selbst gegenüber und mehr Selbstwirksamkeit (siehe S. 18–19) bewirken, dass Essen zu einem weniger belastenden Thema wird.

VERMEIDEN SIE STRENGE DIÄTEN.
Eine amerikanische Übersichtsstudie zu Diätformen stellte im Jahr 2007 fest, dass bis zu 64 Prozent der Menschen, die abgenommen hatten, indem sie Diät hielten, wenig später wieder mindestens so viel wogen wie vorher.

TESTEN SIE ENTSPANNUNGSMETHODEN.
Den Teilnehmern einer neuseeländischen Studie von 2009 gelang es, ohne eine Diät etwas abzunehmen: mit Methoden wie PME (S. 131), Bauchatmung (S. 129) und Yoga (S. 157). Stressreduktion kann das Verlangen nach Essen mindern.

WÄHLEN SIE EINE ERNÄHRUNGSFORM,
die Sie mögen und sich langfristig vorstellen können. Melanie Greenberg, eine amerikanische Psychologin, sagt: »Gesund zu leben ist etwas Positives, dass Ihnen Genuss und Energie schenken kann.«

GLYKÄMISCHER INDEX (GI)

Alle Nahrungsmittel erhöhen den Blutzuckerspiegel, doch diejenigen mit hohem GI lassen ihn schneller ansteigen. Der GI besagt, wie rasch ein Nahrungsmittel verstoffwechselt wird. Weil wir das Gefühl haben, bei Stress einen Energieschub zu brauchen, greifen wir öfter zu Esswaren mit hohem GI. Schon wenige Stunden später fällt der Blutzuckerspiegel in den Keller und wir fühlen uns noch schlechter. Wer seine Stimmung stabilisieren will, sollte für ausgewogene Mahlzeiten sorgen, die bevorzugt Nahrungsmittel mit niedrigem GI enthalten:

50 %
Gemüse, Salat, Obst:
Gemüse- und Obstsorten mit niedrigem GI wie Brokkoli, Kohl, Blattsalat, Erbsen, Karotten, Tomaten, Kirschen, Grapefruits, getrocknete Aprikosen, Äpfel, Birnen, Erdbeeren und Orangen

25 %
Protein:
Eiweißlieferanten wie mageres Fleisch, Fisch, Eier und Hülsenfrüchte

25 %
Kohlenhydrate:
Süßkartoffeln, Vollkornreis und -nudeln

Q STRESSKILLER

Präbiotische Nahrungsmittel, die das Wachstum nützlicher Darmbakterien fördern, senken nach 2017 publizierten Forschungsergebnissen der irischen Wissenschaftler John Cryan und Ted Dinan auch den Stresslevel – zumindest bei Mäusen. Studien am Menschen sind in Vorbereitung, doch weil die empfohlenen Nahrungsmittel ohnehin gesund sind, lohnt es sich sowieso, sie in die Ernährung einzubauen. Besonders günstig wirkten:

✔ Artischocken
✔ Spargel
✔ Bananen
✔ Chicorée
✔ Knoblauch
✔ Porree
✔ Zwiebeln
✔ Milch
✔ Haferflocken
✔ Weizen

✓ DIE MEDITERRANE LÖSUNG

Die westliche Ernährung mit viel Zucker, fettem Fleisch und Fertigprodukten ist auch für die Psyche schlecht. Laut einer australischen Studie von 2015 kann sie sogar dazu führen, dass sich der Hippocampus, eine für die Stimmungsregulation wichtige Hirnregion, verkleinert. In einer spanischen Studie von 2013 verbesserte die traditionelle Mittelmeerkost die Stressresistenz.

Tipps für Ihren Speiseplan

Vollkorngetreide statt Weißbrot, weißem Reis oder weißer Pasta

Fisch, vor allem fette Sorten, die viel Omega-3-Fettsäuren enthalten

Mageres Fleisch, vorzugsweise Geflügel

Olivenöl zum Kochen und für Dressings

Obst statt Kuchen und Süßigkeiten

Nüsse und Mandeln

Wenn Alkohol, dann Rotwein

EINE GUTE NACHT

SCHLAFSTÖRUNGEN ÜBERWINDEN

Schlaflosigkeit und Stress können in einen Teufelskreis führen: Wir liegen wach, weil wir angespannt sind, und werden immer angespannter, weil wir nicht schlafen können. Hilfreiche Strategien schaffen Abhilfe.

Wenn wir viel um die Ohren haben, halten wir Schlaf manchmal für Zeitverschwendung. Doch laut der amerikanischen National Sleep Foundation ist chronische Insomnie – Schlafstörungen in mindestens drei Nächten pro Woche über mindestens drei Monate – mit etlichen Risiken für die physische und psychische Gesundheit verbunden. Wer ausgeruht ist, profitiert mehr von sportlicher Betätigung, kann seine Emotionen besser regulieren, hat weniger Angst und zeigt bessere kognitive Funktionen. Das zeigt, wie wichtig guter Schlaf ist.

Wenn Sie oft lange wach liegen, sollten Sie Ihre »Schlafhygiene« prüfen (siehe rechts) und einige

VERBREITUNG

1 von 3

Laut einer Studie der amerikanischen National Sleep Foundation von 1991 leidet **jeder Dritte** irgendwann in seinem Leben unter **Schlaflosigkeit.**

1 von 10

Laut einer 2002 in *Sleep Medicine Reviews* publizierten Studie haben **zehn bis 15 Prozent** der Erwachsenen **dauerhaft Schlafprobleme.**

KVT-Methoden ausprobieren (siehe nächste Seite).

Acht Stunden?

Oft hört oder liest man, acht Stunden seien die perfekte Schlafdauer, doch das Schlafbedürfnis ist individuell verschieden. Nach einer 2015 in *Sleep Health* veröffentlichten Studie gilt hier eine Zeitspanne. Es kommt zudem nicht nur auf die Dauer des Schlafs an, sondern auch auf die Qualität: Sechs Stunden Tiefschlaf sind meist erholsamer als acht Stunden unruhiges Herumwälzen. Und wenn nach mehreren schlechten Nächten ein Schlafdefizit besteht, brauchen wir mehr Schlaf als sonst.

Schlafdefizit

Wie eine finnische Studie 2007 ergab, hat Schlafmangel eine kumulative Wirkung. Das heißt: Eine Nacht mit zu wenig Schlaf ist noch nicht schädlich, doch drei oder vier in Folge erhöhen den Spiegel des Stresshormons Cortisol und den Blutdruck. Sind Sie mehrmals nacheinander sehr spät ins Bett gekommen, etwa weil eine Deadline einzuhalten war, können Sie das Defizit abbauen, indem Sie einige Abende lang früher als sonst schlafen gehen. Wer jedoch grundsätzlich unter Einschlafschwierigkeiten leidet, braucht womöglich intensivere Maßnahmen. »

WIE VIEL SCHLAF BRAUCHE ICH?

Die meisten Erwachsenen bräuchten mehr Schlaf, als sie sich gönnen. Doch wie lange sollte man durchschnittlich schlafen, um optimal ausgeruht zu sein?

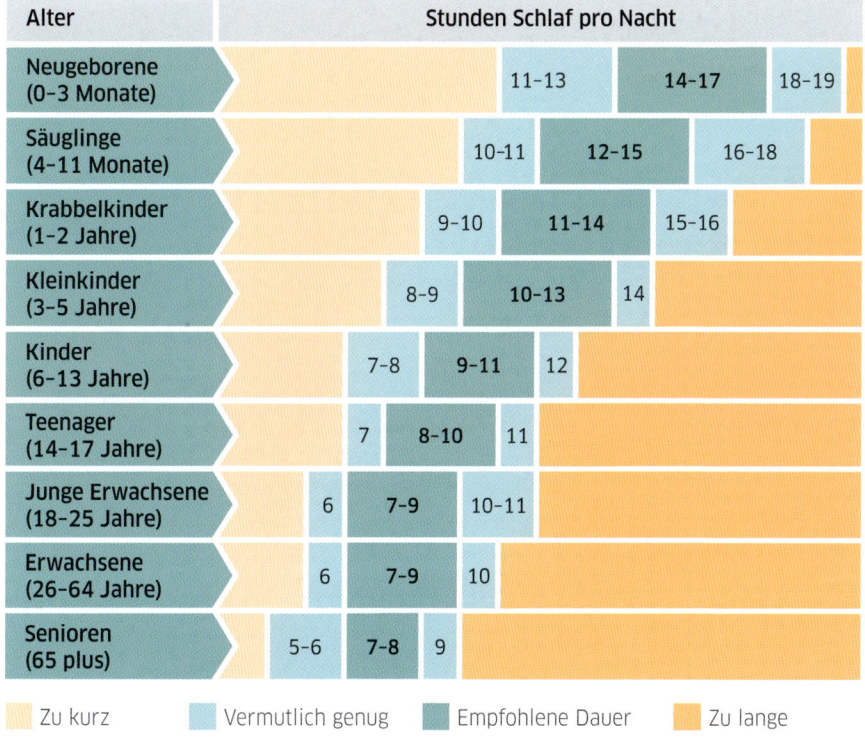

Alter	Stunden Schlaf pro Nacht							
Neugeborene (0–3 Monate)			11–13	**14–17**	18–19			
Säuglinge (4–11 Monate)		10–11	**12–15**	16–18				
Krabbelkinder (1–2 Jahre)		9–10	**11–14**	15–16				
Kleinkinder (3–5 Jahre)	8–9	**10–13**	14					
Kinder (6–13 Jahre)	7–8	**9–11**	12					
Teenager (14–17 Jahre)	7	**8–10**	11					
Junge Erwachsene (18–25 Jahre)	6	**7–9**	10–11					
Erwachsene (26–64 Jahre)	6	**7–9**	10					
Senioren (65 plus)	5–6	**7–8**	9					

☐ Zu kurz	☐ Vermutlich genug	☐ Empfohlene Dauer	☐ Zu lange

✓ SCHLAFHYGIENE

Bei leichten Schlafproblemen lohnt es sich, einen prüfenden Blick auf Ihre Schlafhygiene zu werfen:

- **Nutzen Sie Ihr Bett** nicht für Tagesaktivitäten wie Lesen oder Fernsehen – so lernt Ihr Körper, dass dies ein Schlafplatz ist.

- **Anstrengenden Sport** sollten Sie lieber morgens betreiben, entspannende Bewegung wie Yoga (siehe S. 152–157) ist auch für abends geeignet.

- **Keine Nickerchen** während des Tages, es sei denn, Ihre Müdigkeit wird zum Sicherheitsrisiko – in diesem Fall die Siesta auf 30 Minuten begrenzen.

- **Lassen Sie** Alkohol, Koffein, Schokolade und Nikotin nach der Mittagszeit und stark gewürzte Speisen am Abend weg.

- **Reduzieren Sie** Ihre Flüssigkeitszufuhr abends, damit Ihre Blase Sie nicht weckt.

- **Sorgen Sie für** eine ruhige, angenehme Schlafumgebung und ein bequemes Bett.

- **Schaffen Sie** eine Pufferzone zwischen Alltag und Schlafzeit: Schalten Sie elektronische Geräte aus und lesen Sie etwas oder hören Sie ruhige Musik.

Ihr Körper lernt so, dass Nacht Entspannung bedeutet. Hilft dies nicht, testen Sie die KVT-Methoden Stimuluskontrolle oder Schlafkompression (siehe nächste Seite).

Hilfreiche Maßnahmen

Ziel der Kognitiven Verhaltenstherapie (KVT) ist es, durch eine Korrektur von Gedanken, Einstellungen und Verhaltensweisen die Stimmung zu verbessern und Ängste zu reduzieren. Bei Schlafstörungen empfiehlt die American Academy of Sleep Medicine den Ansatz der CBT-I, der auf klassischer Konditionierung beruht: Da Schlaflosigkeit uns lehrt, das Zubettgehen mit Angst zu verknüpfen, muss dies wieder verlernt werden. Auch Schlafkompression und Stimuluskontrolle (siehe rechts) haben sich als hilfreich erwiesen.

Rat und Hilfe

Falls diese Strategien nicht zum Ziel führen, holen Sie sich medizinischen Rat: Möglicherweise liegt Ihren Schlafproblemen eine Erkrankung zugrunde. Schlafmittel verlieren mit der Zeit ihre Wirkung und können abhängig machen, daher werden sie in der Regel nur für zwei bis vier Wochen verschrieben. Ihr Arzt wird Sie vielleicht an einen kognitiven Verhaltenstherapeuten überweisen oder ein Schlaftherapieprogramm empfehlen.

Mit den beschriebenen Methoden und etwas Geduld sollten Sie schon bald wieder gut schlafen können.

Q TIEFERE URSACHEN

Schlaflosigkeit kann unterschiedliche Ursachen haben: medizinische, psychische und situative (wie Jetlag oder Schichtarbeit). Denken Sie nach, wann Sie am schlechtesten schlafen: Vielleicht finden Sie Hinweise auf Ihre Stressoren – der erste Schritt zur Lösung.

- **Einschlafstörung:** oft wegen Ängsten (siehe S. 204–207).
- **Durchschlafstörung:** nächtliches Aufwachen, kann mit körperlichen Erkrankungen, Schmerzen oder Depression zu tun haben (siehe S. 202–203).
- **Zu frühes Erwachen:** häufig verbunden mit Depressionen (siehe S. 202–203).

KLEINE VOGELKUNDE

Zu welcher Tageszeit sind Sie am leistungsfähigsten? Laut den amerikanischen Schlafforschern Michael Smolensky und Lynne Lamberg gehören wir zu einer der drei unten beschriebenen Gruppen. Kolibris verkraften lange Nächte oder frühe Weckzeiten am besten, sollten aber ein Schlafdefizit vermeiden. Eulen und Lerchen sollten ihren Tag so planen, dass sie genug Schlaf bekommen.

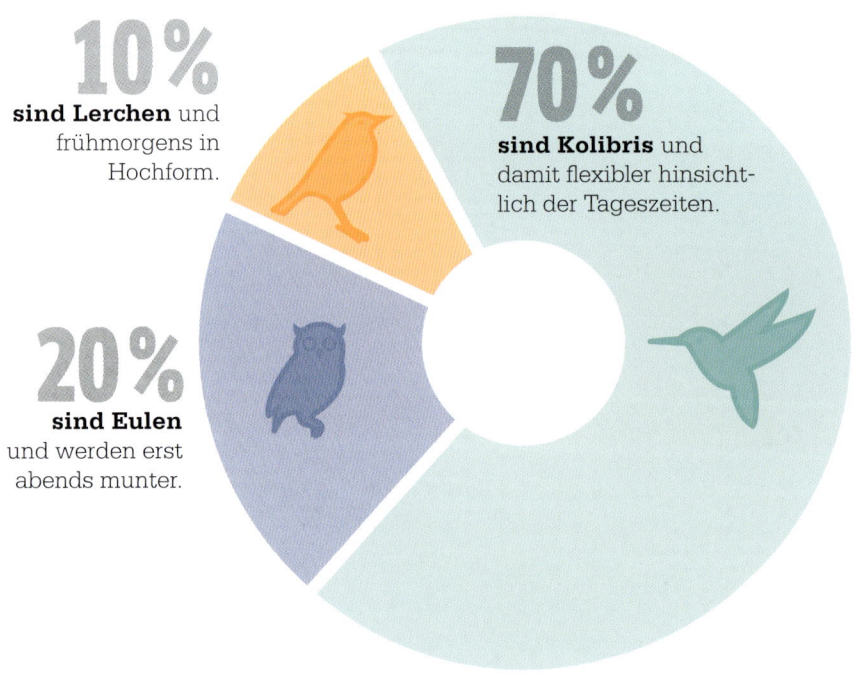

10 % sind **Lerchen** und frühmorgens in Hochform.

70 % sind **Kolibris** und damit flexibler hinsichtlich der Tageszeiten.

20 % sind **Eulen** und werden erst abends munter.

DIE KOSTEN

30 %

Laut dem National Health Interview Survey von 2010 schlafen **30 Prozent der Berufstätigen** regelmäßig **zu wenig.**

$ 2000

Wer müde ist, der **leistet weniger.** Eine amerikanische Studie von 2010 schätzte, dass den Unternehmen dadurch **pro Jahr und Arbeitskraft 2 000 US-$** (1 700 €) entgehen.

STIMULUSKONTROLLE

Laut einer 1998 in *Behavior Modification* veröffentlichten Studie und einer Studie der American Academy of Sleep Medicine von 2006 ist Stimuluskontrolle die wirksamste Einzelmaßnahme, um chronische Schlaflosigkeit zu behandeln. Wichtig ist, dass Sie wirklich erst dann zu Bett gehen, wenn Sie fast einschlafen:

1 Bleiben Sie auf, bis Sie wirklich schläfrig sind. »Müde« und »schläfrig« sind nicht dasselbe. Warten Sie, bis Sie gähnen, Ihre Augenlider schwer sind und Ihr Kopf wegnickt.

2 Schauen Sie nicht auf die Uhr – verbannen Sie Wecker und Handy aus Ihrem Blickfeld.

3 Sind Sie 15 bis 20 Minuten später (sehen Sie nicht auf die Uhr, schätzen Sie die Zeit) immer noch wach, stehen Sie wieder auf und verlassen das Schlafzimmer. Suchen Sie sich eine ruhige Beschäftigung wie Lesen oder machen Sie eine Entspannungsübung. Fernseher und andere elektronische Geräte sind tabu.

4 Bleiben Sie auf, bis Sie schläfrig werden, dann gehen Sie ins Bett. Sehen Sie nicht auf die Uhr.

5 Wiederholen Sie diese Schritte, bis Sie einschlafen.

6 Stehen Sie täglich zur gleichen Zeit auf, selbst wenn Sie schlecht geschlafen haben. Das hilft Ihrem Körper, einen regelmäßigen Rhythmus zu akzeptieren. In der folgenden Nacht werden Sie schon besser schlafen.

BERECHNEN SIE IHRE SCHLAFEFFIZIENZ

Wer an Schlafstörungen leidet, sollte die wach im Bett verbrachten Stunden verringern. Die Schlafeffizienz lässt sich mit dieser Formel berechnen:

$$\frac{\text{Geschlafene Stunden}}{\text{Bettstunden}} \times 100 = \text{Schlafeffizienz}$$

Beispiel: Sie haben sechs Stunden geschlafen, insgesamt aber neun Stunden im Bett verbracht. Damit liegt die Schlafeffizienz bei 67 Prozent. Die Schlafkompressionstherapie setzt 85 Prozent als Ziel an, was bedeutet, dass Sie fast die gesamte Zeit, die Sie im Bett verbringen, auch schlafen.

SCHLAFKOMPRESSION

Eine geringe Schlafeffizienz (siehe unten links) lässt sich relativ gut beeinflussen. Die Schlafkompression zum Beispiel erzieht Ihren Körper durch ein »Mach-was-du-willst«-Muster. Die Methode: Sie begrenzen Ihre Schlafzeit auf wenige Stunden und stehen immer zur gleichen Zeit auf – auch wenn Sie in dieser Zeit kaum Schlaf bekommen haben. Ihr Gehirn lernt am Ende, dass die Bettzeit begrenzt ist und genutzt werden sollte:

1 Legen Sie die Schlafdauer fest – weniger, als Sie brauchen, aber etwas mehr, als Sie aktuell bekommen. Meist sind das sechs Stunden.

2 Wählen Sie Ihre Weckzeit und zählen Sie sechs Stunden zurück. Das ist Ihre Zeit, um ins Bett zu gehen. Halten Sie sich an diesen Rhythmus und verzichten Sie auf eine Siesta.

3 Nach fünf bis zehn Tagen sollten Sie sechs Stunden durchschlafen. Ab jetzt gehen Sie 30 Minuten früher zu Bett.

4 Nach weiteren fünf bis zehn Tagen sollten Sie 6,5 Stunden schlafen. Verlegen Sie jetzt Ihre Zubettgehzeit um weitere 30 Minuten nach vorne. Setzen Sie das fort, bis Sie genug Schlaf bekommen.

EINFACHER LEBEN

WARUM ENTRÜMPELN BEFREIT

In Stressphasen fällt es vielen schwer, ihre Siebensachen in Ordnung zu halten. Doch eine unordentliche Umgebung verursacht oft noch mehr Stress. Entrümpeln kann ein erster Schritt zu mehr Wohlbefinden sein.

Wir leben in einer Konsumkultur und viele von uns sind nicht besonders gut darin, Überflüssiges wieder loszuwerden.

Unordnung und das Gehirn

Doch eine chaotische Umgebung beeinträchtigt das Denken, wie einige 2013 publizierte Studien der Universität von Minnesota zeigen: Nachdem die Teilnehmer in einem unordentlichen oder in einem aufgeräumten Raum einen Scheinfragebogen ausgefüllt hatten, sollten sie Entscheidungen treffen:

- **Der Bitte um eine Spende** folgten 82 Prozent der Teilnehmer aus dem aufgeräumten, aber nur 47 Prozent derjenigen aus dem chaotischen Zimmer.
- **Bei der Wahl** zwischen einem Schokoriegel und einem Apfel entschieden sich mehr Teilnehmer aus dem aufgeräumten Zimmer für die gesündere Alternative.
- **Bei einem Kreativitätstest** lieferten die Teilnehmer aus dem chaotischen Zimmer die einfallsreicheren Vorschläge.
- **Bei der Wahl** zwischen einem neuen und einem bekannten Produkt wählten die Teilnehmer aus dem aufgeräumten Zimmer mehrheitlich das bekannte, die aus dem unordentlichen Zimmer mehrheitlich das unbekannte Produkt.

Fazit: Eine unordentliche Umgebung macht uns womöglich kreativer, mindert aber unser Verantwortungsbewusstsein.

In einem chaotischen Umfeld können wir uns auch schlechter konzentrieren. Eine Studie der Universität Princeton wies 2011 nach, dass es Menschen, die in einer visuell unruhigen Umgebung leben und arbeiten, schwerer fällt, Informationen zu verarbeiten.

LOSLASSEN KANN SCHWERFALLEN

75 %

Laut einer US-Studie von 2012 konnten 75 Prozent der Mittelschichtsfamilien ihr **Auto nicht unterstellen,** weil ihre Garage bereits voll war …

11 Mio.

Die *New York Times* berichtete 2007, dass mehr als elf Millionen amerikanische Haushalte zusätzliche **Abstellräume angemietet** hatten.

MÖCHTEN SIE BALLAST ABWERFEN?

Lassen Sie sich durch Tipps von Ordnungsprofis inspirieren:

1 Aus den Augen, aus dem Sinn. Dinge, bei denen Sie nicht sicher sind, ob Sie sie behalten wollen, wandern in einen Karton. Wenn Sie einen Monat lang nicht daran gedacht haben, werfen Sie den Karton ungeöffnet weg.

2 Klein anfangen, aber gründlich. Nehmen Sie sich einen Bereich vor, zum Beispiel ein Regal, und räumen Sie dort auf, bis alles Überflüssige bei einer Wohltätigkeitsorganisation oder auf dem Recyclinghof gelandet ist.

3 Sie sind nicht Ihre Besitztümer. Hängen Sie Ihre Identität nicht an Ihren Besitz: Sie sind und bleiben auch ohne all diese Dinge Sie.

4 Menschen statt Sachen schätzen. Sie müssen nicht jedes einzelne Geschenk aufbewahren, um sich mit den Gebern verbunden zu fühlen. Etwas wegzuwerfen bedeutet nicht, die Beziehung zu einem Menschen aufzugeben.

5 Vertrauen Sie auf die Zukunft. An Dingen festzuhalten »nur für den Fall, dass …« ist ein Zeichen von Angst. Versuchen Sie darauf zu vertrauen, dass Sie auch ohne diese Gegenstände zurechtkommen werden.

6 Unterscheiden Sie zwischen geplantem und tatsächlichem Gebrauch. Zum Beispiel sind Kleidungsstücke, in die Sie irgendwann hineinzupassen hoffen, kein Quell der Freude, sondern nähren Ihre Unzufriedenheit. Weg damit.

7 Machen Sie sich keine Vorwürfe wegen Ihrer Unordnung: Schuldgefühle erzeugen Stress und Stress macht es schwieriger, Dinge loszulassen.

8 Kein Perfektionismus. Wenn Sie meinen, Ihre Wohnung müsste aussehen wie einem Einrichtungsmagazin entsprungen, werden Sie nie zufrieden sein. Einigermaßen ordentlich ist ordentlich genug.

Warum stresst Entrümpeln?

Einige klassische Studien, die der israelisch-amerikanische Psychologe und Nobelpreisträger Daniel Kahneman und seine Kollegen in den 1970er- bis 1990er-Jahren durchführten, liefern womöglich Antworten auf diese Frage:

■ **Prospect-Theorie** (auch »Neue Erwartungstheorie«): Sie besagt, dass Verluste deutlich stärker empfunden werden als Gewinne in gleicher Höhe: 5 € zu verlieren schmerzt uns mehr, als ein Gewinn von 5 € uns freut.

■ **Endowment-Effekt** (auch »Besitztumseffekt«): Etwas, das sich in unserem Besitz befindet oder befand – und sei es nur für wenige Minuten –, schätzen wir mehr als ein identisches Objekt, das uns nicht gehört.

Kein Wunder, dass es uns schwerfällt, Überflüssiges wegzugeben. Unser Gehirn ist so gebaut, dass es von dieser Idee nichts hält. In den Gehirnen zwanghafter Sammler, die sich von etwas trennen sollten, leuchteten einer Studie der Universität Yale von 2012 zufolge Bereiche auf, die mit körperlichen Schmerzen verbunden sind. Unordnung mag Stress erzeugen, Entrümpeln kann jedoch ebenfalls eine Stresserfahrung sein.

Haben Sie das Gefühl, dass Ihnen Ihr ganzer Krempel über den Kopf wächst? Dann versuchen Sie, mit den oben aufgelisteten Tipps Schritt für Schritt Ordnung zu schaffen.

SIND SIE STARK GENUG?

DIE WILLENSKRAFT TRAINIEREN

Neigen Sie dazu, in Belastungssituationen impulsiv zu handeln und zu entscheiden? Mit dem Wissen, was die Willenskraft schwächt, fällt es leichter, vernünftig zu bleiben, wenn man gestresst und müde ist.

Stress triggert eine »Kampf-oder-Flucht«-Reaktion, doch in den meisten Stresssituationen müssen wir weder kämpfen noch davonlaufen. Trotzdem greift die Anstrengung, diesem Impuls zu widerstehen, unsere Willenskraft an – glücklicherweise lässt die sich trainieren und steigern.

Selbsterschöpfung

Dem amerikanischen Psychologen Roy Baumeister zufolge, der die Theorie der »Ego Depletion« (Selbsterschöpfung) entwickelte, kostet es Energie, impulsive Entscheidungen nicht umzusetzen. Wenn unsere Kraftreserven schwinden, fällt es uns offenbar schwerer, die nötige Willenskraft aufzubringen:

- Bei Baumeisters Experiment aus dem Jahr 1998 gaben Probanden, die duftenden Keksen widerstehen sollten und stattdessen nur Radieschen essen durften, bei einem unlösbaren Rätsel nach durchschnittlich acht Minuten auf. Dagegen hielten Probanden, die einen Keks essen durften, rund 19 Minuten durch.
- Laut einer amerikanischen Studie von 2005 trinken Menschen an den Tagen, an denen sie viel Selbstkontrolle aufbringen mussten, mehr Alkohol.
- In einer amerikanischen Studie von 2010 aßen Kunden, die arm waren und genau überlegen mussten, was sie sich leisten konnten, während des Einkaufens häufiger ungesunde Snacks.

Die Selbstkontrolle ermüdet wie ein Muskel: Versuchungen zu widerstehen und trotz Frustrationen nicht aufzugeben ist ein Härtetest für unsere Willenskraft.

Stark bleiben

Was tun, um die Selbstkontrolle zu wahren, wenn Stress an den Energiereserven zehrt?

✔ **Glauben Sie an Ihre Stärke.** In einer 2010 publizierten Studie der Universität Stanford erhielten einige der Teilnehmer einen Fragebogen, der ihnen suggerierte, dass Willenskraft eine endliche Ressource ist. Diese Probanden zeigten anschließend weniger Willenskraft als diejenigen, in deren Fragebogen diese These fehlte. Baumeister stellte auch fest, dass Menschen, deren Reserven komplett erschöpft sind, eine echte Pause benötigten, bevor sie sich größeren Herausforderungen stellen konnten. Menschen, die sich nur leicht gestresst fühlen, profitieren hingegen von einer selbstbewussteren Haltung.

✔ **Üben Sie.** Eine Studie des amerikanischen Psychologen Mark Muraven von 2010 mit Probanden, die sich das Rauchen abgewöhnen wollten, ergab, dass diejenigen, die ihre Willenskraft zwei Wochen mit kleinen Selbstkontrollhandlungen trainierten, deutlich erfolgreicher waren als diejenigen, die das nicht taten.

✔ **Beruhigen Sie Ihren Geist.** Eine Schweizer Studie aus dem Jahr 2012 zeigt, dass eine kurze Achtsamkeitsmeditation sehr schnell und wirksam die Selbstkontrolle erhöhen kann (siehe S. 132–135).

WILLENSKRAFT NÄHREN

Selbstkontrolle kostet Energie, verbrennt also Glukose, den Zucker in unserem Blut, aus dem der Körper seine Energie hauptsächlich bezieht. Um die Willenskraft auf konstantem Level zu halten, sollten Sie Nahrungsmittel mit niedrigem GI bevorzugen (siehe S. 161). Studien zeigen, dass es uns mit einem konstanten Blutzuckerspiegel leichter fällt, Willenskraft zu beweisen – das schließt den Willen ein, auf stressbedingtes Naschen zwischen den Mahlzeiten zu verzichten.

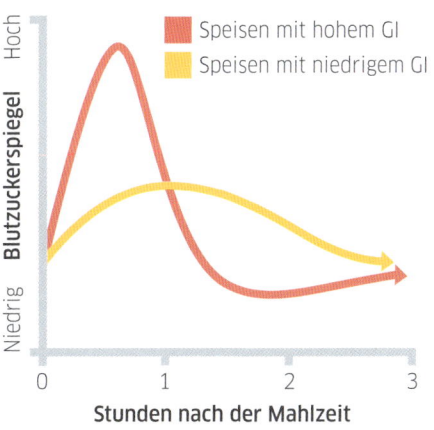

Legende:
- Speisen mit hohem GI
- Speisen mit niedrigem GI

Achse Y: Blutzuckerspiegel (Hoch / Niedrig)
Achse X: Stunden nach der Mahlzeit (0, 1, 2, 3)

WILLENSSCHWACH?

27 %

Bei einer Studie der American Psychological Association aus dem Jahr 2011 gaben 27 Prozent der Teilnehmer an, das **größte Hindernis** bei Veränderungen sei fehlende Willenskraft. Wenn Sie sich oft schwach fühlen, sind Sie nicht allein – und vermutlich **nicht so schwach, wie Sie glauben.**

MEHR IMPULSKONTROLLE

Die wichtigsten Trigger für einen Ausfall der Selbstkontrolle sind laut einer amerikanischen Studie aus dem Jahr 2011 diese:

■ **Schlechte Laune.** »Weshalb soll ich aufhören zu rauchen? Es interessiert ja doch keinen, ob ich gesund bin oder nicht.«

■ **Ein kleiner Verstoß lässt den Damm brechen.** »Ich sollte weniger Süßes essen, aber wenn die Eiscremepackung schon offen ist …«

■ **Eine zu große Versuchung.** »Ich wollte ja weniger trinken. Doch hier sind die Getränke umsonst und alle anderen trinken auch.«

■ **Eingeschränkte Selbstkontrolle,** etwa aufgrund von Alkoholkonsum oder Selbsterschöpfung. »Ich war die ganze Woche vernünftig, jetzt gönne ich mir was.«

Achten Sie auf solche Stolperfallen, lernen Sie aus Rückschlägen und überlegen Sie, wie Sie diese Impulse beim nächsten Mal kontrollieren können. Wenn Stress Ihre Willenskraft erschöpft, mag das Nachgeben bei einer Versuchung kurzfristig helfen. Langfristig ist es besser, die Stressquelle zu finden und wirksame Copingstrategien dagegenzusetzen.

GEWOHNHEI-TEN ÄNDERN

STANDHAFT BLEIBEN MIT SYSTEM

In Stressphasen ist es viel schwieriger als sonst, positive Gewohnheiten zu entwickeln. Wenn Ihr Plan für ein gesundes Leben zu scheitern droht, gehen Sie Ihr Vorhaben am besten systematisch an.

Haben Sie schon mal ein Trainingsprogramm begonnen oder sich vorgenommen, weniger Geld auszugeben, nur um in der nächsten Stressphase die alten Gewohnheiten wieder aufzunehmen? Stress nimmt uns Willenskraft und beeinträchtigt unser Urteilsvermögen, sodass es uns schwerer fällt, alte Muster aufzugeben. Dies hat neurologische Gründe.

Das zielbewusste Gehirn
In entspannter Stimmung fällt es uns leicht, gute Vorsätze zu fassen. Wir beschließen, dass unser Leben besser sein wird, wenn wir ein bestimmtes Ziel erreichen. Zwar wissen wir, dass wir hierfür einiges ändern müssen, doch wir glauben, dass sich das am Ende lohnt.

Das Problem ist, dass sich unser Denken unter dem Einfluss von Stresshormonen verändert. Bei einer deutschen Studie von 2012 injizierten Forscher den 69 Teilnehmern entweder ein Placebo oder Stresshormone. Die Probanden machten danach eine Reihe von

66 Tage

Eine britische Studie aus dem Jahr 2009 ergab, dass es durchschnittlich **66 Tage** dauert, bis ein **neues Verhalten zur Gewohnheit** wird. Überfordern Sie sich also nicht, sondern planen Sie langfristig.

Tests, bei denen sie sich Belohnungen erarbeiten konnten; dabei wurden ihre Gehirne gescannt. Bei den Teilnehmern aus der Placebo-Gruppe zeigte sich eine gesunde Aktivität in dem Teil des Vorderhirns, der mit zielgerichtetem Verhalten assoziiert ist. In den Gehirnen derjenigen, die Stresshormone bekommen hatten, war in diesen Regionen hingegen keine Aktivität festzustellen. Stattdessen waren Gehirnareale aktiv, die mit dem Gewohnheitsverhalten verbunden sind. Fazit: Unter Stress arbeitet die Biochemie gegen uns, was es schwieriger macht, schlechte Gewohnheiten abzulegen.

Widerstände überwinden

Wer seine Verhaltensmuster oder seinen Lebensstil ändern möchte, sollte sich insbesondere für Stresszeiten Unterstützung und Ermutigung sichern. Zudem gilt: Planen Sie das Umsetzen neuer Gewohnheiten systematisch und denken Sie vorab über mögliche Komplikationen nach. So fällt es leichter, auch bei Stress das neue Verhalten beizubehalten.

✅ WENIGER IST MEHR

Laut einer amerikanischen Studie von 2008 strapaziert es unsere Willenskraft, wenn wir zu viele Entscheidungen treffen müssen. Wenn Sie gewisse Dinge generell festlegen, machen Sie es sich leichter.

Beispiele

✔ Wählen Sie für jede Woche im Voraus ein paar Büro-Outfits aus: Damit schränken Sie die Möglichkeiten ein.

✔ Essen Sie jeden Morgen oder Mittag das Gleiche – vorausgesetzt, es ist ausgewogen –, oder legen Sie ein Montagsessen, ein Dienstagsessen usw. fest.

✔ Erklären Sie einen bestimmten Tag der Woche zu Ihrem Wasch- oder Putztag.

Wer solche Routinen entwickelt, hat mehr Energie für schwierigere Entscheidungen in seinem Leben.

✅ ZIELE POSITIV FORMULIEREN

Wie ein Ziel formuliert wird, kann entscheidend sein. Psychologen unterscheiden zwischen positiven oder Annäherungszielen und negativen oder Vermeidungszielen (Beispiele siehe unten). Wer eine schlechte Gewohnheit ablegen will, sollte sein Zeil positiv formulieren: Wenn Sie sich vorstellen, dass Sie etwas gewinnen werden, statt etwas zu verlieren, kommt Ihnen die anstehende Veränderung wahrscheinlich weniger anstrengend und lohnender vor.

 **Vermeidungsziel:** »Ich esse kein Junkfood mehr.«

 **Annäherungsziel:** »Ich achte an x Tagen auf gesunde Ernährung.«

✅ WENN-DANN-PLÄNE

Die Wenn-dann-Planung, die der amerikanische Psychologe Peter Gollwitzer 1999 erstmals beschrieben hat, ist ein Ansatz, mit dem sich Entscheidungen konkretisieren lassen (Beispiele hierzu siehe rechts). Die Forschung hat nachgewiesen, dass die Wenn-dann-Methode in allen Bereichen des Lebens hilfreich sein kann.

SCHWACHE PLÄNE

Ich sollte aufhören zu tratschen.

Ich muss wirklich weniger rauchen.

WENN-DANN-PLÄNE

Wenn die Kollegen pikante Geschichten erzählen, sage ich, dass ich zu tun habe, und arbeite weiter.

Wenn es in diesem Laden Zigaretten gibt, kaufe ich stattdessen Kaugummi.

WAS DER MENSCH WIRKLICH BRAUCHT, IST NICHT EIN SPANNUNGSLOSER ZUSTAND, SONDERN VIELMEHR DAS STREBEN UND KÄMPFEN UM EIN ZIEL, DAS SEINER WERT IST.

VIKTOR FRANKL, PSYCHIATER UND HOLOCAUST-ÜBERLEBENDER

VOLL BEI DER SACHE

DEN FLOW ERLEBEN

Wenn Stress uns das Gefühl gibt, dass wir die vor uns liegenden Herausforderungen nicht meistern können, ist Flow das beste Gegenmittel. Das Aufgehen in einer Aktivität erfüllt uns mit Selbstvertrauen und Kraft.

In den 1970er-Jahren entwickelte der ungarische Psychologe Mihaly Csikszentmihalyi ein äußerst wirksames Konzept der Stressbewältigung: das vollständige Involviertsein. Er definierte Flow als Kombination mehrerer Faktoren:

- **Intensive Konzentration** auf den gegenwärtigen Moment.
- **Handlung und Bewusstsein** verschmelzen.
- **Selbstvergessenheit.**
- **Gefühl der Kompetenz und Kontrolle.**
- **Verlust des Zeitgefühls,** zum Beispiel vergeht die Zeit schneller, als einem bewusst ist.
- **Autotelische Erfahrung,** das bedeutet, die Tätigkeit ist intrinsisch, also ohne Ziele oder Anreize von außen, belohnend.

Wenn wir Flow erleben, gehen wir ganz in einer Tätigkeit auf. Die Welt um uns herum und alles, was uns belastet, spielt in diesem Moment keine Rolle.

Sich selbst herausfordern

Csikszentmihalyi führte 1988 eine Studie mit 250 Teenagern durch. Die Jugendlichen mit niedrigen Flow-Werten verbrachten mehr Zeit mit wenig anspruchsvollen Aktivitäten wie Treffen oder Fernsehen. Diejenigen mit hohen Flow-Werten hingegen gingen aktiven, fordernden Beschäftigungen nach wie Sport oder Hobbys. Diese Teenager vermuteten, dass ihre »Low-Flow«-Kameraden mehr Spaß hatten, doch sie selbst verfügten über ein ausgeprägteres Selbstwertgefühl. Zudem waren sie langfristig glücklicher und zufriedener.

Manchmal sind wir so erschöpft, dass wir nur noch unsere Ruhe haben wollen. Energie gibt uns aber auch der Flow. Ob Sie ihn bei Ihren Hobbys oder bei der Arbeit erleben: Er ist ein exzellentes Mittel gegen Stress.

✏ STIMMUNGSTAGEBUCH

Sie suchen nach dem Flow?

Dann probieren Sie Csikszentmihalyis »Experience-Sampling«-Methode (ESM) aus: Stellen Sie Ihr Handy so ein, dass es mehrmals am Tag nach dem Zufallsprinzip einen Signalton von sich gibt. Wenn es piept, halten Sie inne und notieren Ihre Antworten auf diese Fragen:

- Was habe ich gerade gemacht? In wessen Gesellschaft?

- Wie herausfordernd ist die Tätigkeit auf einer Skala von 1 bis 10?

- Als wie kompetent habe ich mich wahrgenommen (Skala 1 bis 10)?

- Wie vertieft war ich dabei (Skala 1 bis 10)?

- Wie habe ich mich gefühlt (ruhig, gestresst, glücklich, verärgert, einsam, zuversichtlich, ängstlich, engagiert, stolz, fähig)?

- Wie ist die Zeit vergangen (schnell, normal, langsam)?

- Wenn ich mich selbst bei dieser Tätigkeit beobachte: Was für einen Menschen sehe ich?

Nach einigen Tagen wissen Sie, bei welchen Tätigkeiten Sie mit ganzem Herz und dem Gefühl der Meisterschaft bei der Sache sind.

✓ WIE ENTSTEHT FLOW?

Laut Owen Schaffer, einem amerikanischen Flow-Forscher, müssen für eine Flow-Erfahrung Voraussetzungen in diesen drei Bereichen erfüllt sein: Gelegenheit, Tätigkeit und Feedback. Finden Sie Aktivitäten, die die genannten Kriterien erfüllen.

Gelegenheit
1
> Wir sollten wissen, was wir tun wollen.
> Wir sollten wissen, wie wir es tun wollen.
> Wir sollten wissen, an wen wir uns wenden können, wenn die Orientierung fehlt.

Feedback
3
> Wir sollten die Qualität unserer Ergebnisse beurteilen können.

Tätigkeit
2
> Die Tätigkeit sollte anspruchsvoll sein.
> Wir sollten unsere Fähigkeiten als hoch einschätzen.
> Wir sollten ungestört sein.

✓ MEHR FLOW AM ARBEITSPLATZ

Der amerikanische Psychologe Daniel Goleman benannte drei zentrale Aspekte, die den Flow im Berufsleben fördern:

Arbeit finden, die zu den eigenen Fähigkeiten passt: anspruchsvoll genug, aber nicht überfordernd

Sich um »gute Arbeit« bemühen: Arbeit, die man liebt oder die den eigenen Werten entspricht (siehe S. 44–45)

Die Konzentrationsfähigkeit steigern, etwa durch Achtsamkeitsmeditation (siehe S. 132–135)

IHR SOZIALES NETZWERK

WAS BEZIEHUNGEN BEDEUTEN

Wir Menschen sind soziale Wesen, das heißt, wir brauchen Beziehungen mit anderen, um gesund zu bleiben. Freunde und Unterstützer zu haben, auf die wir zählen können, schützt uns vor Stress.

In anstrengenden Lebensphasen und wenn wir unter Zeitdruck stehen, vernachlässigen wir oft unsere Freundschaften. Dabei sind Weggefährten, die wir mögen und denen wir vertrauen, ein ausgezeichneter Puffer gegen Stress.

In der Natur verankert

Dass wir Freundschaften schließen, wurzelt tief in unserer Evolutionsgeschichte. In Netzwerken, die von gegenseitiger Unterstützung und Loyalität geprägt sind, erhöhen sich unsere Überlebenschancen. Biologen zeigen zudem an vielen Beispielen aus dem Tierreich, dass soziale Bindungen die Gesundheit und die Widerstandsfähigkeit gegen Stress stärken. Es liegt also in unserer Natur, dass wir uns sicher fühlen, wenn wir vertrauenswürdige Artgenossen um uns haben.

Eine amerikanische Metaanalyse von 2010 ergab, dass Menschen mit einem guten sozialen Netzwerk eine um 50 Prozent niedrigere Sterblich-

⌕ DANKE, DASS DU DA BIST

Bei einer kanadisch-amerikanischen Studie aus dem Jahr 2011 wurden die Probanden aufgefordert, einige Tage lang ausführlich Tagebuch über ihre negativen Erlebnisse zu führen. In dieser Zeit maßen die Forscher fortlaufend den Cortisolspiegel der Teilnehmer. Das Resultat: Deren Cortisolspiegel stieg, wenn sie eine negative Erfahrung allein durchlebten. Das passierte hingegen nicht, wenn sie ihren besten Freund oder ihre beste Freundin an ihrer Seite hatten.

keitsrate hatten als diejenigen mit weniger Unterstützung. Es stellte sich heraus, dass soziale Isolation und Einsamkeit (siehe S. 190–191) ebenso bedeutende Risikofaktoren für unsere Gesundheit sind wie Rauchen und Fettleibigkeit.

Ich fühle deinen Schmerz

Wenn ein enger Freund Schmerzen hat, erleben wir seine Empfindungen buchstäblich mit. In einer amerikanischen Studie von 2013 wurde die Hirnaktivität der Teilnehmer mit bildgebenden Verfahren gemessen, während sie selbst, ein Freund oder ein Fremder mit schwachen Stromstößen »bedroht« wurden. Wie zu erwarten, zeigten die Scans eine Stressreaktion, wenn die Teilnehmer erfuhren, dass sie einen Stromstoß bekommen würden. Bemerkenswert war jedoch, was sich zeigte, wenn ein anderer den Stromstoß erhalten sollte: Bei Fremden war die Reaktion schwach, doch wenn es um einen Freund ging, reagierten die Probanden so, als wären sie selbst betroffen.

Unser Gehirn unterscheidet angesichts einer Bedrohung nicht zwischen uns selbst und einem nahestehenden Menschen. Sehen wir einen Freund leiden, ist das eine Stresserfahrung. Andererseits kann es sehr tröstlich sein zu wissen, dass unsere Freunde unsere Gefühle teilen, wenn es uns selbst schlecht geht: Wir wissen, dass wir nicht allein sind.

Etwas zurückgeben

Die Unterstützung von Freunden ist ein echter Trost. Aber unser Stresslevel sinkt auch, wenn wir andere unterstützen. In einer amerikani-

Q WIE WIRKT FREUNDSCHAFT?

Die Psychologie hat zwei Modelle entwickelt, um zu erklären, wie soziale Unterstützung uns hilft:

Direkte-Effekte-Hypothese. Freundschaft fördert unser emotionales und körperliches Wohlbefinden unmittelbar unabhängig von unserer Lebenssituation.

Puffer-Hypothese. Freundschaft ist dann am wirksamsten, wenn wir unter Stress stehen. Dass uns jemand hilft, ermöglicht es uns, Distanz zu dem belastenden Ereignis zu entwickeln.

Beide Modelle gehen davon aus, dass gute Freunde das sind, was wir brauchen, um uns unter Druck besser zu fühlen.

schen Studie aus dem Jahr 2015 wurden die Probanden gebeten, 14 Tage lang sowohl über ihre Stresserlebnisse als auch über Situationen, in denen sie anderen geholfen hatten, Tagebuch zu führen. Ergebnis: Teilnehmer, die sich »prosozial« verhalten hatten, litten deutlich weniger unter den Auswirkungen von Stress.

Q UMARMUNG, BITTE!

Wenn Sie sich sehr gestresst fühlen, bitten Sie einen Freund oder eine Freundin um eine Umarmung. Viele Studien zeigen, was liebevoller Körperkontakt bewirkt:

- **Der Spiegel** des Stresshormons Cortisol sinkt.
- **Der Vagusnerv,** der Herzfrequenz und Blutdruck günstig beeinflusst, wird stimuliert.
- **Das »Kuschelhormon« Oxytocin,** das Entspannung und Vertrauen fördert, wird freigesetzt.
- **Die Ausschüttung** des Neurotransmitters Dopamin im »Belohnungszentrum« des Gehirns wird aktiviert.

Kurzum: Eine herzliche Umarmung tut beiden Beteiligten gut.

Es mag wie eine zusätzliche Last erscheinen, anderen einen Gefallen zu tun, wenn uns gerade alles über den Kopf wächst. Jedoch bestanden die prosozialen Verhaltensweisen, die die Versuchspersonen vor Stress schützten, häufig in kleinen Gesten der Großzügigkeit oder Höflichkeit, zum Beispiel darin, jemandem die Tür aufzuhalten.

»

⌕ SIE UND IHRE KONTAKTE

Wie viele Freunde brauchen wir? Zu viele Freunde zu haben, das kann ein Stressfaktor sein. Biologen, die die neuronalen Prozesse bei Primaten untersuchen, sagen, dass es von der Speicherkapazität des Gehirns abhängt, wie viele Beziehungen wir pflegen können. Je enger eine Beziehung, desto stärker beansprucht sie unser Gehirn. Ab einer bestimmten Zahl fühlen wir uns überfordert. Die fünf Kreise in dieser Abbildung stehen für die maximale Menge an Beziehungen, die wir auf jeder Ebene bewältigen können. Natürlich reichen auch weniger Beziehungen aus, sofern diese intakt sind und auf Zuverlässigkeit beruhen. Wenn Sie sehr gesellig sind, sich aber durch einen großen Freundeskreis gestresst fühlen, könnte das Aufgeben einiger Kontakte, die Ihnen weniger am Herzen liegen, für Erleichterung sorgen.

1500 **Menschen, die wir nur mit Namen kennen:** Wir wissen nichts über ihr Leben, etwa ob sie Kinder haben oder nicht.

500 **flüchtige Bekannte:** Wir unterhalten uns mit ihnen, geben ihnen aber eher oberflächliche Auskünfte über unser Leben.

50 **gute Bekannte:** Sie wissen über wenige persönliche Dinge aus unserem Alltag Bescheid, gehören aber nicht zum engen Kreis unserer Unterstützer.

15 **ziemlich gute Freunde,** die wir gut kennen und die in einer Krise Hilfe anbieten würden.

5 **enge Freunde:** Sie sind uns nah, wissen, was uns bewegt, und schenken uns kontinuierlich Unterstützung und Fürsorge.

⟫ Entscheiden Sie sich

Gute Freunde zu haben ist ein starker Trost in schwierigen Zeiten. Behalten Sie aber im Hinterkopf, dass manche Freunde mehr Stress verursachen, als sie abfedern. Wenn eine Freundschaft mit mehr Drama und Kummer verbunden ist als mit Entspannung und Trost, sind laut der amerikanischen Psychiatrieprofessorin Irene Levine folgende Schritte hilfreich:

✔ **Überdenken Sie** die betreffende Beziehung in einem ruhigen Moment. Im Zorn getroffene Entscheidungen können sich gegen einen selbst wenden, also überlegen Sie genau, ob Sie eine Freundschaft beenden oder nur etwas abkühlen lassen wollen.

✔ **Weniger enge Beziehungen** können Sie versanden lassen. Lehnen Sie Wünsche nach einem Treffen mit einer Ent-schuldigung ab, bis der andere kein Treffen mehr erwartet.

✔ **Falls Sie deutlicher werden müssen,** notieren Sie sich, was Sie sagen wollen. Sprechen Sie die Formulierungen laut aus, um sicherzugehen, dass Sie damit sagen, was Sie meinen. Vermeiden Sie Schuldzuweisungen und Eskalationen, das führt zu nichts. Sie allein entscheiden, mit wem Sie befreundet sein wollen.

Q »ANSTECKUNGSGEFAHR«

Wäre es besser, irgendeinen Freund zu haben als keinen, wenn wir gerade eine schwierige Zeit durchmachen? Laut einer Studie der amerikanischen Forscher Nicholas Christakis und James Fowler aus dem Jahr 2008 lassen wir uns leicht von der Stimmung unserer Freunde »anstecken«:

1,5 km

En **glücklicher Freund** innerhalb dieses Radius erhöht unsere Chance, glücklich zu sein, **um 25 Prozent.**

3 Schritte

Wir können uns sogar über **drei Kontakte** mit den Stimmungen anderer **»infizieren«:**

1 Jemand fühlt sich gestresst.

2 Sein Freund wird davon beeinflusst.

3 Auch dessen Freund wird beeinflusst.

4 Der Freund des Freundes des Freundes wird beeinflusst.

Suchen Sie also in schwierigen Phasen bevorzugt die Gesellschaft Ihrer gelassensten und optimistischsten Freunde und lassen Sie sich von deren Zuversicht anstecken.

Eine solche Entscheidung zu treffen muss nicht bedeuten, dass Sie jemandem die kalte Schulter zeigen, nur weil er oder sie Probleme hat – das wäre lieblos. Behalten Sie aber im Hinterkopf, dass Ihnen negative Freundschaften, die Sie belasten, Energie rauben. Daher sind vor allem die wirklich verlässlichen Freunde im Leben wichtig, die es gut mit uns meinen und die auch für uns da sind, wenn wir sie brauchen.

10 Minuten

Eine amerikanische Studie von 2010 stellte fest, dass schon **ein freundliches Gespräch, das zehn Minuten** dauert, die Gehirnfunktionen aktiviert und den Umgang mit Problemen verbessern kann.

? TOXISCHE FREUNDE

Gute Freunde geben Sicherheit, schlechte verstärken Stress. Die amerikanische Beziehungsforscherin Suzanne Degges-White rät, sich vor sieben Arten toxischer Freundschaft zu hüten:

1 **Neue Bekannte,** die zu schnell zu viel Nähe fordern.

2 **Freunde, die sich nur melden,** wenn es bei ihnen nicht gut läuft.

3 **Freunde, die Ihre Vorlieben ignorieren,** wenn gemeinsame Aktivitäten geplant werden.

4 **Freunde, die nur über sich** und ihre Interessen reden wollen.

5 **Freunde, die sich ständig darüber beklagen,** dass Sie nicht genug für sie da sind.

6 **Freunde, die ständig** mit Ihnen konkurrieren müssen.

7 **Freunde, die sich oft Geld leihen,** es mit der Rückzahlung aber nicht so genau nehmen.

Natürlich möchten Sie Ihre Freunde unterstützen. Doch Sie sind entspannter und können Stress besser bewältigen, wenn Sie Ihre Energie für diejenigen einsetzen, die nicht nur nehmen, sondern auch geben.

SAG ES POSITIV

WARUM JAMMERN NICHTS BRINGT

Wenn wir gestresst sind, scheint es nur natürlich, mal so richtig zu jammern. Die Wissenschaft hat jedoch herausgefunden, dass es uns besser geht, wenn wir Murren und Schimpfen auf ein Minimum beschränken.

Viele Menschen glauben, dass es hilft, seinem Ärger Luft zu machen, alles unmittelbar »rauszulassen« und nur nichts in sich hineinzufressen. Tatsächlich verursacht ausgiebiges Schimpfen und Klagen jedoch häufiger Probleme, als dass dabei eine Lösung herauskommt. Verhalten Sie sich also auch dann kultiviert, wenn Sie unter Stress stehen.

Das anpassungsfähige Gehirn

Die Neuronen (Nervenzellen) in unserem Gehirn arbeiten zusammen, um wichtige Informationen von einem Bereich an einen anderen zu senden. Neurotransmitter (chemische Botenstoffe) legen dazu eine Art neuronalen Pfad zwischen den Hirnarealen an, über den elektrische Signale die Information transportieren. Je öfter ein Pfad genutzt wird, desto stärker wird die Verbindung und desto leichter und naheliegender wird es, diesen Pfad zu benutzen.

Allerdings können sich solche Bahnen auch im Zusammenhang mit negativen Gefühlen und Verhaltensweisen ausbilden. Je häufiger wir über ein negatives Gefühl nach-

> **Dampf abzulassen** ist ein emotionaler Ausdruck … Klingt gut, ist aber völlig **falsch.**
>
> **Jeffrey Lohr**
> Amerikanischer Psychologe

✅ WIE SAGE ICH'S?

Wenn Sie mit Ihnen nahestehenden Menschen über ein Problem reden, das Sie stark belastet, verwenden Sie Formulierungen wie die folgenden, um der Situation einen positiveren Dreh zu geben:

✔ Das wird mich noch eine Weile in Anspruch nehmen.

✔ Das ist eine Herausforderung.

✔ Ich werde eine Menge Energie aufbringen müssen.

✔ Ich werde viele gute Ideen brauchen, um das zu lösen.

✔ Da muss ich wohl Biss zeigen.

✔ Ich freue mich auf den Tag, an dem das alles vorbei ist.

denken oder sprechen, desto leichter kommt es uns in den Sinn. Das heißt: Zu viel Klagen kann tatsächlich bewirken, dass wir uns schlechter fühlen, weil wir jedes Mal die neuronale Verbindung stärken, die diese Emotionen übermittelt. Das Gehirn kann das Negative immer besser verarbeiten und erzeugt vielleicht sogar ohne Grund schlechte Stimmungen. Es ist also sinnvoll, solche Gedanken und Gespräche zu reduzieren und lieber über positive Gefühle zu reden, um die damit verbundenen Bahnen zu stärken.

Mit Klagen umgehen

Wenn ein Freund unter Druck steht, bekommen Sie womöglich einige Klagen zu hören, ob Sie wollen oder nicht. Da wir uns rasch mit den Emotionen anderer anstecken, pro-

🔄 WAS KLAGEN BEWIRKT

Die amerikanische Psychologin Robin Kowalski beschreibt zwei Varianten: zum einen die instrumentelle Klagen, die sich auf die Lösung eines praktischen Problems richten (etwa bei der Rückgabe einer beschädigten Ware), zum anderen expressive Klagen, die andere zu einer Reaktion bewegen sollen. Erstere führen meist zum Ziel, die anderen eher nicht. Wer dennoch nicht auf expressives Klagen verzichten möchte, sollte dies in Maßen tun.

EXPRESSIVES KLAGEN

…kann **in Maßen** unsere Beziehungen zu anderen stärken.

…kann **ohne Rücksicht auf die Gefühle anderer** abstoßend wirken und uns isolieren.

…**verstärkt sich,** wenn es zur Gewohnheit wird, **selbst:** Wir **klagen immer öfter** und befremden andere noch mehr.

fitieren Sie wahrscheinlich selbst davon, wenn es Ihnen gelingt, den anderen positiv zu stimmen. Hier einige Strategien, die helfen:

■ **Positive Körpersprache.** Wir spiegeln unbewusst die Haltung unseres Gegenübers und die hat Einfluss auf die Stimmung. Versuchen Sie, Zuversicht auszustrahlen – vielleicht folgt Ihnen Ihr Gegenüber.

■ **Positives Feedback.** Machen Sie Ihrem Gegenüber ein Kompliment. Wenn sich dadurch seine Stimmung hebt, hören die Klagen von ganz allein auf.

■ **Themenwechsel.** Lenken Sie das Gespräch auf etwas Positives.

■ **Reagieren Sie so sparsam wie möglich.** Wenn Sie Klagen neutral mit »Mmm« oder »Aha« kommentieren, auf positivere Äußerungen aber lebhafter reagieren, wird Ihr Gegenüber damit aufhören, bei Ihnen Dampf abzulassen, weil es ihm nichts bringt.

Wir erleben vor allem die Stimmungen, die wir selbst pflegen. Wer es schafft, den Großteil seiner Gespräche positiv zu gestalten, wird sein Stresslevel vermutlich niedrig halten.

DIE HEITEREN SEITEN SEHEN

HUMOR UND SEINE FUNKTION

Stress und Druck können unser Wohlbefinden stark beeinträchtigen – Lachen ist ein gutes Gegenmittel. Die Freude an den komischen Momenten im Leben beeinflusst, wie wir schwierige Situationen meistern.

D ass die wohltuende Wirkung des Lachens wissenschaftlich gut untersucht und bestätigt wurde, dürfte viele Menschen überraschen: Zahlreiche Studien belegen die Antistresswirkung auf emotionaler und körperlicher Ebene.

Der biologische Nutzen

Lachen hat also nachweislich viele physiologische Effekte, die Stress verringern. Nach einem herzhaften Gelächter sinken Blutdruck und Herzfrequenz und wir werden entspannter. Und so wirkt Lachen:

- Die Ausschüttung des Stresshormons Cortisol wird gehemmt.
- Endorphine werden freigesetzt: Das sind Neurotransmitter, die als natürliche Schmerzmittel des Gehirns gelten und bewirken, dass wir Freude, Optimismus und Selbstvertrauen empfinden.
- Serotonin wird freigesetzt, ein Neurotransmitter, der Angst und Depression entgegenwirkt.
- Das Immunsystem wird gestärkt.

Q LACHEN HÄLT GESUND

Lachen kann unser Immunsystem stärken. In einer amerikanischen Studie aus dem Jahr 2003 zeigte man der einen Gruppe von Probanden einen lustigen Film, der anderen einen nicht lustigen. Die Teilnehmer, die das erste Video gesehen hatten, berichteten nicht nur, dass sie sich weniger gestresst fühlten, auch ihre Abwehrzellen zeigten noch vier Tage später deutlich mehr Aktivität.

Schmerzen weglachen

In einer britischen Studie von 2011 konnten Probanden, die über eine Komödie lauthals gelacht hatten, dank der dadurch freigesetzten Endorphine ihre Hand länger in einen vereisten Weinkühler halten als Probanden, die sich lediglich über das Witzige im Film gefreut hatten. Wer eine Verletzung oder Erkrankung zu bewältigen hat, kann sich also mit einem lustigen Film nicht nur ablenken, sondern auch die Schmerzen erträglicher machen.

Lachen als Copingstrategie

Stress wird oft als Gefühl definiert, den aktuellen Herausforderungen nicht gewachsen zu sein. Lachen kann die Wirkung von Stressoren immerhin verringern. In einer amerikanischen Studie von 2010 zeigte man den Probanden verstörende Fotos und bat sie dann, die Bilder auf eine von drei Arten zu kommentieren:

- **Ohne Humor:** Das Foto eines Mannes, der in einer Fabrik Fisch ausnimmt, könnte zum Beispiel so kommentiert werden: »Er kann sich glücklich schätzen, einen guten Job zu haben.«
- **Mit negativem, herabsetzendem Humor:** »Eine Fischfabrik ist der ideale Arbeitsplatz für Leute mit Körpergeruch.«
- **Mit positivem, wohlwollendem Humor:** »Er wollte ja schon immer mit Tieren arbeiten.«

Ergebnis: Die Probanden, die die Fotos mit positivem Humor kommentierten, waren von den Bildern weniger irritiert oder verstört. Lachen, das schlossen die Wissen-schaftler hieraus, könnte als eine Form der kognitiven Umstrukturierung (siehe S. 52–53) verstanden werden, eine der effektivsten Stressbewältigungsstrategien.

Gemeinsam lachen

Lachen stärkt auch freundschaftliche Beziehungen, wie eine Studie des amerikanischen Neurowissenschaftlers Robert Provine von 2000 zeigte: Bei Teilnehmern, die in Gesellschaft anderer lachten, waren nur zehn bis 20 Prozent der Lacher direkte Reaktionen auf Witze – und die waren häufig nicht einmal besonders komisch. Allein die Anwesenheit anderer sorgt dafür, dass wir eine Situation lustiger finden. Der auslösende Reiz ist ein Gegenüber, nicht etwa ein Witz, wie Provine herausfand. Das Lachen schafft Gemeinsamkeiten und soziale Bindungen sind ein wirksamer Schutz vor Stress (siehe S. 176–179).

Humor ist individuell

Zahlreiche Studien zeigen, dass unsere seelische und körperliche Gesundheit profitiert, wenn wir glauben, wichtige Aspekte unseres Lebens selbst in der Hand zu haben. Stress führt dazu, dass wir meinen, weniger Kontrolle zu haben. Mit einem Lachen holen wir uns diese Macht zurück: Wenn wir etwas Lustiges in einer Situation sehen, fühlen wir uns eher in der Lage, mit den aktuellen Umständen fertigzuwerden.

Was wir als lustig empfinden, ist ebenfalls ein wichtiger Aspekt der positiven Wirkung von Lachen. Eine amerikanische Studie aus dem Jahr 1996 stellte fest, dass Patienten, die nach einer OP solche Filme

LACH-BIBLIOTHEK

William Fry, Humorexperte und emeritierter Professor für Psychiatrie und Verhaltenswissenschaften, empfiehlt, sich eine eigene »Lach-Bibliothek« aufzubauen:

1 Achten Sie ein paar Tage lang auf alles, was Sie zum Lachen bringt. Geschmack ist Nebensache, es ist völlig in Ordnung, wenn es sich um alberne Karikaturen oder schlüpfrige Witze handelt. Finden Sie heraus, was Sie lustig finden.

2 Suchen Sie dann Bücher, Filme, Comics etc., die Ihrem Humor entsprechen In Stresszeiten wird Ihre Lach-Bibliothek Ihnen die Last ein wenig erleichtern.

anschauten, die sie lustig fanden, weniger Schmerzmittel benötigten als Patienten, die sich gar keine Filme ansahen. Am schlechtesten ging es aber denjenigen, die sich Komödien ansehen mussten, die sie gar nicht zum Lachen brachten.

Unabhängig von unserem individuellen Humor ist Lachen auf allen Ebenen – von der biochemischen bis zur kognitiven – ein exzellentes Mittel gegen Stress. Wenn es Ihnen gelingt, die komische Seite einer Situation zu sehen, kann Sie das in schweren Zeiten aufmuntern.

WIR KÖNNEN MITEINANDER LACHEN. WIR WERDEN DAS DURCHSTEHEN. ALLES WIRD GUT.

SOPHIE SCOTT, NEUROWISSENSCHAFTLERIN UND STAND-UP-COMEDIAN

WERDEN SIE KREATIV

SCHÖPFERISCHE AKTIVITÄTEN PFLEGEN

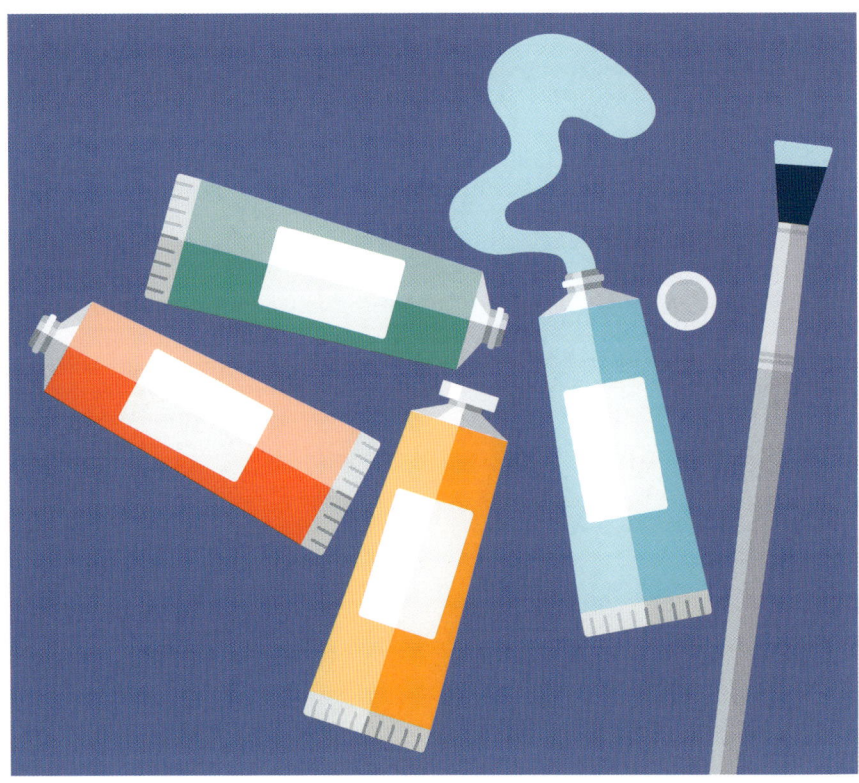

Sind Sie künstlerisch aktiv oder basteln Sie? Machen Sie selbst Musik oder kochen Sie gerne? Das ist gut, denn kreative Tätigkeiten können uns helfen, Stress zu bewältigen und widerstandsfähiger zu werden.

K reative Projekte sind nicht allein den großen Künstlern vorbehalten: Jeder, der zum Buntstift oder zur Häkelnadel, zum Meißel oder zum Cello greift, kann von der entstressenden Wirkung kreativer Betätigung profitieren.

Do it yourself

Viele Menschen erschrecken, wenn sie sich vorstellen, selbst kreativ zu werden. Einige befürchten, dass sie nicht genug Talent haben, andere glauben, sie seien besser darin, die Werke anderer zu bewundern, statt selbst aktiv zu werden. Glücklicherweise braucht man keine besonderen Fähigkeiten, um von den positiven Effekten kreativer Betätigung zu profitieren. Es wirkt der schöpferische Akt als solcher.

Die Teilnehmer einer amerikanischen Studie aus dem Jahr 2016 wurden aufgefordert, mit Farben und anderen Materialien ein Bild zu gestalten. Bei 75 Prozent der Probanden war der Cortisolspiegel nach 45 Minuten deutlich gesun-

🔍 AUSMALEN

Malbücher für Erwachsene werden immer beliebter. Allerdings ist es nicht egal, welche Motive gewählt werden. Eine US-Studie von 2012 ergab, dass der Angstlevel bei Teilnehmern, die ein Mandala ausmalten (ein spirituelles Symbol), deutlich stärker fiel als bei denjenigen, die ein Karomuster oder ein weißes Blatt vor sich hatten. Wer gegen den Stress anmalen möchte, nutzt also am besten beruhigend wirkende Vorlagen.

Q DAS FENSTER DER TOLERANZ

Laut dem amerikanischen Psychiater Daniel Siegel (2010) bewegt sich unser Stresslevel im »Fenster der Toleranz«. So wird die »optimale Zone« bezeichnet, in der wir uns weder langweilen noch nervös werden und uns positiv herausgefordert fühlen. Wer leicht von Gefühlen überwältigt wird, findet im kreativen Tun einen sicheren Raum, um mit ihnen zu experimentieren, sie auszudrücken und die eigene Toleranz zu erweitern.

Untererregung	Toleranzfenster	Übererregung
› Verschlossen › Desinteressiert › Abwesend	› Engagiert › Interessiert › Einfühlsam	› Aufgeregt › Nervös › Gestresst

ken – auch wenn die Betreffenden keine künstlerischen Erfahrungen hatten. (Bei einigen Teilnehmern erhöhte sich der Cortisolspiegel allerdings. Wenn Sie die Aufgabe, ein Kunstwerk zu schaffen, unter Stress setzt, sollten Sie sich nicht dazu zwingen.)

Ein positiver Stressor

Kreativität kann den Stresslevel senken. Das liegt nicht in erster Linie daran, dass künstlerisches Tun eine entspannende Tätigkeit ist. Im Gegenteil: Kreative Betäti-

gung bringt positiven Stress mit sich. Sie ist etwas, das uns herausfordert, dazu motiviert, am Ball zu bleiben, und unsere Stressresilienz stärkt. So vergrößern wir das »Fenster der Toleranz« (siehe oben).

Vielleicht sind Sie ja ein Naturtalent. Wenn nicht: Lassen Sie sich keinesfalls entmutigen. Ob Sie Torten verzieren oder kalligrafieren, Songs schreiben oder Skulpturen schweißen: Kreative Experimente und Ausdrucksformen jeglicher Art können Ihre Stressbewältigungsfertigkeiten verbessern.

> Schöpferische Aktivitäten können **heilend und schützend** auf unsere Psyche wirken …, das Immunsystem stärken und **Stress abbauen.**
>
> **Jill Leckey**
> Britische Gesundheitswissenschaftlerin

Q EIN POSITIVER KREISLAUF

Kreative Betätigung kann laut einer neuseeländischen Studie von 2016 eine »Aufwärtsspirale des Wohlbefindens« in Gang setzen. Studierende führten 13 Tage lang Buch über ihre Aktivitäten. Wenn sie sich kreativ betätigt hatten, fühlten sie sich am nächsten Tag besser und zeigten weniger Stress- und Angstsymptome. Das wiederum regte sie zu weiteren kreativen Tätigkeiten an.

KREATIVE SPIRALE

4 **Sei** noch kreativer.

3 **Fühl** dich energiegeladen und kompetent.

2 **Erlebe** Engagement, Begeisterung und Glück.

1 **Betätige** dich kreativ.

Die Studierenden beispielsweise komponierten Songs, schrieben Geschichten, strickten, häkelten, kochten, malten, zeichneten und musizierten. Suchen auch Sie sich eine kreative Aktivität, die Sie fasziniert, und bringen Sie Ihre eigene Aufwärtsspirale ins Laufen.

HUND, KATZE, MAUS

MIT HAUSTIEREN STRESS ABBAUEN

Mit einem Haustier zu spielen macht Freude. Das ist auch der Grund, warum Tiere beruhigend auf uns wirken. Die Forschung bestätigt, dass ein tierischer Begleiter oder Spielkamerad unseren Stresslevel senken kann.

Ein Haustier zu halten kann die Lebensqualität verbessern und Stress beträchtlich senken, wie viele Menschen aus Erfahrung wissen. Wenn Sie sich zutrauen, die Verantwortung für ein Tier zu übernehmen, kann dies ein guter Weg sein, für mehr Ruhe und Entspannung zu sorgen.

Tierhalter sind ruhiger

Der Besitz eines Haustiers wirkt selbst dann entstressend, wenn das Tier nicht anwesend ist. In einer amerikanischen Studie von 2002 mussten sich die Probanden einem anstrengenden Mathetest unterziehen. Die Wissenschaftler maßen Herzfrequenz und Blutdruck. Bei den Tierhaltern zeigten sich diese Ergebnisse:

- Ruheblutdruck und Herzfrequenz vor dem Test waren niedriger.
- Herzfrequenz und Blutdruck blieben auch beim Test niedriger.
- Herzfrequenz und Blutdruck erreichten nach dem Test schneller wieder die Ausgangswerte.

> Der Besitz eines Hundes oder einer Katze kann die **Auswirkungen** potenziell belastender Lebensereignisse **mindern.**
>
> **Deborah Wells**
> Irische Psychologin

Waren die Tiere im gleichen Raum, verstärkte sich diese Wirkung sogar noch. Die Probanden verrechneten sich seltener, fühlten sich körperlich weniger gestresst und konnten sich besser auf die Aufgaben konzentrieren.

Verbesserte Lebensqualität

Doch nicht nur die kurzfristige Entspannung ist ein Vorteil. Es gibt Hinweise darauf, dass das Leben mit einem Haustier sich insgesamt gesünder und ruhiger gestaltet. Eine 2015 in Australien und den USA – wo in mehr als 60 Prozent der Haushalte mindestens ein Tier lebt – durchgeführte Studie ergab, dass Tierhalter schneller neue Bekanntschaften schließen. Etwa 40 Prozent der teilnehmenden Tierbesitzer hatten durch ihre Tiere Menschen kennengelernt, die sie als unterstützend erlebten. Dieser Effekt zeigte sich vor allem bei den Hundebesitzern, die mit einer dreimal höheren Wahrscheinlichkeit auf diese Weise mit anderen in Kontakt kamen. Grundsätzlich stellten aber alle Tierbesitzer eine positive Wirkung fest.

Durch Haustiere kann etwas entstehen, was Wissenschaftler »zufällige soziale Interaktion« nennen – die Gelegenheit, Menschen kennenzulernen, denen die Halter normalerweise nicht begegnet wären –, und ist zugleich für Gesprächsstoff gesorgt. Der Austausch von Geschichten und Tipps rund um ihre Tiere ermöglicht es den Besitzern, Kontakte zu knüpfen, aus denen sich manchmal sogar Freundschaften entwickelten, die wiederum den Stresslevel senken (siehe S. 176–179).

Gut investierte Zeit

Auch wenn man selbst kein Tier besitzt, kann der Kontakt zu Tieren das Wohlbefinden steigern. Dies ergab eine italienische Studie von 2011 mit Bewohnern eines Pflegeheims, die 90 Minuten pro Woche Hunde streicheln und mit ihnen spielen durften. Bei ihnen verringerten sich die Depressionssymptome in sechs Wochen um 50 Prozent und die wahrgenommene Lebensqualität verbesserte sich stark.

In Ihrem Leben ist kein Platz für einen Hund oder eine Katze? Dann spielen Sie vielleicht mit dem Tier von Freunden, um von der entspannenden Wirkung zu profitieren. In jedem Fall ist auf diese Art verbrachte Zeit gut investiert.

⊗ SCHLAFPROBLEME?

Wenn Stress den Schlaf beeinträchtigt, ist ein Haustier womöglich nicht hilfreich: Bei einer britischen Umfrage von 2014 gaben 54 Prozent der Hunde- und Katzenbesitzer an, dass sie weniger Schlaf bekamen als gewünscht, weil ihre Tiere sie früh am Morgen weckten. Wer unter Schlafproblemen leidet, sollte vielleicht lieber nach anderen Stressbewältigungsstrategien suchen.

🔍 ECHTE TIERE WIRKEN BESSER

Man könnte meinen, dass nur Tiere mit weichem Fell für Entspannung sorgen, doch die Wissenschaft widerlegt diese Annahme. In einem israelischen Experiment von 2003 wurden Spinnenphobiker mit der Ankündigung unter Stress gesetzt, sie müssten möglicherweise eine Tarantel in der Hand halten. Anschließend durften einige Teilnehmer ein Kaninchen, eine Schildkröte oder ein Plüschtier streicheln. Ergebnis: Die Probanden mit einem lebendigen Tier hatten einen niedrigeren Stresslevel als diejenigen, die ein Spielzeug bekamen. Dabei war es egal, ob es sich um ein echtes Kaninchen oder eine Schildkröte handelte.

🔍 WIE SÜSS!

Bei einem japanischen Experiment aus dem Jahr 2012 schnitten Probanden, die erst einen Konzentrationstest machten und dann Bilder von Hunde- und Katzenwelpen anschauten, bei einem zweiten Test um zehn Prozent besser ab. Die Forscher vermuteten, dass das Empfinden von Fürsorge auch die Sorgfalt steigert – und das ist gut, wenn schwierige Aufgaben anstehen.

EINSAM UND ALLEIN?
AKTIV AUF ANDERE ZUGEHEN

Der Mensch ist ein soziales Wesen, wir brauchen das Gefühl der Verbundenheit mit anderen. Fehlt uns dies, kann schnell Stress entstehen. Doch gegen Einsamkeit lässt sich etwas tun, wie die Forschung zeigt.

Einsamkeit ist ein Stressfaktor. Laut einer amerikanischen Studie von 2003 sind bei einer Zurückweisung dieselben Hirnareale aktiv, die auch auf körperlichen Schmerz reagieren. Sich isoliert zu fühlen, tut buchstäblich weh. Umgekehrt können Beziehungen zu Angehörigen und Freunden Schmerzen lindern.

Zudem weisen viele Forschungsergebnisse darauf hin, dass Einsamkeit das Risiko für körperliche und seelische Erkrankungen erhöht. Etwas gegen die Einsamkeit zu unternehmen, dürfte daher eine der besten Maßnahmen sein, um die eigene Gesundheit zu schützen.

Einsam, aber nicht allein

Wer einsam ist, kommt schnell auf den Gedanken, dass niemand mit ihm befreundet sein möchte. Doch dieses Gefühl sagt offensichtlich nicht viel über die eigene Anziehungskraft aus. So ergab eine amerikanische Studie aus dem Jahr 2002, dass Studienanfänger, die sich selbst als »einsam« bezeichneten, in Hinblick auf Größe, Gewicht, akademische Erfolge, Attraktivität und den sozioökonomischen Status nicht anders waren als ihre »nicht einsamen« Kommilitonen. Noch wichtiger: Sie hatten ebenso viele soziale Kontakte.

Mit anderen Worten: Menschen reagieren auf dieselbe soziale Situation emotional sehr unterschiedlich.

Wege aus der Einsamkeit

Wie kann es sein, dass jemand sich einsam fühlt, obwohl er sich in einem Raum voller Menschen befindet oder einen großen Freundeskreis hat? Der amerikanische Psychologe und Neurowissenschaftler John Cacioppo ging der Frage nach und fand Folgendes heraus: Menschen, deren Hirnareale, die für das Erkennen sozialer Bedrohungen wie Kränkungen, Ablehnung oder Ausschluss zuständig sind, mehr Wachsamkeit (Hypervigilanz) zeigten, fühlen sich auch in Situationen

> Menschen können relativ **zurückgezogen leben** und sich dennoch **nicht einsam fühlen** und sie können ein reiches Sozialleben haben und sich trotzdem einsam fühlen.
>
> **Louise Hawkley und John Cacioppo**
> Amerikanische Psychologen

❓ KONTAKT HALTEN MIT SOCIAL MEDIA

Manchmal sind wir einsam, weil wir weit weg von unseren Lieben leben. Dann können soziale Netzwerke ein Weg sein, den Kontakt zu halten. Aber: Fühlen wir uns dadurch wirklich mit anderen verbunden? Das hängt laut der amerikanischen Sozialpsychologin Moira Burke davon ab, wie wir Social Media nutzen.

Passiver Konsum – also lesen, was andere posten – schafft weniger Verbundenheit. Zudem wirkt das Leben anderer oft interessanter, was dazu führen kann, dass wir uns ausgeschlossen fühlen.

Ein-Klick-Kommunikation, zum Beispiel das »Liken«, hat wenig Einfluss darauf, wie verbunden wir uns fühlen. Da kein Austausch entsteht, sind die emotionalen Auswirkungen entsprechend gering.

Das Veröffentlichen von Informationen und Meldungen, die nicht an bestimmte Adressaten gerichtet sind, verstärkt das Gefühl von Einsamkeit. Wir hoffen auf eine Reaktion – die kommt oder kommt nicht.

Kommunikation im Dialog, beispielsweise über persönliche E-Mails oder in Chats, bewirkt, dass wir uns weniger einsam fühlen, weil wir an einem echten sozialen Austausch beteiligt sind.

Isolation erzeugt Stress. Doch wenn die eigenen Lebensumstände es nicht zulassen, sich mit Freunden und Angehörigen von Angesicht zu Angesicht treffen und mit ihnen zu sprechen, ist das Internet eine praktische Möglichkeit, in Kontakt zu bleiben.

schnell einsam, die andere als neutraler wahrnehmen.

Cacioppo rät, mit Methoden der Kognitiven Verhaltenstherapie zu überprüfen, ob die eigenen Wahrnehmungen angemessen sind. Fragen Sie sich beispielsweise, wie stimmig es ist, am Boden zerstört zu sein, weil ein Freund nicht zurückruft.

Wie der amerikanische Psychologe Guy Winch hervorhebt, kann Einsamkeit dazu führen, dass wir uns übermäßig defensiv verhalten und damit andere abschrecken. Wenn es Ihnen gelingt, die Hypervigilanz abzubauen, fühlen Sie sich vermutlich weniger gestresst und wirken umgänglicher auf andere.

✅ ERSTE SCHRITTE

Dem amerikanischen Psychologen und Einsamkeitsforscher Guy Winch zufolge erfolgt der Weg aus der Einsamkeit in drei Schritten.

1 **Die Initiative ergreifen.** Nehmen Sie Kontakt zu Menschen auf, die Sie länger nicht gesehen haben. Und in Vereinen und bei Events bieten sich beste Chancen, neue Bekanntschaften zu machen.

2 **Sprechen Sie an jedem Tag** eine Person an, die Sie kennenlernen wollen. Nehmen Sie es nicht persönlich, wenn nicht gleich eine Reaktion kommt.

3 **Bleiben Sie optimistisch.** Die Angst vor Ablehnung ist normal, aber je mehr Freundlichkeit Sie ausstrahlen, desto besser stehen Ihre Aussichten auf gute Kontakte.

Wenn Sie daran gewöhnt sind, einsam zu sein, kann das Knüpfen neuer Bekanntschaften Stress erzeugen. Geben Sie nicht auf, schon bald wird es Ihnen Spaß machen, mit anderen Kontakt aufzunehmen.

BEHARRLICH BLEIBEN

AUSDAUER UND LEIDENSCHAFT

Der Stress, der mit den Herausforderungen des Lebens verbunden ist, kann uns überwältigen. Doch die meisten von uns sind stärker, als sie denken. Die Forschung bestätigt, dass nahezu alle Menschen den nötigen »Biss« haben – genauer: genügend Ausdauer, Mut und Charakterstärke –, um ihr Leben allen Problemen zum Trotz nach ihren eigenen Wünschen zu gestalten.

Ist Beharrlichkeit angeboren?

Ist Durchhaltevermögen eine Frage der Gene? Nur teilweise, so das Ergebnis einer britischen Studie von 2016. Die Forscher stellten eine mäßige Erblichkeit fest – wichtiger waren Qualitäten, die erlernt oder entwickelt werden können, darunter Hoffnung, die Bereitschaft, als hilfreich erkannte Copingstrategien anzuwenden, die Überzeugung, dass wir unsere Reaktion auf Stress beeinflussen können, der Glaube an die Sinnhaftigkeit des Lebens sowie Neugier auf die Zukunft.

Das sind Haltungen, die wir alle in uns stärken können, und zwar unabhängig von unseren Genen.

Wer möchten Sie sein und was wünschen Sie sich vom Leben? Obwohl Stress manchmal entmutigend ist, kann uns die Fähigkeit, allen Widrigkeiten zum Trotz am Ball zu bleiben, auch durch harte Zeiten tragen.

> Für beharrliche Menschen ist **Erfolg** ein Marathonlauf; ihr Vorteil ist ihre **Ausdauer.**
>
> **Angela Duckworth**
> Amerikanische Psychologin

Nicht aufgeben

Welche Eigenschaften sind nützlich, wenn wir mehr Durchhaltevermögen entwickeln wollen? Eine amerikanische Studie von 2007 kam zu interessanten Ergebnissen.

1 **Beharrlichkeit** und Intelligenz sind gleichermaßen wichtig. Selbst auf intellektuell anspruchsvollen Berufsfeldern wie Rechtswesen oder Medizin erwies sich Beharrlichkeit als mindestens so wichtig wie der IQ. Und: Diese beiden Faktoren zählten mehr als Bildung.

2 **Gewissenhaftigkeit** ist die Schlüsseleigenschaft unter den Big-Five-Persönlichkeitsfaktoren (siehe S. 30–31). Wer Biss hat, erledigt nicht nur seine aktuellen Aufgaben, sondern verfolgt auch unermüdlich seine langfristigen Ziele. Viele der Menschen mit hohen Neurotizismuswerten – die sich also leicht verunsichern und ängstigen lassen –, halten sich für weniger ausdauernd. Tatsächlich können sie genauso viel Ausdauer haben wie diejenigen, die kaum zu Neurotizismus neigen.

Kurz: Es spielt keine Rolle, wie stark Stress Ihnen zusetzt, sondern viel wichtiger ist, wie viel Geduld Sie bei dessen Bewältigung aufbringen.

3 **Was möchten Sie im Leben erreichen?** Wer ernsthafte und langfristige Interessen verfolgt, also etwas hat, das ihm wichtig ist und seinem Leben Sinn gibt, dem fällt es leichter, allen Problemen zum Trotz dranzubleiben.

◌ MEHR BISS

Gute Nachrichten für alle, die hartnäckiger sein wollen: Laut einer amerikanischen Studie von 2007 werden wir mit zunehmendem Alter beharrlicher. Das Leben konfrontiert uns immer wieder mit Problemen, doch wenn es darum geht, sie zu bewältigen, scheint Übung den Meister zu machen. Zum einen können wir aus Erfahrungen lernen, zum anderen stärkt es uns, wenn wir Stress überwinden.

»Biss« bedeutet das leidenschaftliche Verfolgen langfristiger Ziele, besonders wenn **Hindernisse** und Widerstände zu überwinden sind.

Dan Blalock
Amerikanischer Psychologe

? WIE BEHARRLICH SIND SIE?

Eine Beharrlichkeitsskala, wie Psychologen sie nutzen, kann helfen, die eigenen Gewohnheiten zu hinterfragen: Leben Sie allen Stressoren zum Trotz das Leben, das Sie sich wünschen? Welchen Aussagen stimmen Sie zu?

Rückschläge entmutigen mich nicht.

Ich kann mit meiner Aufmerksamkeit bei einem Langzeitprojekt bleiben.

Wenn ich mir ein Ziel gesetzt habe, verliere ich nicht so rasch das Interesse.

Ich würde sagen, dass ich meine Arbeit gewissenhaft erledige.

Neue Ideen und Projekte lenken mich nicht von meinen derzeitigen Aufgaben ab.

Was ich anfange, bringe ich auch zu Ende.

Es ist sinnvoll, darüber nachzudenken, was Ihnen im Leben wichtig ist, und die Fähigkeit zu entwickeln, Prioritäten zu setzen. Das wird Ihnen helfen, besser mit Stress umzugehen und die Person zu werden, die Sie sein wollen.

KAPITEL 5

RESILIENZ ENTWICKELN

INNERE STÄRKE UND PROFESSIONELLE HILFE

MIR GEHT'S NICHT GUT

KÖRPERLICHE STRESSSYMPTOME

Stress kann unterschiedlichste körperliche Symptome verursachen – Botschaften an das Gehirn, dass etwas im Argen liegt. Je besser Sie verstehen, was sie bedeuten sollen, umso gezielter können Sie reagieren.

Wenn der Stress übermächtig zu werden droht, sind die ersten Anzeichen oft körperlicher Art. Der Körper ist ein komplexer Organismus aus eng verknüpften Systemen und Stress kann sich auch auf unerwartete Weise äußern (siehe Tabelle rechts). Wenn Sie unter großem Druck stehen und ungewöhnliche körperliche Symptome an sich feststellen, sollten Sie die Idee im Hinterkopf haben, dass Stressbewältigung der Schlüssel zur Heilung sein könnte.

Sich Hilfe suchen

Falls tatsächlich Stress hinter Ihren Beschwerden steckt, sollten Sie nicht einfach darüber hinweggehen. Machen Sie sich klar, dass Sie sich nichts einbilden, auch wenn Ihre emotionale Verfassung die Symptome auslöst: Sie sind real und verdienen Aufmerksamkeit. Die Hilfe von Ärzten und Therapeuten sowie gute Selbstfürsorge können dazu beitragen, dass Sie sich wieder besser fühlen.

⊘ ALLES NUR IN MEINEM KOPF?

Wenn Ihr Arzt die Vermutung äußert, ein körperliches Symptom könnte stressbedingt sein, denken Sie dann: »Er glaubt, das spielt sich alles nur in meinem Kopf ab«? Jeder Gedanke, jedes Gefühl und jede Handlung beruhen auf Gehirnaktivität, daher ist jeder Schmerz tatsächlich »in Ihrem Kopf« – und real. Es kommt aber sowieso vor allem darauf an, so behandelt zu werden, dass Sie am Ende beschwerdefrei sind.

❓ KOPFSCHMERZEN?

Die häufigste Variante von Kopfweh
sind Spannungskopfschmerzen –
ein typisches Stresssymptom, das
sich vor allem in diesen Regionen
bemerkbar macht:

- Oberer Rücken
- Nacken
- Schädelbasis
- Rund um die Ohren
- Kiefergelenk
- Über den Augen

Als kurzfristige Maßnahmen werden die folgenden empfohlen:

✔ Ausruhen, Dunkelheit, Stille
✔ Kühlpack oder Wärmflasche
✔ Eine warme Dusche (Strahl auf
  die schmerzende Stelle lenken)
✔ Massieren der schmerzenden
  Stellen
✔ Frühzeitige Einnahme der Stan-
  darddosis eines nicht verschrei-
  bungspflichtigen Schmerzmittels

Wenn diese Maßnahmen nicht
helfen, sollten Sie einen Arzt um
Rat fragen.

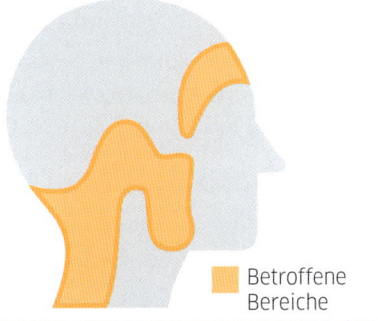

Betroffene
Bereiche

HÄUFIGE STRESSBEDINGTE BESCHWERDEN

Wie der Körper auf Stress reagiert und ab wann Stress Symptome auslöst, ist
individuell verschieden. Eine 2013 im *Harvard Review of Psychiatry* publizierte Liste führt typische Beschwerden auf. Kommt Ihnen etwas davon bekannt
vor? Dann sprechen Sie mit Ihrem Arzt, ob Stress als Ursache infrage kommt.

Symptome	Was sie bedeuten
Schlafstörungen und Erschöpfung	Das sympathische Nervensystem, das durch Stress aktiviert wird (S. 20–21), hält uns wach – Schlafstörungen und wenig erholsamer Schlaf sind die Folge (S. 162–165).
Häufige Infektionen	Stresshormone wie Cortisol dämpfen das Immunsystem (S. 54–55). Wenn Sie sich immer wieder Erkältungen einfangen, kann Stress dahinterstecken.
Asthmaanfälle oder Hautausschläge/ Ekzeme	Wird die Immunreaktion unterdrückt, kann sich eine Hypersensibilität gegenüber Allergenen entwickeln. Stress macht uns zudem anfälliger für Entzündungen, die wiederum Hautausschläge und Ekzeme begünstigen.
Pseudoneurologische Symptome	Stressbedingte Hyperventilation (S. 129) kann Symptome verursachen, die leicht mit neurologischen Störungen verwechselt werden können. Verbreitet sind: Benommenheit, Desorientiertheit, verschwommenes, wolkiges Sehen oder Tunnelblick, Lichtblitze, Gedächtnisverlust und Ohnmacht.
Schmerzen in der Brust	Brustschmerzen können auf ein ernstes Herzproblem, aber auch auf stressbedingte Muskelverspannungen oder Angst- und Panikzustände (S. 204–207) hinweisen.
Muskel- und Skelettschmerzen	Unter Druck verspannen und verhärten sich unsere Muskeln, weil wir ständig in Alarmbereitschaft sind. Das kann Kopf-, Nacken- und Rückenschmerzen verursachen.
Übelkeit/Erbrechen	Stress kann bewirken, dass das Verdauungssystem hypersensibel wird und sich ähnliche Symptome zeigen wie bei einer Lebensmittelvergiftung oder Magen-Darm-Grippe.
Bauchschmerzen	Akuter Stress kann zu Darmkontraktionen führen – unter Umständen sind Durchfälle und Krämpfe die Folge.
Probleme beim Urinieren	Eine stressbedingte Überreizung des Blasenschließmuskels kann das Wasserlassen erschweren, vor allem wenn wir insgesamt verspannt sind und unter Druck stehen.

DER GROSSE, BÖSE WOLF

KINDHEITSTRAUMATA ÜBERWINDEN

Wenn wir klein und verletzlich sind, brauchen wir das Gefühl, sicher und geborgen zu sein. Wer als Kind vernachlässigt wurde oder Gewalt erfahren hat, benötigt vielleicht fachkundige Hilfe, um das zu verarbeiten.

Leider sind Erfahrungen mit Vernachlässigung, Gewalt und Missbrauch in der Kindheit weit verbreitet. Sie können schwerwiegende und bleibende Folgen haben. Eine amerikanische Langzeitstudie (2012) beobachtete 6 000 betroffene Kinder über einen Zeitraum von 16 Jahren und stellte bei ihnen deutlich mehr psychische Erkrankungen, Substanzmissbrauch und Suizidversuche fest als üblich. Wenn Sie eine schwierige Kindheit hatten, setzen Ihnen Stresssituationen wahrscheinlich besonders zu.

Folgen früher Leiderfahrung

Laut der oben genannten Studie begünstigt das Aufwachsen in einer belastenden Umgebung sogenannte epigenetische Veränderungen. Der Hintergrund: Unsere Gene bestimmen über Merkmale wie Augenfarbe, Größe und Temperament. Manche werden in bestimmten Phasen – etwa in der Pubertät oder

1 von 5

Laut einer amerikanischen Studie aus den 1990er-Jahren musste **mehr als ein Fünftel** der Bevölkerung eine **traumatische Kindheit** erleben.

> Misshandlung ist ein **Meißel,** der ein konflikt- bereites Gehirn formt – um den Preis **tiefer, nie heilender Wunden.**
>
> **Martin H. Teicher**
> Amerikanischer Psychiater

in der Schwangerschaft – an- oder abgeschaltet. Missbrauch, Gewalt und Vernachlässigung können Gene »anschalten«, durch die wir anfälliger für Sucht, Depressionen, Ängste und Risikoverhalten wie ungeschützten Sex oder Kriminalität werden – was zu weiteren Stresssituationen führt.

Auf die Gesundheit achten

Wer als Kind misshandelt wurde, ist später anfälliger für Krankheiten. Eine amerikanische Studie von 2016 zeigte, dass viele Gewalt- und Missbrauchsopfer als Erwachsene ein geschwächtes Immunsystem haben. Ein fürsorglicher Umgang mit dem eigenen Körper kann hier einiges bewirken.

Unterstützung finden

Manche Menschen sind trotz schlimmen Erfahrungen in der Kindheit resilient – dank stabiler, unterstützender Beziehungen, die für unser Wohlbefinden so wichtig sind. Wie der amerikanische Kinderheilkundler David Rubin 2008 feststellte, teilen die Betreffenden drei zentrale Überzeugungen:

1 **Ich habe Menschen** um mich, die mir helfen.

2 **Ich bin jemand,** den andere mögen und lieben können.

3 **Ich kann Wege finden,** meine Probleme zu lösen.

Haben Sie Mitgefühl mit sich selbst und akzeptieren Sie, dass es schwer für Sie ist, Vertrauen zu anderen zu fassen. Wenn das geschafft ist, können Sie daran arbeiten, Beziehungen aufzubauen, die Ihnen ein Gefühl der Sicherheit vermitteln.

Nehmen Sie Hilfe in Anspruch

Schämen Sie sich nicht, Hilfe anzunehmen, wenn Ihre Vergangenheit Sie daran hindert, das Leben zu führen, das Sie führen möchten. Es gibt zahlreiche Möglichkeiten:

- **Therapien.** Gesprächstherapie, Achtsamkeitspraxis und Spiritualität sind hilfreich, um Copingstrategien zu entwickeln.
- **Beratungsstellen** für Gewalt- und Missbrauchsopfer gibt es in vielen Städten.
- **Selbsthilfegruppen und Internetforen.** Vertrauen Sie auf Ihr Urteilsvermögen und bleiben Sie nur dort, wo Sie sich willkommen und sicher fühlen.
- **Hausärzte** sind ebenfalls eine gute Anlaufstelle, wenn die eigene Vergangenheit einen zu überwältigen droht.

Missbrauch in der Kindheit ist sehr schlimm. Wer das erlebt hat, sollte nicht auch noch als Erwachsener unter den Folgen leiden müssen.

? STARKE GEFÜHLE

Kindheitstraumata können dazu führen, dass die Betroffenen emotional »dichtmachen«. Bei guter therapeutischer Unterstützung kommen die Gefühle nach und nach wieder an die Oberfläche. Ihre Verarbeitung kann sich schwierig gestalten. Die amerikanische Psychologin Ellen McGrath beschreibt vier verbreitete Erfahrungen:

- **Tröpfeleffekt.** Gefühle kommen langsam, aber stetig zurück und sind einigermaßen beherrschbar.
- **Überfallartig.** Eine Empfindung überwältigt uns und wir laufen verängstigt weg. Solche Gefühle kommen meist zurück, dann ist therapeutische Unterstützung erforderlich, um sich ihnen stellen zu können.
- **Tsunamis.** Ein unterdrücktes Gefühl überrollt uns, wir glauben zu ertrinken. Wenn die Welle verebbt, wird erkennbar, dass man noch lebt und dass es besser ist zuzulassen zu fühlen, was man fühlen muss.
- **Achterbahn.** Wir wissen, wie wir uns fühlen, doch die Gefühle wechseln ständig. Achtsamkeitspraxis (siehe S. 132–135) und Sport (siehe S. 152–153) helfen, mehr Stabilität zu entwickeln.

PSYCHE IN DYSBALANCE
WENN DIE SEELE ERKRANKT

Jeder Mensch kann psychisch erkranken – unabhängig von seinen Lebensumständen. Wer betroffen ist, sollte seine Scham überwinden, um die ersten Schritte auf dem Weg hin zur Heilung gehen zu können.

Früher glaubten die Menschen, psychische Erkrankungen seien ein Zeichen von Schwäche oder hätten mit charakterlichen Mängeln zu tun. Doch die Forschung hat nachgewiesen, dass seelische Leiden Krankheiten sind wie andere auch. Wenn Sie befürchten, dass Stress Sie krank macht, können Ihnen die Informationen in diesem Kapitel bei der Entscheidung helfen, welche Schritte Sie unternehmen wollen, um gut für sich zu sorgen. Scheuen Sie sich nicht, ärztliche Hilfe in Anspruch zu nehmen, denn seelisches Wohlbefinden ist unerlässlich für ein glückliches, gesundes sowie sinnerfülltes Leben.

Ursachen

Die Ursachen psychischer Erkrankungen sind komplex, in der Regel haben sie einen »biopsychosozialen« Hintergrund. Es wirken biologische Ursachen wie Gene, Hormone und neurologische Prozesse, psychologische Ursachen wie Anfälligkeiten und Copingstrategien sowie soziale Härten wie Armut und Einsamkeit zusammen.

Kein Betroffener muss befürchten, für den Rest seines Lebens psychisch krank zu sein. Bessere Copingstrategien können ebenso zur Genesung beitragen wie eine medikamentöse und/oder psychotherapeutische Behandlung (siehe S. 208–209). Aus ärztlicher Sicht beeinträchtigen psychische Erkrankungen das »Funktionsniveau«. Dies bezieht sich – und das ist wichtig – nicht nur auf berufliche und familiäre Verpflichtungen, sondern auch auf die Fähigkeit, das Leben zu genießen. Wenn Sie nach außen hin halbwegs »funktionieren«, aber innerlich leiden, suchen Sie sich Hilfe!

Wichtig zu beachten

Auch wenn jede Erkrankung eine individuelle Therapie erfordert, gilt es, einige allgemeine Prinzipien zu beachten, wenn Sie nach ärztlicher Hilfe suchen:

🔍 RISIKOFAKTOREN

Ein Report von 2014 für den britischen National Health Service listet folgende Risikofaktoren für psychische Erkrankungen auf:

- **Allein leben**
- **Schlechte Gesundheit,** vor allem chronische Erkrankungen wie Asthma, Krebs, Diabetes, Epilepsie oder Bluthochdruck
- **Arbeitslosigkeit**

Generell gilt aber, dass jeder irgendwann in seinem Leben psychisch erkranken kann. Das ist kein Grund für Scham oder Schuldgefühle.

HÄUFIGKEIT

2014 schätzte der britische National Health Service, dass **einer von sechs Erwachsenen** an einer psychischen Störung leidet.

1 von 6

Laut einer amerikanischen Untersuchung von 2015 ist aktuell **fast ein Fünftel** der Erwachsenen betroffen. Psychische Erkrankungen sind also durchaus verbreitet.

✔ **Ihr Arzt** sollte Ihnen das Gefühl geben, dass Sie gehört und verstanden werden. Wenn Sie den Eindruck haben, dass er oder sie Sie nicht ernst nimmt, wechseln Sie die Praxis.

✔ **Ihr Therapeut** sollte solide Kenntnisse und genügend Erfahrung mit der Behandlung Ihrer Erkrankung haben und Ihnen auch persönlich liegen.

✔ **Psychische Erkrankungen** können das Immunsystem schwächen und körperliche Symptome auslösen (S. 196–197). Wenn Ihr Arzt eine psychische Ursache vermutet, bedeutet das nicht, dass er ihre Beschwerden als Einbildung abtut. Wenn sie real genug sind, um Sie leiden zu lassen, sind sie auch real genug, um Respekt und Behandlung zu bekommen.

Q MIT MYTHEN AUFRÄUMEN

Fehlannahmen und Mythen über psychische Erkrankungen können die Betroffenen sehr belasten. Wer gut informiert ist, dem fällt es leichter, sich einer solchen Erkrankungen zu stellen wie jeder anderen.

Mythos: Psychisch Kranke sind schwach.

Wahr ist: Auch starke Menschen erkranken. Wer gegen eine psychische Erkrankung kämpft, kann sehr verzweifelt sein und sich so verhalten, dass andere es seltsam finden; vielleicht ist das sogar auch den Betroffenen peinlich. Auf jeden Fall gilt, dass der Patient an seiner Erkrankung nicht selbst schuld ist.

Mythos: Psychisch Kranke können kein produktives Leben führen.

Wahr ist: Psychisch Kranke können ihrem Beruf nachgehen, eine aktive Rolle in der Gesellschaft übernehmen und für ihre Familien sorgen. Vielleicht brauchen sie Hilfe und Unterstützung, doch es gibt keinen Grund anzunehmen, dass Betroffene von der Wohltätigkeit anderer abhängig sind.

Mythos: Psychisch Kranke sind gewalttätig und eine Gefahr für die Gesellschaft.

Wahr ist: Psychisch Kranke sind nicht gewalttätiger als andere Menschen – tatsächlich sind sie sogar eher Opfer als Täter. Eine 2012 veröffentlichte britische Untersuchung ergab, dass psychisch Kranke mit viermal höherer Wahrscheinlichkeit Opfer eines Angriffs werden als psychisch Gesunde.

Mythos: Psychische Erkrankungen sind nicht behandelbar.

Wahr ist: Psychische Erkrankungen verschwinden nicht von allein. Es ist also ebenso unsinnig wie unfair, von Betroffenen zu erwarten, dass sie »darüber hinwegkommen«. Mit Hilfe und angemessener Behandlung (siehe S. 208–209) werden die meisten Menschen wieder gesund und können das Leben führen, das sie sich wünschen.

KLINISCHE DEPRESSIONEN

DEN SCHWARZEN HUND BESIEGEN

Manchmal macht Stress uns das Leben sehr schwer – und manchmal wird dabei eine Grenze überschritten. Wenn Sie keinerlei Hoffnung mehr haben, könnte eine Depression dahinterstecken.

Eine klinische, das heißt eine behandlungsbedürftige Depression beinhaltet mehr, als traurig zu sein. Es geht um eine echte Erkrankung, die einem Energie, Interesse und Lebensfreude raubt. Sie kann Monate, manchmal sogar Jahre dauern. Laut einem 2005 im *Annual Review of Clinical Psychology* veröffentlichten Bericht ist die kausale Verbindung zwischen chronischem Stress und Depression nachgewiesen.

Sie vermuten, dass Ihr Stress Sie in eine Depression getrieben hat? Dann sollten Sie unbedingt professionelle Unterstützung in Anspruch nehmen.

Nur ein Stimmungstief?

Worin besteht der Unterschied zwischen einer echten Depression und vorübergehender Niedergeschlagenheit? Zu einer Depression gehören charakteristische Symptome (siehe rechts). Zu achten ist vor allem auf zwei Warnsignale:

- **Depression** geht nicht nur mit Traurigkeit einher, sondern auch mit Antriebs- und Freudlosigkeit sowie Interessenverlust – Aktivitäten, die einem immer Freude bereitet haben, sind einem auf einmal gleichgültig.
- **Depression** kann zu Suizidgedanken führen (siehe rechts).

Freudlosigkeit und Gedanken über einen Suizid sind klare Anzeichen für eine Depression. Selbst wenn Ihr Verdacht, an einer Depression erkrankt zu sein, lediglich vage ist, sollten Sie mit einem Arzt darüber sprechen.

HÄUFIGKEIT

Laut einer Studie von 2005 erleben mindestens 30 Prozent der Männer und 40 Prozent der Frauen mindestens **eine depressive Episode.**

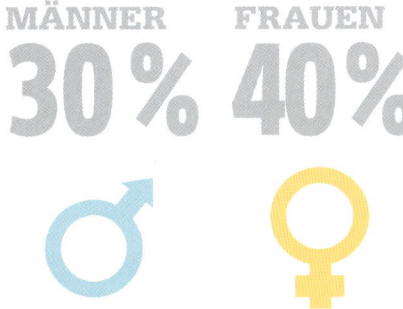

MÄNNER 30 %

FRAUEN 40 %

Was sind die Ursachen?

Mediziner der Universität Stanford glauben, dass in den meisten Fällen zu etwa 50 Prozent genetische Ursachen an der Entstehung einer Depression beteiligt sind. Wenn ein Elternteil oder ein Geschwister an einer Depression leidet oder litt, ist das eigene Risiko zwei- bis dreifach erhöht. Auch traumatische Erfahrungen in der frühen Kindheit wirken sich auf das Erkrankungsrisiko aus.

Stress allein verursacht keine Depression, spielt aber bei besonders anfälligen Menschen eine wichtige Rolle. Zudem gilt: Depressionen können chronisch werden, weil mit jeder neuen Episode das Maß an Belastung sinkt, das nötig ist, um die Erkrankung auszulösen. Schließlich kommt es auch wie »aus heiterem Himmel« zum Rückfall.

In dem Fall, dass bei Ihnen ein erhöhtes Depressionsrisiko besteht, sollten Sie die Bedeutung von Stress kennen und an Ihren Bewältigungsstrategien arbeiten.

? HABE ICH EINE DEPRESSION?

Haben sich in den letzten zwei Wochen diese Symptome gezeigt?

- Niedergeschlagenheit, Schwermut, Hoffnungslosigkeit, Ärger
- Keine Freude an Aktivitäten, die früher Spaß gemacht haben
- Einschlafprobleme oder vermehrter Schlaf
- Veränderungen beim Appetit
- Energielosigkeit
- Das Gefühl, wertlos oder ein Versager zu sein
- Konzentrationsschwierigkeiten
- Auffallende Verlangsamung oder Nervosität und Ruhelosigkeit
- Suizidgedanken (siehe rechts)

Auch wenn nur einige dieser Beschwerden aufgetreten sind: Wenden Sie sich an einen Arzt und klären Sie Ihren Zustand ab.

Die gute Nachricht

Depression ist gut behandelbar:
- **Antidepressiva.** Es gilt, unter den vielen Medikamenten dasjenige zu finden, das bei Ihnen individuell am besten wirkt. Vermutlich muss Ihr Arzt dazu verschiedene Präparate austesten.
- **Kognitive Verhaltenstherapie** (siehe S. 52–53). Studien belegen, dass die KVT vor allem bei leichteren Depressionen so wirksam sein kann wie Medikamente.
- **Andere Formen** der Psychotherapie (siehe S. 208–209).

(!) WORST-CASE-SZENARIO

Suizidgedanken gehören zu den gefährlichsten Depressionssymptomen. Sie können passiv sein – Gedanken oder Fantasien über den Tod – oder aktiv als Pläne, sich tatsächlich das Leben zu nehmen. Passive Suizidgedanken könnten sein:

- Ich wünschte, ich müsste morgen nicht mehr aufwachen.
- Ohne mich wären doch alle besser dran.
- Mein Leben ist vorbei.
- Wenn mich morgen ein Auto überfahren würde, wäre das nicht schlimm.
- Wenn es meine Familie nicht gäbe, würde ich einfach Schluss machen.

Wenn diese Sätze Ihnen vertraut vorkommen, sollten Sie umgehend ärztliche Hilfe in Anspruch nehmen.

- **Bewegung** (siehe S. 152–153), insbesondere in einer Form, die Sie ins Schwitzen bringt, wirkt ebenfalls antidepressiv. Sie kann zwar bei schweren Depressionen Medikamente nicht ersetzen, aber deren Wirkung unterstützen.

Welche Therapie die beste für Sie ist, müssen Sie ausprobieren. Das Wichtigste ist, dass Sie nicht stumm leiden. Auch robuste Naturen können an einer Depression erkranken und mit professioneller Hilfe werden Sie wahrscheinlich wieder gesund.

ÄNGSTE ÜBERWINDEN

DIE VIER HÄUFIGSTEN STÖRUNGEN

Jeder hat gelegentlich Angst, doch wenn dieses Gefühl Ihr Leben zu beherrschen beginnt, könnten Sie an einer ernsthaften Störung leiden. Lassen Sie sich helfen. Sie müssen Ihre Angst nicht allein überwinden.

Beherrscht Angst Ihr Leben? Dann leiden Sie möglicherweise an einer Angststörung, einer Erkrankung, bei der die natürliche Angstreaktion stark übersteigert und die Lebensqualität deutlich vermindert ist. Stress stellt schon unter normalen Umständen eine Herausforderung dar, doch mit einer Angststörung können Sie ihn womöglich nicht mehr bewältigen. Wenn Sie glauben, dass Ihre Ängste unkontrollierbar geworden sind, sollten Sie ärztliche Hilfe in Anspruch nehmen. Angststörungen verschwinden selten ohne Behandlung, doch mit guter Unterstützung bekommen Sie Ihr Leben wieder in den Griff.

Das Problem identifizieren

Die vier häufigsten Angststörungen sind: generalisierte Angststörung, Panikstörung, posttraumatische Belastungsstörung (PTBS) und soziale Phobie. Wenn Ihnen einige der auf den folgenden Seiten beschriebenen Symptome bekannt vorkommen, sollten Sie einen Arzt um Rat und Unterstützung bitten.

»

> **Angst** ist eine physiologische Reaktion, die sich durch **unseren Umgang** mit ihr **verringern** oder verschlimmern kann.
>
> **Deborah Khoshaba**
> Amerikanische Psychologin

GENERALISIERTE ANGSTSTÖRUNG

Die generalisierte Angststörung (GAS) ist in erster Linie durch ein unkontrollierbares Angstempfinden charakterisiert. Wichtige Anzeichen:

- Exzessive Ängste und Befürchtungen unterschiedlicher Art zeigen sich an den meisten Tagen über sechs Monate hinweg.

- Die Angst lässt sich kaum noch kontrollieren.

- Mindestens drei der folgenden Symptome treten zusätzlich auf: Ruhelosigkeit oder Nervosität, rasche Ermüdbarkeit, Konzentrationsprobleme, Reizbarkeit, Muskelverspannungen, Schlafstörungen.

- Echtes Leid oder das Unvermögen, den Alltag zu bewältigen.

- Die Symptome lassen sich nicht auf andere (psychische) Erkrankungen, Medikamente oder Drogenmissbrauch zurückführen.

GAS ist eine quälende Erkrankung. Sie spricht gut auf Gesprächstherapie, Medikamente oder eine Kombination aus beidem an.

SYMPTOME ERKENNEN

Die **GAS** kann maskiert auftreten: Eine deutsche Studie von 2002 ergab, dass fast **die Hälfte** der Patienten mit GAS-Diagnose erst über körperliche Symptome klagte.

47,8 %

PANIKSTÖRUNG

Eine Panikstörung zeichnet sich durch wiederholte Panikattacken ohne Grund aus. Bei extremem Stress kann jeder Mensch eine einzelne Panikattacke erleiden. Suchen Sie aber unter folgenden Umständen einen Arzt auf:

- Sie haben wiederholt grundlose Panikattacken.

- Die Angst vor einer weiteren Panikattacke hindert Sie daran, Ihr Leben normal weiterzuführen, zum Beispiel weil Sie bestimmte Orte oder Situationen meiden, die als Auslöser infrage kommen.

Eine Panikstörung kann unbehandelt das Leben sehr erschweren, spricht aber gut auf eine Therapie an. Forschungsergebnisse lassen den Schluss zu, dass Gesprächstherapie und Medikamente gleichermaßen wirksam sind. Sprechen Sie mit Ihrem Arzt, ob eine oder beide Optionen zu Ihnen und Ihrer Situation passen.

Eine Panikattacke überstehen

Wer seine erste Panikattacke erlebt, glaubt womöglich, sterben zu müssen. Etwas Vorwissen erleichtert den Umgang damit.

1 **Sagen Sie sich,** dass Sie **sicher** sind. Panikattacken machen Angst, doch sie führen nicht zum Tod und gehen rasch vorüber.

2 **Setzen Sie sich hin,** legen Sie die Hände über die Augen, konzentrieren Sie sich auf Ihren Atem.

3 **Atmen Sie langsam und flach** oder holen Sie einmal tief Luft und atmen dann langsam wieder aus. Luftanhalten oder Hyperventilieren würde Ihren Zustand verschlimmern.

4 **Laufen Sie nicht weg.** Wenn Sie von dem Ort, an dem Sie die Attacke erleben, flüchten, werden Sie ihn womöglich zukünftig aus Furcht meiden. Das kann zum Problem werden. Bleiben Sie, wo Sie sind. Sitzen Sie die Attacke aus.

WIE VERBREITET IST DIE PANIKSTÖRUNG?

Laut Schätzungen aus Europa und Amerika erkranken **zwei bis fünf Prozent** der Menschen irgendwann im Leben an einer **Panikstörung.** Mit ärztlicher Hilfe lassen sich die Attacken gut kontrollieren.

2-5 %

Q POSTTRAUMATISCHE BELASTUNGSSTÖRUNG

PTBS wird durch ein traumatisches Erlebnis ausgelöst – etwa bei einem Anschlag, einem Unfall, einer schwierigen Geburt oder Kriegshandlungen –, bei dem die betroffene Person starke Angst, Hilflosigkeit oder Entsetzen empfindet. Danach ist es ihr nicht mehr möglich, den Stresslevel wieder auf das ursprüngliche Niveau zu bringen. Nicht jeder, der eine traumatische Erfahrung macht, entwickelt eine PTBS; einer Überblicksdarstellung im *British Medical Bulletin* von 2015 zufolge beziehen sich die beiden entscheidenden Faktoren dafür auf die Zeit direkt nach dem Trauma:

- **Mangel an sozialer Unterstützung** (siehe S. 176–179)

- **Fehlen einer stressarmen Umgebung,** zur Erholung

Ein ruhiger Rückzugsort ist wichtiger als sofortige psychologische Beratung. Laut einer niederländischen Analyse von 2002 erhöht ein therapeutischer Eingriff sogar das Risiko für eine PTBS. Sorgen Sie also gut für sich, umgeben Sie sich mit Freunden und Angehörigen und lenken Sie sich ab. Eine Behandlung ist ratsam, wenn Sie mehrere dieser Symptome länger als einen Monat an sich beobachten:

- **Wiederkehrende** starke Gedanken, Bilder, (Tag-)Träume, Flashbacks oder emotionale Belastung als Reaktion auf Reize, die einen Bezug zum Ereignis haben (auch Orte und Personen).

- **Aktives Meiden** von Gesprächen über das Ereignis oder von Erinnerungen daran.

- **Zusätzlich zwei der folgenden Symptome:**

  › Erinnerungslücken in Bezug auf das traumatische Ereignis.

  › Andauernde verzerrte Vorstellungen von den Ursachen und den Folgen des Ereignisses.

  › Andauernde negative Annahmen über sich selbst, andere oder die Welt.

  › Das Interesses an normalen oder wichtigen Tätigkeiten verliert sich.

  › Distanziertheit und Entfremdung von anderen.

  › Anhaltende Unfähigkeit, positive Emotionen zu verspüren.

  › Wut, leichtfertiges oder selbstschädigendes Verhalten, erhöhte Wachsamkeit, Schreckhaftigkeit, Konzentrations- und Schlafstörungen.

Zur Behandlung eignen sich die traumafokussierte KVT sowie Eye Movement Desensitization and Reprocessing (EMDR), jeweils von ausgebildeten Fachleuten durchgeführt.

WER BEKOMMT PTBS?

7-8 %

Laut dem amerikanischen National Centre for PTSD erkranken **zehn Prozent** der Frauen und **vier Prozent** der Männer im Lauf ihres Lebens an PTBS. Bei Kindern liegt die Rate vermutlich noch höher.

Q SOZIALE PHOBIE

Schüchternheit ist keine psychische Krankheit. Wenn aber die Angst vor Begegnungen mit anderen Menschen Ihr Berufs- und Ihr Privatleben beeinträchtigt, kann es sein, dass Sie an einer Sozialen Phobie leiden. Schlüsselmerkmale sind:

- Anhaltende Angst vor Situationen, in denen Sie bewertet oder abgelehnt werden könnten.

- Obwohl Sie wissen, dass diese Angst übertrieben ist, meiden Sie Zusammenkünfte mit anderen oder empfinden sie als quälend.

- Die Angst beeinträchtigt Ihr Leben und Wohlbefinden stark.

Eine amerikanische Studie aus dem Jahr 2011 stellte fest, dass unter allen von einer Angststörung betroffenen Menschen diejenigen, die unter einer Sozialen Phobie litten, die meisten Probleme am Arbeitsplatz hatten. Zudem war ihr Risiko doppelt so hoch, ihre Stelle zu verlieren. Die Erkrankung spricht gut auf Medikamente und Psychotherapie an.

WARNUNG

26 %

Laut einer amerikanischen Studie von 2013 haben 26 Prozent der Menschen mit Angststörungen Suizidgedanken. In diesem Fall ist **sofortige ärztliche Hilfe** geboten.

» Was ist zu tun?

Als Erstes suchen Sie Ihren Arzt auf, er wird Sie hinsichtlich der infrage kommenden Therapien beraten. Auch wenn vor allem für die Kognitive Verhaltenstherapie Forschungsergebnisse vorliegen (siehe S. 52–53), werden Angststörungen individuell behandelt. Viele Studien legen nahe, dass eine Kombination aus medikamentöser und Psychotherapie am wirksamsten ist. Testen Sie mit Ihrem Arzt aus, was für Sie passt. Gute Selbstfürsorge – Bewegung, Achtsamkeit und soziale Unterstützung – ist eine wichtige Ergänzung. Je stärker Sie den Stress in Ihrem Leben verringern können, desto besser wird die Behandlung anschlagen.

WAS HÄLT SIE ZURÜCK?

Jede Angststörung ist mit typischen Befürchtungen verbunden. Abhängig davon sind jeweils bestimmte Situationen besonders belastend. Symptome und Ängste zu identifizieren ist der erste Schritt auf dem Weg hin zur Therapie.

Erkrankung	Symptome	Angst
Generalisierte Angststörung	Starke, unkontrollierte, anhaltende Angst, die zu Erschöpfung, Kopfschmerzen, Magenproblemen, Rastlosigkeit oder Muskelverspannungen führen kann	Angst vor alltäglichen Stressoren wie Gesundheits- oder Finanzproblemen, jedoch ungerechtfertigt und extrem, über mindestens sechs Monate
Panikstörung	Wiederkehrende Panikattacken (siehe S. 205), die sich auf keine medizinische Ursache zurückführen lassen	Während einer Attacke: Angst zu sterben, einen Herzinfarkt oder Schlaganfall zu erleiden, verrückt zu werden. Angst vor Orten und Situationen, die Attacken auslösen könnten
PTBS	Nach einem traumatischen Erlebnis: unerwünschte Gedanken, Bilder, Gefühle, Vermeiden von allem, was an das Ereignis erinnern könnte, Wachsamkeit, Distanz zu eigenen Gefühlen	Angst, das traumatische Ereignis erneut durchleben zu müssen, oder das Gefühl, dass es noch immer geschieht
Soziale Phobie	Starke Angst in Situationen, in denen man beurteilt oder abgelehnt werden könnte; führt zu starkem Stress oder zu Vermeidungsreaktionen	Übermäßige, das Leben und das Wohlbefinden beeinträchtigende Angst davor, gedemütigt oder in Verlegenheit gebracht zu werden

? DIAGNOSE

Um Angststörungen zu diagnostizieren, nutzen Ärzte einige Standardfragen. Wenn Sie an diffusen Ängsten leiden, versuchen Sie, diese vier Fragen zu beantworten:

Würden Sie sich als jemanden bezeichnen, der sich **ständig große Sorgen** macht? (Generalisierte Angststörung)

Werden Sie plötzlich und ohne erkennbaren Grund **von Angst überflutet?** (Panikstörung)

Hatten Sie ein **belastendes Erlebnis,** das Sie immer noch verfolgt? (Posttraumatische Belastungsstörung)

Machen Sie sich in Gesellschaft anderer **Sorgen, Sie könnten bewertet** werden? (Soziale Phobie)

Ein Ja bedeutet natürlich nicht zwingend, dass Sie an einer Angststörung leiden. Doch wenn Ihre Ängste Sie sehr belasten, holen Sie am besten ärztlichen Rat ein.

HILFE VON PROFIS

WANN EINE THERAPIE HELFEN KANN

Viele Probleme können wir gut alleine oder mit der Unterstützung von Freunden und Angehörigen bewältigen. Wird eine Belastung jedoch unerträglich, ist es ratsam, sich therapeutische Hilfe zu suchen.

Wenn Sie das Gefühl haben, dass Sie eine Therapie brauchen und wollen, hören Sie auf Ihre innere Stimme und suchen Sie sich geeignete Unterstützung.

Der Stress ist so groß, dass er sie zu überwältigen droht? Dann bemühen Sie sich um professionelle Hilfe. Psychologen, Psychiater, Beratungsstellen, Sozialarbeiter und kirchliche Institutionen bieten Unterstützung und Begleitung an. Manchmal bringt schon die Entscheidung, sich auf die Suche zu machen, Erleichterung.

> Das Ziel der Therapie ist, **Symptome** zu beseitigen und die **Lebensqualität** zu verbessern.
>
> **National Institute of Mental Health, USA**

Wann Sie Hilfe brauchen

Laut dem amerikanischen National Institute of Mental Health sind dies häufige Gründe für eine Therapie:

- **Überwältigende Traurigkeit** oder anhaltende Angst.
- **Schwere Schlafstörungen,** die untypisch sind.
- **Konzentrationsprobleme** am Arbeitsplatz oder bei alltäglichen Tätigkeiten.
- **Risikoverhalten** wie exzessives Trinken, Spielen oder Drogenmissbrauch.
- **Belastungssituationen** wie familiäre Probleme, ein Todesfall oder starker beruflicher Druck.
- **Der Wunsch,** die eigene Beziehungs- oder Kommunikationskompetenz zu verbessern.
- **Das Bedürfnis,** sich selbst besser zu verstehen.

Die richtige Person

Es ist wichtig, dass Sie die zu Ihnen passende therapeutische Unterstützung finden. Laut Professor Bruce Wampold, der sich mit der Wirksamkeit von Psychotherapie befasst, sind die folgenden Faktoren wichtig:

- Ausgeprägte **interpersonelle Kompetenzen** des Therapeuten: Wahrnehmungsvermögen, Warmherzigkeit und gute kommunikative Fähigkeiten
- **Verständnis für den Klienten** und Vertrauenswürdigkeit
- Eine **professionelle therapeutische Beziehung** mit einem klaren, gemeinsam vereinbarten Therapieziel aufbauen
- Eine vernünftige und hilfreiche **Erklärung für die Nöte** des Klienten finden
- Ein passender **Therapieplan**

WO SUCHE ICH?

Einen guten Therapeuten finden Sie über diese Wege:

- Empfehlung/Überweisung Ihres Hausarztes
- Internetrecherche
- Selbsthilfegruppen und Vereine
- Kirchengemeinden
- Mundpropaganda

- Eine **Präsentation dieses Plans,** die den Hilfesuchenden überzeugt und ermutigt
- **Überwachung der Fortschritte** des Klienten mit echtem Interesse an dessen Wohlbefinden
- **Flexibilität,** wenn ein Therapieplan nicht funktioniert
- **Unterstützung,** wenn sich der Klient schwierigen Themen im Kontext seines Problems stellt
- **Hoffnung** darauf wecken, dass eine Besserung eintreten wird
- **Sensibilität** für den Charakter und für die Hintergründe des Klienten (Kultur, Religion, Alter, Motive etc.)
- **Selbstbewusstsein** und die Fähigkeit des Therapeuten, persönliche Gefühle beiseitezulassen
- Ausreichendes Wissen über **aktuelle Forschungsergebnisse,** die für die Bedürfnisse des Klienten relevant sind
- **Offenheit für Feedback** und das Bemühen um Verbesserung

Ein schlecht ausgebildeter Therapeut kann echten Schaden anrich-

DARF ICH FRAGEN, OB ...?

Das amerikanische National Institute of Mental Health empfiehlt, dem ins Auge gefassten Therapeuten die unten genannten Fragen zu stellen. Ein seriöser Therapeut wird Ihnen gerne die entsprechenden Auskünfte geben.

Welche Referenzen und Erfahrungen haben Sie?

Was sind die Ziele dieser Therapie?

Haben Sie sich auf ein bestimmtes Verfahren (etwa KVT, Familien-, Traumatherapie) spezialisiert?

Wie viele Sitzungen brauche ich Ihrer Einschätzung nach?

Haben Sie therapeutische Erfahrung mit Menschen wie mir?

Wird es Hausaufgaben geben?

Welche Therapie schlagen Sie vor? Wie funktioniert sie? Ist ihre Wirksamkeit nachgewiesen?

Verschreiben Sie auch Medikamente? Falls nicht: Was ist, wenn ich welche brauche?

Wie stellen Sie die Vertraulichkeit unserer Sitzungen sicher?

---

ten. Daher sollten Sie zunächst herausfinden, ob Sie bei ihm oder ihr in guten Händen sind (siehe oben).

Haben Sie bei Ihren Recherchen etwas Schlechtes über die ins Auge gefasste Person gelesen? Eine oder zwei schlechte Bewertungen können mit Einzelfällen zu tun haben, in denen die Chemie einfach nicht stimmte. Doch wenn es mehrere Beschwerden gibt oder etwas anderes Ihr Unbehagen auslöst, nehmen Sie Abstand. Suchen Sie so lange, bis Sie einen Therapeuten gefunden haben, dem Sie vertrauen können und der Zuversicht in Ihnen weckt.

STABILITÄT FÜRS LEBEN
MEHR RESILIENZ IM ALLTAG

Niemand, sei er noch so stark oder vom Glück begünstigt, bleibt von Stress verschont. Doch wir können lernen, selbst unter widrigen Bedingungen widerstandsfähiger zu sein und mutig in die Zukunft zu blicken.

Sämtliche in diesem Buch beschriebenen Werkzeuge und Strategien helfen dabei, Resilienz aufzubauen – die Fähigkeit, sich von den unvermeidlichen Belastungen im Alltag rasch zu erholen. Stress kann heftige Emotionen auslösen, Resilienz hilft uns, klug mit ihnen umzugehen und ein Gefühl der Kontrolle zu behalten. Das ist eine lebenswichtige Fähigkeit, die fast jeder für sich entwickeln kann.

Stark bleiben

Der Weg zu mehr Resilienz ist immer ein individueller, doch die Psychologie gibt allgemeine Hinweise, die jedem helfen:

✔ **Pflegen Sie Ihre Beziehungen.** Nehmen Sie sich Zeit für Ihre Lieben und seien Sie bereit, Hilfe zu leisten und anzunehmen – beides wirkt stärkend.

✔ **Bleiben Sie positiv.** Auch wenn es anstrengend ist, bei jedem Rückschlag den Silberstreif am Horizont zu suchen: Versuchen Sie, jeden Tag Freude über etwas zu empfinden.

✔ **Lernen Sie aus Ihren Erfahrungen.** Fehler können uns dazu anregen, etwas zu verändern.

✔ **Setzen Sie sich positive und realistische Ziele.** Auch kleine Erfolge verdienen es, gefeiert zu werden.

✔ **Setzen Sie sich mit Problemen sofort auseinander.** Wer sie ignoriert, lässt sie wachsen. Nehmen Sie Ihren Mut zusammen, analysieren Sie die Situation und unternehmen Sie konstruktive Schritte. Das gibt Ihnen das Gefühl der Kontrolle zurück.

IN VIER SCHRITTEN ZU MEHR RESILIENZ

Christine Padesky und Kathleen Mooney, zwei amerikanische Vertreterinnen der Kognitiven Verhaltenstherapie, haben eine hilfreiche Strategie zur Förderung der eigenen Resilienz entwickelt:

1 Finden Sie Ihre Stärken. Welche positiven Überzeugungen, Fertigkeiten und Eigenschaften haben Sie, die erkennen lassen, dass Sie eine leistungsfähige Person sind? Suchen Sie nicht nur nach dem Offensichtlichen, sondern auch nach verborgenen Stärken, die Ihre Resilienz im Alltag zeigen.

»Auch wenn ich fix und fertig bin, gelingt es mir jeden Tag, meine Kinder rechtzeitig in die Schule zu schicken. Ich schätze, ich bin beharrlich und verantwortungsbewusst.«

2 Entwickeln Sie Ihr persönliches Resilienzmodell (PRM). Legen Sie eine Liste mit Strategien an, durch die Sie Ihre Stärken fördern können. Verwenden Sie dafür positive Metaphern.

»Ich bin ein Arbeitspferd. Ich werde über Möglichkeiten nachdenken, meine Stärke so einzusetzen, dass mein Job weniger belastend wird.«

3 Überlegen Sie, wie Sie Ihr persönliches Resilienzmodell nutzen können, damit Sie auch in Stresssituationen gesund und widerstandsfähig bleiben.

»Das ganze Team ist überarbeitet. Ich werde jeden Einzelnen ganz bewusst unterstützen.«

4 Betrachten Sie Rückschläge oder Hindernisse im Leben als Gelegenheiten, Ihr Resilienzmodell zu testen, und seien Sie stolz auf Ihre Erfolge.

»Der Boss hat getobt, aber ich bin ruhig geblieben und habe später nach allen gesehen. Ich glaube, das hat dem ganzen Team gutgetan.«

Mit der stärkenorientierten KVT werden Sie sich im Alltag häufiger besser fühlen als zuvor: Wenn es gut läuft, ist sowieso alles okay, und wenn es Stress gibt, werden Sie stolz auf Ihre Resilienz sein.

✔ **Glauben Sie an Ihre Fähigkeiten.** Stress macht es erforderlich, dass wir unsere Bedürfnisse äußern und Lösungen finden. Resiliente Menschen vertrauen darauf, dass ihnen dies gelingt.

✔ **Gehen Sie liebevoll und fürsorglich mit sich selbst um.** Nehmen Sie sich genug Zeit für Schlaf, Bewegung, gesundes Essen und Spaß und erkennen Sie Ihre Stärken an. Sie haben sich Ihren Erfolg verdient.

Die amerikanische Psychotherapeutin Amy Morin hat es so ausgedrückt: »Jeder kann seine Stressresilienz erhöhen. Das erfordert harte Arbeit und Entschlossenheit, doch mit der Zeit ist man gerüstet, mit allem, was das Leben einem vor die Füße wirft, umzugehen.«

DAS POSITIVE STÄRKEN

Wir können nicht erwarten, jeden Tag rund um die Uhr glücklich zu sein. Doch wenn wir positive Gefühle und Haltungen wie Freude, Neugier, Zuneigung und Optimismus kultivieren, wann immer sich die Gelegenheit dazu bietet, verhilft uns das zu mehr Resilienz und Wohlbefinden, wie eine amerikanische Studie von 2009 zeigt. Genießen Sie Ihr Leben also nach Kräften – auf lange Sicht macht Sie das stressfest:

5 Sie sind glücklicher und erfolgreicher.

4 Mehr Resilienz.

3 Es fällt leichter, Kontakte zu knüpfen und Fähigkeiten und Ressourcen zu entwickeln.

2 Sie fühlen sich weniger gestresst.

1 Sie haben ein positives Gefühl.

ICH WERDE WEINEN, DANN WERDE ICH MEINE TRÄNEN TROCKNEN UND DANN WERDE ICH WIEDER AN DIE ARBEIT GEHEN.

FRED JOHNSON, ÜBERLEBENDER DES HURRIKANS KATRINA, IN EINEM INTERVIEW MIT DEM PSYCHOLOGEN GARY STIX

QUELLEN UND LITERATUR

Trotz aller Bemühungen um korrekte Quellenangaben sind Irrtümer oder Versäumnisse nicht ausgeschlossen. Der Verlag möchte sich hierfür entschuldigen und ist für entsprechende Hinweise dankbar.

Quellenangaben erfolgen zuerst für den Fließtext, dann für die Zusatztexte.
Zugriff auf Websites: Mai bis Juli 2017.
APA: American Psychological Association.
Greater Good: The Greater Good Science Center at the University of California, Berkeley.
J.: *Journal of*

Kapitel 1

12–13 I. M. Marks und R. M. Nesse, »Fear and fitness«, *Ethology and Sociobiology* (1994); H. Selye, *The Stress of Life*, McGraw-Hill (1956). **14–15** K. McGonigal in B. Schulte, »Science shows that stress has an upside«, *The Washington Post* (2015); N. B. Schmidt et al., »Anxiety sensitivity«, *J. Psychiatric Research* (2006); H. Murakami, *What I talk about when I talk about running*, Knopf (2008); APA (2017), »Stress in America: Coping With Change«, Stress in America™ Survey. **16–17** K. McGonigal, zit. n. D. Grodsky, »Stress as a positive«, TED Blog, 2013; D. Kaufer, zit. n. P. Jaret, »The Surprising Benefits of Stress«, *Greater Good* (2015); E. D. Kirby et al., »Acute stress enhances adult rat hippocampal neurogenesis and activation of newborn neurons«, *eLife* (2013); F. S. Dhabhar et al., »Stress-induced redistribution of immune cells«, *Psychoneuroendocrinology* (2012); A. J. Crum et al., »Rethinking stress«, *J. Personality and Social Psychology* (2013); D. Kirby, zit. n. T. Bradberry, »How Successful People Stay Calm«, talentsmart.com; J. P. Jamieson et al., »Improving Acute Stress Responses«, *Current Directions in Psychological Science* (2013); APA (2015), »Stress in America: Stress Snapshot«, Stress in America™ Survey. **18–19** B. P. F. Rutten et al., »Resilience in mental health«, *Acta Psychiatrica Scandinavica* (2013); G. Bonnaro, zit. n. G. Stix, »The Neuroscience of True Grit«, *Scientific American* (2011); R. Dias et al., »Resilience of caregivers of people with dementia«, *Trends in Psychiatry and Psychology* (2015). **20–21** G. S. Everly und

J. M. Lating, »The Anatomy and Physiology of the Human Stress Response«, *A Clinical Guide to the Treatment of the Human Stress Response* (2013); W. B. Cannon, »The emergency function of the adrenal medulla«, *American J. Physiology Legacy Content Online;* F. Hansen, »Fight or Flight vs Rest and Digest«, adrenalfatiguesyndrome.com (2015); D. Goleman, »The Sweet Spot for Achievement«, *Psychology Today* (2012); S. A. McLeod, »What is the stress response?« (2010), *Simply Psychology*; P. J. Winklewski et al., »Stress Response, Brain Noradrenergic System and Cognition«, *Advances in Experimental Medicine and Biology* (2017). **22–23** K. McGonigal, »How to make stress your friend«, TED Talk (2013). **24–25** T. H. Holmes und R. H. Rahe, »The Social Readjustment Rating Scale«, *J. Psychosomatic Research* (1967). **26–29** A. Wood Brooks, »Get Excited«, *J. Experimental Psychology* (2014); E. K. Porensky und S. Wells-Di Gregorio, »Stress Management«, Ohio State University; C. S. Carver und J. Connor-Smith, »Personality and Coping«, *Annual Review of Psychology* (2010); R. Lazarus und S. Folkman, zit. n. S. M. Sincero, »Stress and Cognitive Appraisal«, explorable.com; J. M. Grohol, »15 Common Defense Mechanisms«, *Psych Central*. **30–31** L. R. Goldberg, »An Alternative ›Description of Personality‹«, *J. Personal and Social Psychology* (1990); O. P. John und S. Srivastava, »The Big-Five Trait Taxonomy«, *Handbook of Personality*, The Guilford Press (1999). **32–33** S. E. Taylor et al., »Biobehavioral Responses To Stress In Females«, *Psychological Review* (2000); L. Tomova et al., »Is stress affecting our ability to tune into others?«, *Psychoneuroendocrinology* (2014); M. Ingalhalikar et al., »Sex differences in the structural connectome of the human brain«, *Proceedings of the National Academy of Sciences of the United States of America* (2014); APA (2015), »Stress in America: Stress Snapshot«, Stress in America™ Survey; APA (2010), »Stress in America Findings«, Stress in America™ Survey. **34–35** K. G. Rice et al., »Meanings of Perfectionism«, *J. Cognitive Psychotherapy* (2003); P. L. Hewitt in E. Benson, »The many faces of perfectionism«, *Monitor on Psychology*, APA (2003); R. C. O'Connor und D. B. O'Connor, »Predicting hopelessness and psychological

distress«, *J. Counseling Psychology* (2003); J. Szymanski, »Perfectionism«, *Expert Opinions*, International OCD Foundation; B. Brown, *The Gifts of Imperfection*, Hazelden Publishing (2010); »How to Overcome Perfectionism«, AnxietyBC®; P. L. Hewitt und G. L. Flett, »Perfectionism and depression«, *J. Social Behavior and Personality* (1990). **36–37** K. D. Neff und K. A. Dahm, »Self-Compassion« in M. Robinson et al., *Handbook of Mindfulness and Self-Regulation*, Springer (2015). **38–39** P. Gilbert und C. Irons, »Focused therapies and compassionate mind training for shame and self-attacking« in P. Gilbert, *Compassion*, Routledge (2005); K. D. Neff und K. A. Dahm (siehe S. 36–37); P. Gilbert, »Introducing compassion-focused therapy«, *Advances in psychiatric treatment* (2009); P. Gilbert, *Mitgefühl*, arbor (2011); H. Rockliff et al., »Heart rate variability and salivary cortisol responses to compassion-focused imagery«, *Clinical Neuropsychiatry* (2008); K. Neff, »Exercise 2: Self-compassion break«, self-compassion.org. **40–41** J. M. Smyth, »Written Emotional Expression«, *J. Consulting and Clinical Psychology* (1998); K. J. Petrie et al., »Effect of Written Emotional Expression on Immune Function in Patients with HIV Infection«, *Psychosomatic Medicine* (2004); P. M. Ullrich und S. K. Lutgendorf, »Journaling about stressful events«, *Annals of Behavioral Medicine* (2002); J. W. Pennebaker in B. Murray, »Writing to heal«, *Monitor on Psychology*, APA (2002); J. W. Pennebaker und S. K. Beall, »Confronting a traumatic event«, *J. Abnormal Psychology* (1986); J. W. Pennebaker und C. K. Chung (2011), zit. n. James Pennebaker's Expressive Writing Paradigm«, psychologyinaction.org. **42–43** M. H. Kernis, »Towards a Conceptualization of Optimal Self-Esteem«, *Psychological Inquiry* (2003); R. Y. Erol und U. Orth, »Self-Esteem Development From Age 14 to 30 Years«, *J. Personality and Social Psychology* (2011); G. Winch, »5 Ways to Boost Your Self-Esteem«, *Psychology Today* (2016); N. Burton, »Building Confidence and Self-Esteem«, *Psychology Today* (2012). **44–45** M. E. P. Seligman, »Pleasure, meaning, & eudaimonia«, *Authentic Happiness* (2002), University of Pennsylvania; D. A. Vella-Brodrick et al., »Three Ways to Be Happy«, *Social Indicators Research* (2009, online 2008); V. Frankl, zit. n. Viktor Frankl, »The Pursuit of Happiness«, Inc.; A. C. Parks und R. Biswas-Diener in T. Kashdan und J. Ciarrochi, *Mindfulness, Acceptance, and Positive Psychology*, New Harbinger (2013); R. F. Baumeister, zit. n. E. Smith, »There's More to Life Than Being Happy« (2013), *The Atlantic*; C. Bailey und A. Madden, »What Makes Work Meaningful«, *Sloan Management Review* (2016); L. George und C. L. Park (2016), zit. n. E. E. Smith und J. Aaker, »Pursue Meaning Instead of Happiness«, *Science of Us*, nymag.com (2016). **46–47** J. Lamb et al., »Approach to bullying and victimization«, *Canadian Family Physician* (2009); T. A. Field et al., »The New ABCs«, *J. Mental Health Counseling* (2015); W. Hofmann et al., »Yes, But Are They Happy?«, *J. Personality* (2014, online 2013); C. Pierce Keeton et al., »Sense of Control Predicts Depressive and Anxious Symptoms«, *J. Family Psychology* (2008). **48–49** T. D. Borkovec (1983), zit. n. S. K. McGowan und E. Behar, »A Preliminary Investigation of Stimulus Control Training for Worry«, *Behavior Modification* (2013); B. Verkuil, zit. n. J. Brownstein, »Planning ›Worry Time‹ May Help Ease Anxiety«, livescience.com (2011); W. F. Doverspike, »How to Stop Obsessive Worry«, Georgia Psychological Association (2008); L. Saulsman et al., »What? Me Worry!?!« (2015), Centre for Clinical Interventions; S. J. Gillihan, »5 reasons we worry«, *Psychology Today* (2016). **50–51** W. James, zit. n. A. C. Ugural, *Living Better*, Eloquent Books (2009). **52–53** S. G. Hofmann et al., »The Efficacy of Cognitive Behavioral Therapy«, *Cognitive Therapy and Research* (2012); F. Ghinassi in C. Gregoire, »Work Stress«, *Huffington Post* (2013); D. D. Burns, *Feeling Good*, William Morrow (1980). **54–55** »Know Your Stress To Manage Your Stress«, Pattison Professional Counseling and Mediation Center (2014); B. Cullen et al., »Cognitive function and lifetime features of depression and bipolar disorder«, *European Psychiatry* (2015).

Kapitel 2

58–59 S. Cohen et al., »Socioeconomic status is associated with stress hormones«, *Psychosomatic Medicine* (2006); R. V. Levine und A. Norenzayan, »The Pace of Life in 31 Countries«, *J. Cross-Cultural Psychology* (1999); W. Ng et al., »Affluence, feelings of stress, and well-being«, *Social Indicators Research* (2009, online 2008); R. Veenhoven, »The Four Qualities of Life«, *J. Happiness Studies* (2000); APA (2017), »Stress in America: Coping With Change«, Stress in America™ Survey. **60–63** E. Ophir

(2009), zit. n. T. Bradberry, »Multitasking Damages Your Brain and Career«, forbes.com (2014); J. M. Kraushaar und D. C. Novak (2010), zit. n. A. M. Paul, »You'll Never Learn!«, *Slate* (2013); L. Rosen, zit. n. J. Barshay, »How a ›tech break‹ can help students refocus«, Hechinger Ed (2011); K. Lanaj, zit. n. S. Sleek, »The Psychological Toll of the Smartphone«, Association for Psychological Science (2014); D. Derks et al., »Work-related smartphone use, psychological detachment and exhaustion«, *J. Occupational Health and Psychology* (2014); R. Balding, zit. n. »People with smart phones fall victim to social networking stress«, British Psychological Society (2012); E. A. Holman et al., »Media's role in broadcasting acute stress following the Boston Marathon bombings«, *Proceedings of the National Academy of Sciences* (2013); APA (2017), »Stress in America: Coping With Change«, Stress in America™ Survey; University of Cambridge, »Study shows some families have taken steps to avoid feeling overwhelmed by communications technologies«, eng.cam. ac.uk (2011), Wiederabdruck mit Änderungen zugänglich über Creative Commons Attribution International License 4; R. Balding, zit. n. A. Kelly, »Student's phone study touches national nerve«, *Worcester News* (2012); B. Wood et al., »Light level and duration of exposure determine the impact of self-luminous tablets on melatonin suppression«, *Applied Ergonomics* (2013); M. Ritchel, »Attached to technology and paying a price«, *The New York Times* (2010); D. Nelson, zit. n. W. K. Kleinman, »The stress factor of technology«, newsok.com (2008); J. Suler, »The online disinhibition effect«, *CyberPsychology & Behavior* (2004); A. G. Zimmerman, »Online Aggression«, University of North Florida (2012). **64–65** D. Levitin, »Why the modern world is bad for your brain«, *The Guardian* (2015); E. K. Miller, zit. n. J. Naish, »Is multitasking bad for your brain?«, *Mail Online* (2009); E. M. Hallowell, zit. n. »The Power of Focus«, *Tribal Business Journal*; D. Coviello et al., »Don't Spread Yourself Too Thin«, *The National Bureau of Economic Research* (2010); G. Wilson, »The ›Infomania‹ Study« (2005); K. Foerde (2006), zit. n. A. Murphy Paul, »You'll never learn!«, *Slate* (2013); G. D. Schott, »Doodling and the default network of the brain«, *The Lancet* (2011); M. Karlesky und K. Isbister (2013), zit. n. M. Karlesky, »New widgets let you snap, crackle … and think«, livescience.com (2014); D. Meyer, zit. n. A. Murphy Paul, »You'll never learn!«, *Slate* (2013); J. Andrade, »What does doodling do?«, *Applied Cognitive Psychology* (2009); J. S. Rubinstein et al., »Executive Control of Cognitive Processes in Task Switching«,

J. Experimental Psychology (2001). **66–67** L. Bernstein, zit. n. R. Fox with H. Brown, *Creating a Purposeful Life*, Infinite Ideas (2012). **68–69** K. Murray, zit. n. J. Dodgson, »Body image problems linked to stress«, abc.net.au (2009); C. C. Ross, »Why Do Women Hate Their Bodies?«, *Psych Central* (2015); National Eating Disorders Association, zit. n. »Going to extremes«, CNN; »Women's Body Image and BMI« (o. J.), rehabs. com; P. Diedrichs, zit. n. »Body image concerns more men than women«, *The Guardian* (2012); S. T. Dunn (2004), zit. n. M. Dahl, »Six-pack stress«, today.com; T. F. Cash et al., »Coping with body-image threats and challenges«, *J. Psychosomatic Research* (2005); »New Plastic Surgery Statistics«, American Society of Plastic Surgeons (2017). **70–73** J. Bowlby, zit. n. S. Johnson, *The Love Secret*, Little, Brown (2014); D. Saxbe und R. L. Repetti, »For Better or Worse?«, *J. Personality and Social Psychology* (2010); L. A. Neff und B. R. Karney, »Stress and reactivity to daily relationship experiences«, *J. Personality and Social Psychology* (2009); S. I. Powers, zit. n. L. Meyers, »Relationship conflicts stress men more than women«, *Monitor on Psychology*, APA (2006); J. M. und J. Gottman, »How to keep love going strong«, yesmagazine.org (2011); »Love and money«, prnewswire.com (2015), B. R. Karney, »Keeping marriages healthy and why it's so difficult«, *Psychological Science Agenda*, APA (2010); E. Lisitsa, »The Four Horsemen«, The Gottman Institute (2013). **74–75** »Lack of sexual intimacy«, National Healthy Marriage Resource Center; L. E. Savage, »Treating desire discrepancy in couples«, goddesstherapy.com; B. W. McCarthy und E. J. McCarthy, *Rekindling Desire*, Routledge (2003); M. Weiner-Davis, »The Sex-Starved Marriage«, psychotherapynetworker.org (2016); L. Brotto, zit. n. S. Auteri, »What you need to know about female sexual desire«, American Association of Sexuality Educators, Counselors and Therapists (2014). **76–79** E. Stone (1985), zit. n. *Reader's Digest* (1989); K. H. Lagattuta et al., »Do you know how I feel?«, *J. Experimental Child Psychology* (2012); H. T. Emery et al., »Maternal dispositional empathy and electrodermal reactivity«, *J. Family Psychology* (2014); G. Dewar, »Parenting Stress«, parenting-science.com (2016); D. M. Teti et al., »Maternal emotional availability at bedtime predicts infant sleep quality«, *J. Family Psychology* (2010); S. Cronin et al., »Parents and Stress«, University of Minnesota, *Children's Mental Health eReview* (2015); K. J. Joosen et al., »Maternal overreactive sympathetic nervous system responses to repeated infant crying«, *Child Maltreatment* (2013); K. Zolten und

N. Long, »Helping Children Cope With Stress«, Center for Effective Parenting (2006); C. Carter, »Is Stress-Free Parenting Possible?«, *Greater Good* (2011). **80–83** T. L. Lindquist et al., »Influence of lifestyle, coping and job stress on blood pressure«, *Hypertension* (1997); »OSH Answers Fact Sheets: Workplace Stress«, Canadian Centre for Occupational Health and Safety (2012); J. Ferrari, zit. n. D. Thompson, »The Procrastination Doom Loop«, *The Atlantic* (2014); D. D. Burns, *Feeling Good: Depressionen überwinden, Selbstachtung gewinnen*, Junfermann (2006); R. Eisenberger, »Learned Industriousness«, classweb.uh.edu (o. J.); P. Steel, »The Nature of Procrastination«, *Psychological Bulletin* (2007); F. M. Sirois, »Procrastination and intentions to perform health behaviors«, *Personality and Individual Differences* (2004); H. Gardner, »Leadership: A Master Class«, youtube.com (2012); »A Passion for Work-Life Balance«, Robert Half (2016); APA (2017), »Stress in America: Coping With Change«, Stress in America™ Survey. **84–85** R. Bianchi et al., »Comparative symptomatology of burnout and depression«, *J. Health Psychology* (2013); J. Montero-Marin et al., »Coping with stress and types of burnout«, *PLoS ONE* (2014); P. Sheridan, zit. n. M. Ahmed, »One in three professionals ›is suffering from burnout‹«, *The Times* (2013); A. B. Bakker und E. Demerouti, »The Job Demands-Resources model«, *J. Managerial Psychology* (2007); »Employee burnout common in nearly a third of UK companies«, Robert Half (2013). **86–87** M. K. Gandhi, zit. n. N. Ramakrishnan, *Reading Gandhi in the Twenty-First Century* (2013). **88–89** K. Yarrow in T. Klosowski, »How Stores Manipulate Your Senses So You Spend More Money«, lifehacker.com (2013); E. W. Dunn et al., »Spending money on others promotes happiness«, *Science* (2008); L. B. Aknin et al., »It's the Recipient That Counts«, *PLoS ONE* (2011); M. A. Killingsworth und D. T. Gilbert, »A Wandering Mind Is an Unhappy Mind«, *Science* (2010); T. Gilovich et al., »Waiting for Merlot«, *Psychological Science* (2014); P. Raghubir und J. Srivastava, »The Denomination Effect«, *J. Consumer Research* (2009); P. Brickman und D. T. Campbell (1971), zit. n. M. Binswanger, »Why Does Income Growth Fail to Make Us Happier?«, Fachhochschule Solothurn Nordwestschweiz (2003). **90–91** E. El Issa, »2016 American Household Credit Card Debt Study«, nerdwallet.com; E. Y. Chou, zit. n. »Experiencing Financial Stress May Lead to Physical Pain«, *Psychological Science* (2016); M. A. Skinner et al., »Financial Stress Predictors«, *Cognitive Therapy and Research* (2004); R. L. Leahy, »Living with financial anxiety«,

psychotherapybrownbag.com (2009); APA (2017), »Stress in America: Coping With Change«, Stress in America™ Survey; M. Amar et al., »Winning the Battle but Losing the War«, *J. Marketing Research* (2011). **92–93** D. R. Ames und A. S. Wazlawek, »Pushing in the Dark«, *Personality and Social Psychology Bulletin* (2014); V. M. Patrick und H. Hagtvedt (2012), zit. n. H. Grant Halvorson, »The Amazing Power of ›I Don't‹ vs. ›I Can't‹«, forbes.com (2013). **94–95** N. Pelusi, »The Right Way to Rock the Boat«, *Psychology Today* (2016); G. A. Abed et al., »The Effect of Assertiveness Training Program on Improving Self-Esteem of Psychiatric Nurses«, *J. Nursing Science* (2015); V. K. Bohns, zit. n. D. Ludden, »Ask and You Shall Receive«, *Psychology Today* (2016). **96–97** S. Augustin (2009), zit. n. S. Whitaker, »The Effects of Population Density and Noise«, *A Student of Psychology* (2014); E. C. Kim, »Nonsocial Transient Behavior«, *Symbolic Interaction* (2012); R. S. Feldman (1985), zit. n. J. D. Meier, »Personal Space«, sourceofinsight.com (2017); D. Elkin, »Protecting Your Personal Space«, debelkin.com (2015). **98–99** R. S. Ulrich, »View through a window may influence recovery from surgery«, American Association for the Advancement of Science (1984); O. Kardan, »Neighborhood greenspace and health in a large urban center«, *Scientific Reports* (2015); N. M. Wells und G. W. Evans, »Nearby nature«, *Environment and Behavior* (2003); B. Cimprich und D. L. Ronis, »An environmental intervention to restore attention in women with newly diagnosed breast cancer«, *Cancer Nursing* (2003); B. J. Park (2010), zit. n. A. Alter, »How nature resets our minds and bodies«, *The Atlantic* (2013); R. Kaplan und S. Kaplan, »The Restorative Benefits of Nature«, *J. Environmental Psychology* (1995); P. Aspinall et al., »The urban brain«, *British J. Sports Medicine* (2015, online 2013); G. N. Bratman et al., »Nature experience reduces rumination«, *Proceedings of the National Academy of Sciences* (2015); M. Annerstedt et al., »Inducing physiological stress recovery with sounds of nature in a virtual reality forest«, *Physiology & Behavior* (2013); R. McCaffrey und P. Liehr, »The Effect of Reflective Garden Walking on Adults With Increased Levels of Psychological Stress«, *American Holistic Nurses Association* (2016). **100–101** M. L. Chanda und D. J. Levitin, »The neurochemistry of music«, *Trends in Cognitive Sciences* (2013); S. Chafin et al., »Health can facilitate blood pressure recovery from stress«, *British J. Health Psychology* (2004); E. Labbé et al., »Coping with Stress«, *Applied Psychophysiology and Biofeedback* (2008); L. Brannon und

J. Feist, »Health Psychology«, Wadsworth Cengage Learning (2007); H. D. Thoreau, *Journals IX* (1857), zit. n. J. S. Cramer, »The Quotable Thoreau«, Princeton (2011); T. Schäfer et al., »The sounds of safety«, *Frontiers in Psychology* (2015); J. S. Verma und S. K. Khanna, »The Effect of Music on Salivary Cortisol«, *J. Exercise Science and Physiotherapy* (2010); L. Bernardi et al., »Cardiovascular, cerebrovascular, and respiratory changes induced by different types of music«, *Heart* (2006, online 2005); B. Bittman, zit. n. »How Playing Music Results in Breakthroughs for Inner City Youth«, The National Association of Music Merchants (2009); D. Fancourt et al., »Singing modulates mood«, *ecancermedicalscience* (2016); B. A. Bailey, »Effects of group singing and performance«, *Psychology of Music* (2005); M. V. Thoma et al., »The Effect of Music on the Human Stress Response«, *PLoS ONE* (2013). **102–103** R. Peters, »Ageing and the brain«, *Postgraduate Medical Journal* (2006); R. Trouillet et al., »Impact of Age, and Cognitive and Coping Resources on Coping«, *Canadian Journal on Aging* (2011); J. N. de Souza-Talarico et al., »Stress symptoms and coping strategies in healthy and elderly subjects«, *Revista da Escola de Enfermagem da USP* (2009); C. M. Aldwin et al., »Age Differences in Stress, Coping, and Appraisal«, *J. Gerontology* (1996); J. Pikhartova et al., »Is loneliness in later life a self-fulfilling prophecy?«, *Aging & Mental Health* (2016, online 2015); R. Mushtaq et al., »Relationship between loneliness, psychiatric disorders and physical health«, *J. Clinical & Diagnostic Research* (2014); J. Cacioppo, zit. n. I. Sample, »Loneliness twice as unhealthy as obesity for older people«, *The Guardian* (2014); R. C. Atchley, zit. n. »Stages of Retirement«, Families in Action. **104–105** »Key facts about carers and the people they care for«, Carers Trust (2015); »Caregiving in the US 2015«, National Alliance for Caregiving; M. M. Seltzer, zit. n. M. Diament, »Autism moms have stress similar to combat soldiers«, *Disability Scoop* (2009); National Family Caregivers Association survey (2001), zit. n. »Caregiver statistics«, Caregiver Action Network; »Facts about carers 2015«, Carers UK; Alzheimer's Association®, »Caregiver stress«, Alzheimer's and Dementia Caregiver Center. **106–107** APA (2006), »Forgiveness: a sampling of research results«, Washington D. C., Office of International Affairs; F. Luskin und B. Bland, »Stanford–Northern Ireland Hope 1 Project«, learningtoforgive.com (2000, 2010); J. Orloff, zit. n. S. Freedman und T. Zarifkar, »The Psychology of Interpersonal Forgiveness«, *Spirituality in Clinical Practice* (2015). **108–109** R. A. Emmons und M. E. McCullough, »Counting blessings versus burdens«, *J. Personality and Social Psychology* (2003); A. M. Wood et al., »The role of gratitude in the development of social support, stress, and depression«, *J. Research in Personality* (2008); A. M. Wood et al., »Gratitude influences sleep«, *J. Psychosomatic Research* (2009); P. C. Watkins et al., »Taking care of business?«, *J. Positive Psychology* (2008); N. M. Lambert und F. D. Finham, »Expressing gratitude to a partner«, *Emotion* (2011); R. A. Emmons, »How Gratitude Can Help You Through Hard Times«, *Greater Good* (2013); A. M. Gordon, »Five ways giving thanks can backfire«, *Greater Good* (2013); S. Lyubomirsky, zit. n. J. Marsh, »Tips for keeping a gratitude journal«, *Greater Good* (2011).

Kapitel 3

112–113 T. J. Strauman et al., »Self-regulatory cognition and immune reactivity«, *Brain, Behavior, and Immunity* (2004); S. R. Maddi, *Hardiness,* Springer (2013); J. D. Brown und K. L. McGill, »The cost of good fortune«, *J. Personality and Social Psychology* (1989). **114–115** R. M. Nideffer, »Getting Into the Optimal Performance State«, enhanced-performance.com; D. Greene, »11 Strategies for Audition and Performance Success«, psi. donegreene.com; »America's Top Fears 2016«, Chapman University; G. Ramirez und S. L. Beilock, »Writing about testing worries boosts exam performance«, *Science* (2011, 2014). **116–117** M. H. Kernis und B. M. Goldman, »A multicomponent conceptualization of authenticity«, *Advances in Experimental Social Psychology* (2006); A. L. Sillars et al., »Communication and conflict in marriage«, *Communication Yearbook* (1983); R. M. Reznik et al., »Communication During Interpersonal Arguing«, *Argumentation and Advocacy* (2010); K. A. Vertino, »Effective Interpersonal Communication«, *Online J. Issues in Nursing* (2014); E. L. Deci und R. M. Ryan, »SDT«, self-determinationtheory.org. **118–119** N. Harrington, »Frustration Intolerance«, *J. Rational-Emotive and Cognitive-Behavior Therapy* (2011); A. Lickerman, »How to Manage Frustration«, *Psychology Today* (2012); N. Harrington, »The Frustration Discomfort Scale«, *Clinical Psychology and Psychotherapy* (2005); M. E. Keough et al., »Anxiety Symptomatology«, *Behavior Therapy* (2010). **120–121** D. A. Sbarra et al., »Divorce and Health«, *Current Directions in Psychological Science* (2015); L. Kulik und E. Heine-Cohen, »Coping Resources, Perceived Stress and Adjustment to Divorce Among Israeli Women«, *J. Social Psychology* (2011); D. A. Sbarra et al., »Divorce and Health«, *Current Directions in Psychological Science* (2015). **122–123** M. K. Shear, »Getting Straight About Grief«, *Depression and Anxiety* (2012). **124–125** S. Hayes, zit. n. R. Harris, »Embracing Your Demons«, *Psychotherapy in Australia* (2006); K. Strosahl in K. Kseib, »Pain is inevitable, but suffering is optional«, *The Psychologist* (2016); S. Hayes, zit. n. J. Belmont, »Effective Use of Metaphors in the ACT Theory«, belmontwellness.com; H. Brinkborgh et al., »Acceptance and Commitment Therapy for the treatment of stress among social workers«, *Behaviour Research and Therapy* (2011). **126–127** K. Strosahl in K. Kseib, »Pain is inevitable, but suffering is optional«, *The Psychologist* (2016). **128–129** M. Mitchell, »Dr. Herbert Benson's Relaxation Response«, *Psychology Today* (2013); A. Meuret, zit. n. S. Pappas, »To stave off panic, don't take a deep breath«, livescience.com (2010); P. Philippot et al., »Respiratory feedback in the generation of emotion«, *Cognition & Emotion* (2002), zit. n. R. P. Brown und P. L. Gerbarg, »Yoga breathing, meditation, and longevity«, *Annals of the New York Academy of Sciences* (2009); J. J. Arch und M. G. Craske, »Mechanisms of mindfulness«, *Behaviour Research and Therapy* (2006). **130–131** H. A. Hashim und H. H. A. Yusof, »The Effects of Progressive Muscle Relaxation and Autogenic Relaxation on Young Soccer Players' Mood States«, *Asian J. Sports Medicine* (2011); P. N. Hui et al., »An Evaluation of Two Behavioral Rehabilitation Programs«, *J. Alternative and Complementary Medicine* (2006); C. A. Puskarich et al., »Effects of progressive muscle relaxation training on seizure reduction«, *Epilepsia* 33 (1992); A. Heenan und N. F. Troje, »Both Physical Exercise and Progressive Muscle Relaxation Reduce the Facing-the-Viewer Bias in Biological Motion Perception«, *PloS ONE* (2014). **132–135** S. R. Bishop et al., »Mindfulness: A Proposed Operational Definition«, *Clinical Psychology: Science and Practice* (2004); J. Gu et al., »How do mindfulness-based therapy and mindfulness-based stress reduction improve mental health and wellbeing?«, *Clinical Psychology Review* (2015); J. Kabat-Zinn und S. F. Santorelli, »Mindfulness-Based Stress Reduction (MSBR) Standards of Practice«, The Center for Mindfulness in Medicine, Health Care, and Society, University of Massachusetts Medical School (2014); R. J. Davidson et al., »Alterations in brain and immune function produced by mindfulness meditation«, *Psychosomatic Medicine* (2003); E. Goldstein, zit. n. J. Lin, »Mindfulness reduces stress, promotes resilience«, *UCLA Today* (2009). **136–137** J. Frank, »Stress management during the holidays«, Clinical Psychology Associates of North Central Florida; G. Rubin »8 Tips to Beat Holiday Stress«, gretchenrubin.com (2010); M. C. Daball und P. Kimpton, »How do I deal with seasonal affective disorder?«, *The Guardian* (2015); APA (2008), »Financial Concerns Top List of Holiday Stressors for Women, Families with Children«; D. Cotterell, »Pathogenesis and management of seasonal affective disorder«, *Progress in Neurology and Psychiatry* (2010); P. Regan und T. Orbuch, zit. n. A. Ossola, »Why Are Holidays With Your Family So Stressful?«, *Popular Science* (2015); K. Duckworth, zit. n. »Beat Back The Holiday Blues«, National Alliance on Mental Illness (2008); P. Wiegartz, »10 Common Holiday Stresses«, *Psychology Today* (2011). **138–139** L. Boschloo et al., »Heavy alcohol use«, *Drug and Alcohol Dependence* (2011); A. Ostroumov et al., »Stress Increases Ethanol Self-Administration«, *Neuron* (2016); A. Hassanbeigi et al., »The Relationship between Stress and Addiction«, *Social and Behavioral Sciences* (2013); »Facts About Alcohol«, National Council on Alcohol and Drug Dependence (2015). **140–141** A. Boyes, »Avoidance Coping«, *Psychology Today* (2013). **142–143** D. L. Musselman (2001), zit. n. M. Wei, »The surprising psychology of the common cold«, *Psychology Today* (2015); M. Schoen, *When Relaxation is Hazardous to Your Health*, Mind Body Health Books (2001); P. S. Chandra und G. Desai, »Denial as an experiential phenomenon in serious illness«, *Indian J. Palliative Care* (2007); A. Vingerhoets, zit. n. E. Saner, »Sick on arrival«, *The Guardian* (2007), M. Schoen, zit. n. S. Colino, »The Real Reason You Get Sick After A Stressful Period Has Ended«, *Huffington Post* (2016).

Kapitel 4

146–147 T. Ballard et al., »Departures from optimality when pursuing multiple approach or avoidance goals«, *J. Applied Psychology* (2016); N. Liberman und Y. Trope, »The Psychology of Transcending the Here and Now«, *Science* (2008); A. Winch et al., »Unique associations between anxiety, depression and motives for approach and avoidance goal pursuit«, *Cognition and Emotion* (2015, online 2014); J. Szymanski, »The Real Curse of Being a Perfectionist«, *CNBC* (2011). **148–149** C. A. Higgins et al., »Coping With Overload and Stress«, *J. Marriage and Family* (2010); J. M. Patterson und H. I. McCubbin, »Gender Roles and Coping«, *J. Marriage and Family* (1984);

S. Behson, »How to Cope with Work-Family Conflict and Stress (part 2)«, *Fathers, work and family* (2013); Bureau of Labor Statistics 2016, »Employment Characteristics of Families Summary«, bls.gov (2017); G. W. Bird und A. Schnurman-Crook, »Professional Identity and Coping Behaviors in Dual-Career Couples«, *Family Relations* (2005). **150–151** C. R. Martell, »Behavioral Activation Therapy«, christopher-martell.com; S. Dimidjian et al., »The Origins and Current Status of Behavioral Activation Treatments for Depression«, *Annual Review of Clinical Psychology* (2011); »Choose Your Actions, Choose Your Mood«, Harley Therapy (2014). **152–153** G. M. Cooney et al., »Exercise for depression«, *Cochrane Database of Systematic Reviews* (2013); J. C. Smith, »Effects of emotional exposure on state anxiety after acute exercise«, *Medicine and Science in Sports and Exercise* (2013); H. Guiney und L. Machado, »Benefits of regular aerobic exercise for executive functioning in healthy populations«, *Psychonomic Bulletin & Review* (2013, online 2012); T. J. Schoenfeld et al., »Physical Exercise Prevents Stress-Induced Activation of Granule Neurons«, *J. Neuroscience* (2013). **154–155** M. Teut et al., »Effectiveness of a mindfulness-based walking programme in reducing symptoms of stress«, *European J. Integrative Medicine* (2012); R. L. McMillan et al., »Ode to positive constructive daydreaming«, *Frontiers in Psychology* (2013); M. Opezzo und D. L. Schwartz, »Give Your Ideas Some Legs«, *J. Experimental Psychology* (2014); R. Biswas-Diener in »Mindlessness Can Be Just as Productive as Mindfulness«, *New Republic* (2014); M. G. Berman et al., »The Cognitive Benefits of Interacting With Nature«, *Psychological Science* (2008), zit. n. A. Arbor, »Going outside – even in the cold – improves memory, attention«, University of Michigan (2008); W. Bumgardner, »How to Get the Best Walking Posture«, verywell.com (2017); T. W. Puetz, zit. n. S. Fahmy, »Low-intensity exercise reduces fatigue symptoms«, University of Georgia (2008). **156–157** H. Cramer et al., »Yoga for depression«, *Depression and Anxiety* (2013); F. Wang et al., »The Effects of Tai Chi on Depression, Anxiety, and Psychological Well-Being«, *International J. Behavioral Medicine* (2014); R. P. Brown und P. L. Gerbarg, »Surdarshan Kriya Yogic Breathing in the Treatment of Stress, Anxiety, and Depression«, *J. Alternative and Complementary Medicine* (2005); M. Greenberg, zit. n. A. Novotney, »Yoga as a practice tool«, *Monitor on Psychology*, APA (2009). **158–161** E. Epel et al., »Stress may add bite to appetite«, *Psychoneuroendocrinology* (2001); C. A. Maglione-Garves et al., »Cortisol

Connection«, University of New Mexico; M. F. Dallman et al., »Chronic stress and comfort foods«, *Brain, Behavior, and Immunity* (2005); C. A. Shively et al., »Social stress, visceral obesity, and coronary artery atherosclerosis«, *American J. Primatology* (2009); A. J. Tomiyama et al., »Low Calorie Dieting Increases Cortisol«, *Psychosomatic Medicine* (2010); D. E. Pankevich et al., »Caloric Restriction Experience Reprograms Stress«, *J. Neuroscience* (2010); D. Cummins, »This is Why We're Fat and Sick«, *Psychology Today* (2013); APA (2017), »Stress in America: Coping With Change«, Stress in America™ Survey; *Intuitive Eating*, zit. n. M. Allison, »Lesson three – How does hunger feel?«, *The Fat Nutritionist* (2011); A. S. Cain et al., »Refining the Relationships of Perfectionism, Self-Efficacy, and Stress to Dieting and Binge Eating«, *International J. Eating Disorders* (2008); T. Mann et al., »Medicare's search for effective obesity treatments«, *American Psychologist*, APA (2007); M. Greenberg, »The 5 Best Ways to Manage Your Weight and Eating«, *Psychology Today* (2011); A. J. Bradshaw et al., »Non-dieting interventions for overweight and obese women«, *Public Health Nutrition* (2009); A. Burokas, zit. n. D. Ahlstrom, »Irish-based scientists find a way to beat stress by eating«, *The Irish Times* (2017); F. N. Jacka et al., »Western diet is associated with a smaller hippocampus«, *BMC Medicine* (2015); A. Sánchez-Villegas et al., »Mediterranean dietary pattern and depression«, *BMC Medicine* (2013). **162–163** National Sleep Foundation, »Insomnia & You«; M. Hirshkowitz et al., »NSF sleep time duration recommendations«, *Sleep Health* (2015); P. Alhola und P. Polo-Kantola, »Sleep deprivation«, *Neuropsychiatric Disease and Treatment* (2007); American Academy of Sleep Medicine, zit. n. S. Schutte-Rodin et al., »Clinical Guideline for the Evaluation and Management of Chronic Insomnia in Adults«, *J. Clinical Sleep Medicine* (2008); NSF 1991 Survey, zit. n. S. Ancoli-Israel und T. Roth, »Characteristics of insomnia in the United States«, *Sleep* (1999); M. M. Ohayon, »Epidemiology of insomnia«, *Sleep Medicine Reviews* (2002); M. Smolensky und L. Lamberg, *The Body Clock Guide to Better Health*, Holt (2001); NHIS 2010, zit. n. »Short Sleep Duration Among Workers«, *Morbidity and Mortality Weekly Report*, Centers for Disease Control and Prevention (2012); M. R. Rosekind et al., »The cost of poor sleep«, *J. Occupational and Environmental Medicine* (2010); B. Riedel et al., »A comparison of the efficacy of stimulus control for medicated and nonmedicated insomniacs«, *Behavior Modification* (1998); T. Morgenthaler et al. und

die American Academy of Sleep Medicine, »Practice parameters for the psychological and behavioral treatment of insomnia«, *Sleep* (2006). **166–167** K. D. Vohs, zit. n. »A messy desk encourages a creative mind?«, *Monitor on Psychology*, APA (2013); S. McMains und S. Kastner, zit. n. E. Doland, »Scientists find physical clutter negatively affects your ability to focus«, unclutterer.com (2011); D. Kahneman und A. Tversky (1979) und D. Kahneman (1990), zit. n. A. Castel, »Declutter NOW!«, *Psychology Today* (2016); J. E. Arnold et al., *Life at Home in the 21st Century*, Cotsen Institute of Archeology Press, UCLA (2012); S. Gannon, »Hooked on Storage«, *The New York Times* (2007); R. O. Frost und G. Steketee, *Stuff*, Houghton Mifflin Harcourt Publishing Company (2010). **168–169** R. F. Baumeister et al., »Ego Depletion«, *J. Personality and Social Psychology* (1998); M. Muraven et al., »Daily fluctuations in self-control demands and alcohol intake«, *Psychology of Addictive Behaviors* (2005); D. Spears, »Economic decision-making in poverty depletes behavioral control«, Princeton University (2010); V. Job et al., »Ego Depletion – Is It All In Your Head?«, *Psychological Science* (2010); M. Muraven, »Practicing Self-Control Lowers the Risk of Smoking Lapse«, *Psychology of Addictive Behaviors* (2010); M. Friese et al., »Mindfulness meditation counteracts self-control depletion«, *Consciousness and Cognition* (2012); D. J. A. Jenkins et al., «Glycemic index: implications in health and disease«, *American J. Clinical Nutrition* (2002); APA (2011), »Stressed in America«, Stress in America™ Survey; T. F. Heatherton und D. D. Wagner, »Cognitive Neuroscience of Self-Regulation Failure«, *Trends in Cognitive Sciences* (2011). **170–171** L. Schwabe et al., »Simultaneous Glucocorticoid and Noradrenergic Activity«, *J. Neuroscience* (2012); P. Lally et al., »How habits are formed«, *European J. Social Psychology* (2010); P. M. Gollwitzer und G. Oettingen (1999) in M. Gellman und J. R. Turner, *Encyclopedia of behavioural medicine*, Springer (2013); K. D. Vohs et al., »Making choices impairs subsequent self-control«, *J. Personality and Social Psychology* (2008). **172–173** V. E. Frankl, *Man's Search for Meaning*, Simon und Schuster (1963). **174–175** M. und I. S. Csikszentmihalyi, *Die außergewöhnliche Erfahrung im Alltag. Die Psychologie des Flow-Erlebnisses*. Klett-Cotta (1991); R. Larson und M. Csikszentmihalyi, »The Experience Sampling Method«, *Flow and the Foundations of Positive Psychology*, Springer (2014); O. Schaffer, »Crafting Fun User Experiences«, Human Factors International (2013); D.

Goleman, »How to Achieve a Flow State«, linkedin.com (2013). **176–179** J. Holt-Lunstad et al., »Social Relationships and Mortality Risks«, *PLoS Med* (2010); L. Beckes et al., »Familiarity promotes blurring of self and other in the neural representation of threat«, *Social Cognitive and Affective Neuroscience* (2013); E. B. Raposa et al., »Prosocial Behaviour Mitigates the Negative Effects of Stress in Everyday Life«, *Association for Psychological Science* (2016, online 2015); R. E. Adams et al., »The Presence of a Best Friend Buffers the Effects of Negative Experiences«, *Developmental Psychology* (2011); M. Trudeau, »Human Connections Start With A Friendly Touch«, npr. org (2010); R. I. M. Dunbar, »Do online social media cut through the constraints that limit the size of offline social networks?«, The Royal Society Publishing (2016); J. H. Fowler und N. A. Christakis, »Dynamic spread of happiness in a large social network«, *BMJ* (2008); S. Degges-White, »13 Red Flags of Potentially Toxic Friendships«, *Psychology Today* (2015); O. Ybarra et al., »Friends (and Sometimes Enemies) With Cognitive Benefits« *Social Psychological and Personality Science* (2011, online 2010). **180–181** J. Lohr, zit. n. S. Boardman, »Conscious complaining«, *Huffington Post* (2016); R. M. Kowalski, *Aversive Interpersonal Behaviors*, Springer (1997); B. Smyth, »Why We Complain and How to Make It More Effective«, *NST Insights* (2016). **182–183** R. I. M. Dunbar et al., »Social laughter is correlated with an elevated pain threshold«, *Proceedings of The Royal Society B* (2011); A. C. Samson und J. J. Gross, »Humour as emotion regulation«, *Cognition and Emotion* (2012, received 2010); R. Provine, »The Science of Laughter«, *Psychology Today* (2000); M. P. Bennett et al., »The Effect of Mirthful Laughter on Stress and Natural Killer Cell Activity«, *Alternative Therapies in Health and Medicine* (2003); J. Rotton und M. Shats, »Effects of State Humor, Expectancies, and Choice on Postsurgical Mood and Self-Medication«, *J. Applied Psychology* (1996); W. Fry, zit. n. P. Doskoch, »Happily Ever Laughter«, *Psychology Today* (1996). **184–185** S. Scott, »Why we laugh«, TED Talk (2015). **186–187** G. Kaimal et al., »Reduction of cortisol levels and participants' responses following art making«, *J. the American Art Therapy Association* (2016); D. Siegel (2010), zit. n. C. Malchiodi, »Expressive arts therapy and windows of tolerance«, *Psychology Today* (2016); R. van der Vennet und S. Serice, »Can coloring mandalas reduce anxiety?«, *J. American Art Therapy Association* (2012); University of Otago, »Creative activities promote day-to-day wellbeing«, *Science Daily* (2016); J. Leckey, »The therapeutic effectiveness of creative activities on mental well-being«, *J. Psychiatric and Mental Health Nursing* (2011). **188–189** K. Allen et al., »Cardiovascular reactivity and the presence of pets, friends and spouses«, *Psychosomatic Medicine* (2002); L. Wood et al., »The Pet Factor«, *PLoS One* (2015); F. Moretti et al., »Pet therapy in elderly patients with mental illness«, *Psychogeriatrics* (2011); P. Donelly, »How pets make us MORE stressed«, *Mail Online* (2014); S. Shiloh et al., »Reduction of state-anxiety by petting animals«, *Anxiety, Stress and Coping* (2003); H. Nittono et al., »The Power of Kawaii«, *PLoS One* (2012); D. Wells, »The value of pets for human health«, *The Psychologist* (2011). **190–191** N. I. Eisenberger et al., »Does rejection hurt?«, *Science* (2003); J. T. Cacioppo et al., »Lonely traits and concomitant physiological processes«, *International J. Psychophysiology* (2000); L. C. Hawkley und J. T. Cacioppo, »Loneliness Matters«, *Annals of Behavioral Medicine* (2010); G. Winch, zit. n. R. Marantz Henig, »Guess I'll Go Eat Worms«, *The Archipelago* (2014); M. Burke und R. E. Kraut, »The Relationship Between Facebook Use and Well-Being«, *J. Computer-Mediated Communication* (2016); G. Winch, »Why Loneliness Is a Trap and How to Break Free«, *Psychology Today* (2013). **192–193** K. Rimfield et al., »True Grit and Genetics«, *J. Personality and Social Psychology* (2016); A. L. Duckworth et al., »Grit«, *J. Personality and Social Psychology* (2007); E. V. Blalock et al., »Stability amidst turmoil«, *Psychiatry Research* (2015).

Kapitel 5

196–197 K. Kozlowska, »Stress, Distress and, Bodytalk«, *Harvard Review of Psychiatry* (2013). **198–199** M. Jonson-Reid (2012), zit. n. A. M. Jackson und K. Deye, »Aspects of Abuse«, *Current Problems in Pediatric and Adolescent Health Care* (2015); N. R. Nugent et al., »The Emerging Field of Epigenetics«, *J. Pediatric Psychology* (2016); D. M. Rubin (2008), zit. n. Jackson und Deye (2015), s. oben; E. McGrath, »Recovering from Trauma«, *Psychology Today* (2001); M. H. Teicher (2000), zit. n. Jonson-Reid et al., »Child and adult outcomes of chronic child maltreatment«, *Pediatrics* (2012). **200–201** S. McManus et al., »Mental health and wellbeing in England«, *Adult Psychiatric Morbidity Survey*, NHS (2014); National Institute of Mental Health, »Any mental illness among U.S. adults«, nimh.nih.gov (2015); K. Hughes et al., »Prevalence and risk of violence against adults with disabilities, *The Lancet* (2012). **202–203** C. Hammen, »Stress and depression«, *Annual Review of Clinical Psychology* (2005); World Health Organization, »Depression: Let's talk«, who.int (2017); D. F. Levinson und W. E. Nichols, »Major depression and genetics«, *Genetics of Medicine*, Stanford Medicine. **204–207** H. U. Wittchen (2002), zit. n. H. Combs und J. Markman, »Anxiety Disorders in Primary Care«, *Medical Clinics of North America* (2014); E. D. Paul et al., »The Deakin Graeff hypothesis«, *Neuroscience and Biobehavioral Reviews* (2014); D. Khoshaba, »Are you living with chronic worry and fear?«, *Psychology Today* (2012); N. Greenberg et al., »Latest developments in post-traumatic stress disorder«, *British Medical Bulletin* (2015); A. A. Van Emmerik (2002), zit. n. Greenberg (2015), s. oben; E. Moitra et al., »Occupational impairment and Social Anxiety Disorder in a sample of primary care patients«, *J. Affective Disorders* (2011); J. Bomyea (2013), zit. n. Combs und Markman (2014), s. oben. **208–209** National Institute for Mental Health, »Psychotherapies« (2016); B. E. Wampold, »Qualities and actions of effective therapists«, *Continuing Education in Psychology*, APA Education Directorate. **210–211** A. Morin, »Are You Mentally Strong Enough to Combat Stress?«, *Psychology Today* (2015); C. A. Padesky und K. A. Mooney, »Strengths-Based Cognitive-Behavioural Therapy«, *Clinical Psychology and Psychotherapy* (2012); M. A. Cohn et al., »Happiness Unpacked«, *Emotion* (2009). **212–213** F. Johnson in G. Stix, »The neuroscience of true grit«, *Scientific American* (2011).

REGISTER